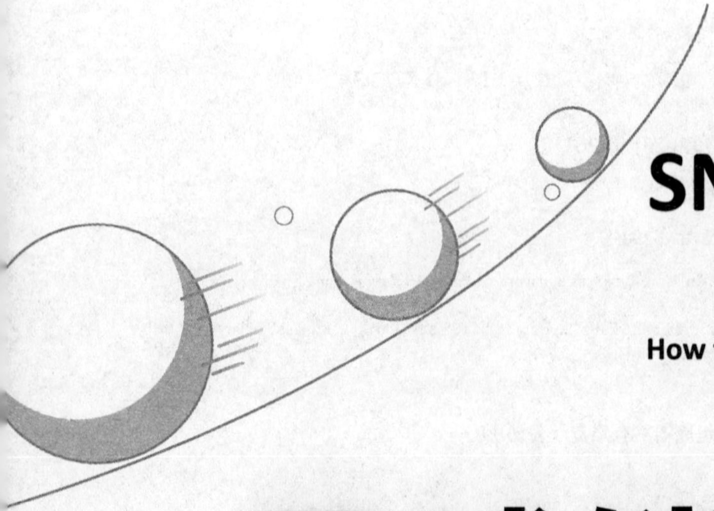

THE SNOWBALL SYSTEM

How to Win More Business and Turn Clients into Raving Fans

雪球销售法

[美] 莫·邦内尔（MO BUNNELL）——著
信任——译

科学技术文献出版社
SCIENTIFIC AND TECHNICAL DOCUMENTATION PRESS
·北京·

图书在版编目（CIP）数据

雪球销售法 /（美）莫·邦内尔（Mo Bunnell）著；信任译 . — 北京：科学技术文献出版社，2021.2

书名原文：THE SNOWBALL SYATEM : How to Win More Business and Turn Clients into Raving Fans

ISBN 978-7-5189-6105-4

Ⅰ . ①雪… Ⅱ . ①莫… ②信… Ⅲ . ①销售—方法 Ⅳ . ① F713.3

中国版本图书馆 CIP 数据核字 (2020) 第 261177 号

著作权合同登记号　图字：01-2019-5738

雪球销售法

策划编辑：王黛君　李佳铌　责任编辑：吕海茹　责任校对：文　浩　责任出版：张志平

出 版 者	科学技术文献出版社
地　　址	北京市复兴路 15 号　邮编　100038
编 务 部	(010) 58882938, 58882087 (传真)
发 行 部	(010) 58882868, 58882870 (传真)
邮 购 部	(010) 58882873
官方网址	www.stdp.com.cn
发 行 者	科学技术文献出版社发行　全国各地新华书店经销
印 刷 者	河北鹏润印刷有限公司
版　　次	2021 年 2 月第 1 版　2021 年 2 月第 1 次印刷
开　　本	710 × 1000　1/16
字　　数	257 千
印　　张	17
书　　号	ISBN 978-7-5189-6105-4
定　　价	59.00 元

感谢贝基，忍受了我无限的好奇心，

引导我成长为最好的自己。

目　录 CONTENTS

引　言

雪球销售法：让你拥有更优质的客户关系

信不信由你，你是个销售员。你不这么认为吗？如今，我们身上的销售属性比你想象的还要多，尽管我们有着不同的身份——律师、顾问、营销人员、会计师，以及婚礼摄影师、巴西柔术教练、平面设计师和推拿按摩师……即使那些管理着庞大业务关系的客户经理，也在进行销售，他们要在管理的同时扩展现有客户关系。如果你擅长做某件事，并且需要客户付费来做，那这就是销售，或者说业务发展——不管你喜欢怎么称呼它。欢迎你加入销售俱乐部，这本书就是写给你的。每天我都教授像你这样的人如何推销他们的服务——在不出卖灵魂的情况下。

你阅读本书，是因为你想发展你的业务；想赢得更多的客户，并与现有客户开展更多业务，做更多的生意；想与正确的客户开展正确的工作获得正当的收入。我将向你展示一个行之有效的系统，它可以实现你所有这些愿望，并使这一过程成为你生活的习惯。

*

想象一下，在一家著名的专业服务公司的会议室里，12位高级合伙人围坐在一起。就像你一样，他们也是刚刚开始学习这个非常棒的系统。来自我们公司的讲师提出了第一个问题："你花了多少时间来积累你的专业知识？"

在短暂的沉默之后，一位高级合伙人举起了手："五万小时。"

听到他的回复，讲师扬起了眉毛。这位合伙人开始眯起眼，在心中做着计算："我一年工作三千小时，我已经做了十五年了。再加上我在学位上花费的时间，很容易就达到了五万小时。”

“太好了”，讲师回答道，“现在计算一下，你在业务发展的学习上花费了多少时间？就是开发潜在客户，创造强有力的客户关系，进而获得更多业务等。”

这次没有沉默与停顿，这位合伙人立刻回答说：“七个小时。其中包括了今天的五个小时。”

会议桌旁的每个人都尴尬地笑了起来。真相很伤人。

也就是说，也许你不是一无所知。你可能读过一些书，并建立起了一套有效的业务开发体系，帮助你取得了今天的成就。这非常好。但是，不管你对业务发展的原则已经了解多少，最值得重视的是：知识和行动之间的差距。诚实地说：在一个普通的工作日中，你真正花在业务发展上的时间有多少？

慢慢算，我等你。

过去十年中，我培训过数千名客户关系领域的专业人士，如果你和他们一样，那么你的答案会是：不到一小时。

没关系，别对自己太苛刻。这是一个普遍问题：我们不能很好地平衡花在工作上的时间和花在发展客户上的时间。

在以前，缓慢、不主动的业务发展方式也会运作得很好。如果你本职工作做得好，客户就会主动打来电话。那时，大多数领域的本地专家都很少，客户的忠诚度也很高。你每周和几个人吃午饭，每年送出一些节日贺卡，然后“嘭”地一声，一张稳定的客户名单就出现在了你的手上。

但是，今天的客户则更精明。他们会在出价前做更多的工作，花费更多时间和精力进行在线研究。市场上充满了专业化的交流。

这意味着什么呢？这意味着你之前辛辛苦苦获得的业务发展知识，现在已经不比赌博好上多少。今天，我们都是“销售员－专家”（seller-expert）的混合体，负责 (1) 满足当前客户的需求；(2) 发展当前客户关系以获得更多业务；(3) 吸引和保留新的客户。企业和公司希望内部的专家们能够使用稳定的新工作来填满他们的渠道。这意味着：客户关系技巧比以往任何时候都更重要。

我们需要管理好我们的本职工作，同时也要说服人们让我们为他们服务。

这甚至不包括每天回复数百封电子邮件、参加没完没了的会议和提交详细费用报告所需的时间。如果你和我训练过的大多数人一样，你现在可能在想，我不是为了推销自己而成为“________”的！你说的没错。但不管你喜不喜欢，一旦你的专业技能和职业水准提升到一定水平，你发展客户关系的能力将在很大程度上决定你是否成功。你的业务发展能力只会随着你事业的前进而变得越来越重要。想要进一步提升，你需要销售出去。

另一方面，专业的销售人员发现，加深对所销售服务或产品的理解并建立相应战略思维，已经变得越来越重要。早晨微笑着打打电话，下午就可以轻松去打高尔夫球的日子已经过去了。

专家需要了解如何销售自己的服务，销售人员则需要了解他们想要出售的服务。最终，服务和销售正在整合成为一套技术，一套通用的技能和实践，用以寻找那些需要你帮助的人并以最高效率帮助他们。问题是：你是否具有与你的专业技能与职业水准同水平的业务发展能力？

好消息是：我可以教你怎么做。我是一个非常成功的“销售员－专家”，成千上万的各行业专业人员在我的教授指导下掌握了世界级的业务发展能力并获得成功。

你可能很难相信，当我从专家转变为“销售员－专家”后，我发现我喜欢上了业务发展这项工作。这也让我大吃一惊。当然，刚开始时业务发展十分艰难，因为我不知道从哪里开始——毕竟那时这本书还不存在。对我来说，改变着一切的是：我发现真正的、可持续的业务发展重点并不是销售——这与传统认知是相反的，重点是战略上的帮助性。

作为专家，我们喜欢帮助别人。销售——对他人有所帮助——应该是我们的第二天性。那么，为什么我们觉得自我推销如此困难呢？向别人展示我们能够为他们做的事情，这并不是一件坏事。但如果你有不同的感受也无可厚非，尤其是你读过典型的销售书籍，或者参加过销售主题的研讨会时。传统的销售培训一直将重点放在“完成交易”，就好像此后发生的一切事情都不重要一样。他们会告诉你，按照顺序使用这一技巧，那些傻帽最终会在合同书上签下名字。

一旦销售完成，客户就如砧板上的鱼肉，任你宰割。

这种态度来源于一个与现在完全不同的时代，那时，销售人员每天都面临着业绩月度配额带来的巨大压力。公司并不管他们如何达成业绩，但只要达成就会有丰厚的回报。这一行为，实际上是将短期业绩置于长期客户关系之上。

今天，配额和奖金仍然存在，但这种销售态度已经过时。消费者保护措施的不断增加，以及点评类网站和社交媒体的出现，使得我们与所有客户的关系永远不会真正结束，即使我们已经完成了工作并与客户分道扬镳。客户也可以在与我们合作的当天、第二天、一周、一个月后乃至一年后在网上分享他们的经历。如果一位客户在高压销售下购买了服务或产品，并在很久之后悔恨起当初所做的决定，他只需几分钟就会让所有上网搜索你公司的潜在客户们都获得这一信息。今天，新闻传播得很快，坏消息传播得更快。

谢天谢地，这种转变是双向的。旧有销售模式很容易就会遭受来自互联网的报复，而使用雪球系统（the Snowball system），利用其提供的战略帮助，可以让你在工作结束后的很长一段时间内获得额外收益。本书中的方法是广泛的、高效的和持久的。这是一种建立在信任和互惠基础上的关系，这种关系将持续多年。人们喜欢和真正了解他们并帮助他们解决问题——包括潜在问题的人做生意，而且会把这种喜欢召告全世界。

*

显然，没有人想错过业务发展的机会。然而，由于对销售心感畏缩，我们让日常工作阻碍了自身前进的脚步。我们埋没在日常工作之中，任何更多的想法、客户、工作、电子邮件都会引发我们的偏头痛。于是，我们会想：为什么要把汽油倒在火上？所以我们低下头，专注于眼前的一切，明天的事情明天再担心吧。

当然，我们迟早会收拾自己留下的残局。此时，新业务的飞轮已经停摆。我们意识到上一次联系发展客户还是几个星期前，甚至更早。不管怎样，我们的收件箱是空的——没有任何发展客户的机会。我们惊慌失措。于是在没有具体计划的情况下，我们突然忙碌起来。我们疯狂地打电话，以惊人的速度安排午餐会议，直至飞轮重新运转起来。

问题解决了，没错吧？但这只是暂时的，几周或几个月后我们就又会回到原地。而且，不管我们的效率和产出有多高，都会让人有不可靠的感觉。唯一能够稳定衡量这一状态的，是我们的焦虑程度。

正如我们所看到的：吸引并留住客户，赢得他们的信任和赞赏，从他们那里持续获得业务——这些决定了我们职业生涯的成败。然而，我们几乎没有怎么花时间去学习如何去做——至少没有达到其相应的重要程度。我称之为业务发展悖论（business development paradox）。

好消息是，业务发展悖论为雪球系统的学习者们带来了快速增长的希望。即使你刚刚开始学习，少量时间和精力的投入也能为你带来可观的回报。因为这本书的每一章都会带领你学习一组关键工具，在你读完本书之前，成果就已显现。

你可能会想：我可不会这样，朋友。我是在绝望下才选择这本书的，但你无法教会我“喜欢”上销售，更别说让我将业务发展看成是有趣的游戏了。有些人是天生的销售者，有些人则不是，比如我。

当然，有些人的销售技巧天生就比其他人强。但是我保证，所有“商界奇才”（rainmaker），都是通过大量努力才做到这一点的。他们将销售视为一门技艺，一步一步有条不紊地掌握并精通它。无论你的起点高或低，你都有改进的空间。

佛罗里达州立大学的安德斯·艾力克森（Anders Ericsson）是世界著名的研究专家，一位研究人们如何成为专家的专家。艾力克森的研究表明，人们是通过他所说的“刻意练习”来发展自身专业技能的。简单地说，他们将自己的专业技能分解为若干相对独立的部分，然后按步骤分别改进，最后再整合起来。仅仅一次又一次地重复进行同一任务是不够的；你需要一个接一个地攻克这个任务的不同组成部分，对它们分别进行改进，最终推动任务整体的进步。专业技能就是这样发展出来的。你与那些“天生”的商界奇才的唯一区别是，他们会通过刻意练习来提高自己的销售能力。

*

如果我们只是时不时地努力一下，缺乏稳定的发展，那这些努力的效果就会大打折扣。要想稳定成长，我们需要持续不断地在各种情况下进行销售。而要做到这一点，我们需要改变旧有的观点，并理解到：销售是我们能够花时间做到的最有价值、回报最丰厚的事情之一。

一些潜在客户知道自己需要一个像你一样的专业人士，但他们并不知道你要如何解决他们的具体问题。而其他人甚至没有意识到他们需要什么，没有意识到在你的帮助下他们的工作或生活会变得有多好。还有你的现有客户，基于你过去为他们进行的服务，他们甚至没有想过你下一步还能为他们做些什么。这段话的重点是：人们不知道自己不知道什么。使用你的服务吸引到合适的客户，并帮助他们找到最大限度利用这些服务的方式——这就是业务发展的核心。

真正成功的商界奇才，总是会把客户的最大利益放在第一要位。我对这一点深信不疑。这是我亲身经历过的，也是我正在传授教导的。

*

在我们深入学习雪球系统之前，让我们先从一个将一切联系到一起的简单想法开始：买家应该感觉像过生日一样。

我不知道你的情况如何，我是很喜欢过生日的。因为一年中只有这一天是完全属于我的。生日前几周，我的妻子和女儿就会询问我这一天的计划。生日那天早上，她们会送给我手写贺卡，告诉我，我是多么完美的丈夫和父亲。一整天，我会收到来自世界各地的朋友和家人们的贴心礼物、贺卡和脸书（Facebook）庆生信息。当我晚上回到家时，我的女儿们会看着我的眼睛，问我这一天过得怎么样。

我刚刚说过她们看着我的眼睛了吧？这意味着她们真的将手机放下了一分钟。

我会告诉你说，你要站在已有客户或潜在客户的立场上看待问题，但你已经知道站在对方位置是什么样子。就像你一样，他们整天都身处痛苦之中——会议、电子邮件、绩效评估，压力永远不会消失。如果他们身处一个大型商业组织，那么他们每隔几个月还会面临一次重组。这就是你的销售对象，他们都是和你一样努力工作的人，为了满足业绩与实现目标而忧心忡忡。

购买是工作中唯一受到尊敬的时刻。其他人终于注意到你的想法与需求，他们会询问你的意见——甚至还会记笔记！当然，这种情况不是经常发生，但如果你曾经当过买方却没有受到这样的对待，你可能会有些失望。

这是雪球系统的精髓：让客户感到自己是特殊的。怎么做？倾听他们的需求，然后提供他们需要的。还有什么比这更好的方法吗？

一旦你学会了如何让人们觉得自己很重要，销售过程中的其他部分就会变得非常容易，你甚至会疑惑自己一开始为什么会那么害怕。

*

此时，你可能会想知道，面对所有这些障碍，我是如何学会高效业务发展的。现在是时候介绍我自己了。

我的名字叫莫•邦内尔（Mo Bunnell），原来是一名执业精算师。

就职业而言，精算师在会计员们眼里就像是摇滚明星，这是有原因的。成为一名精算师需要学习和记忆海量的信息。我错过了家里很多次的万圣节聚会，因为考试总是在万圣节后一周开始（我听到不少关于聚会的精彩故事，它们都很棒，可能是因为没有精算师来破坏气氛吧）。

如果记忆一英寸[1]厚的大部头专业书籍，学习如何计算残疾准备金、风险调整减量分析以及使用泊松分布进行队列分析并不能让你感到兴奋，那你应该庆幸自己不是一名精算师。对我自己来说，科学研究和金融分析让我乐在其中，它们就是我快乐的源泉。（我们将在另一章中集中讨论不同思维偏好及其对业务发展的影响，这将彻底改变你的销售工作。）

---

1. 英式的长度单位，1 英寸约为 2.54 厘米。

成为精算师，是我陷入业务发展悖论的第一步。考试结束后，我进入了管理顾问的职位，这个角色涉及的内容更广泛。我从一个以技术为主的职位晋升到了一个必须与《财富》500 强公司的高级人力资源专业人员打交道的职位，我意识到这已经大大超出我的现有能力。突然间，我的公司希望我发展和管理大客户关系，而不是单单负责精算工作。突然间，我从一名专家，变为了一名“销售员－专家”，这意味着我要负责一系列全新的工作体系及目标。

现在来谈谈吓到我的地方。在升职之前，我只需要知道我所在部门提供的服务就可以了。升职之后，我必须对几十个部门提供的数百种服务了如指掌。以前与我合作的都是客户的服务部门主管，但现在我要与最高管理层的管理者们直接沟通，他们的工作经验至少比我要多出 20 年。一夜之间，我的工作从处理员工福利转为管理客户们的所有顶级人才计划。

当我晋升到新职位时，我天真地以为会有人给我一本手册，告诉我说：这就是你发展业务的方法，记住就好。毕竟，我花了将近十年的时间，通过将海量信息填充到大脑中来学习基础技能。这二者为什么会有什么不同呢？

令我惊讶的是，我发现根本没有手册，只有一张放着电脑和电话的桌子。现在我真的很害怕。突然间，我的所有未来都放在了我的销售能力上，但我根本不知道从哪儿学起。幸运的是，有几位很棒的导师帮助我完成了过渡，但是我想要的更多，我想要一个有着科学基础的过程。

我是个系统型的工作者，于是我决定起草一个简单的销售流程文档，这样可以使业务发展更加自动化一些。我知道，如果我无法让业务发展“进入正轨”，那我就永远无法安心于日常工作。

当然，我想成功。但“不要失败”的想法对我的激励更大。所以我做了任何优秀的精算师都会做的事：我疯狂地学习。过去，我需要每六个月记住多达 1200 页的技术信息，然后参加那些通过率约为 35% 的精算考试。要做到这一点，我必须学会如何快速有效地学习。现在，我开始学习了。

我从心理学开始：动机。为什么人们购买？为什么“销售员－专家”们会拖延销售并过早放弃？最重要的是，我想解决自己的业务发展悖论。于是我一头扎入到书海之中，接着是这些书籍引用的专业研究论文。我尽可能地将客户关系建立的过程分解为我可以一次次重复完善的小步骤。那时我还不知道艾力克森关于刻意练习的研究，但我本能地遵循了他提出的建议。事实证明，恐惧是一种强大的动力。

当我开始创建我的业务发展流程后不久，我参加了一个特别重要的会议。那时，我在翰威特咨询公司 [Hewitt Associates，现在归属于怡安（Aon）] 刚刚被晋升至更广泛的客户管理这个职位。我的年度收入目标十分激进，只有一个客户的潜在增长空间能够满足我的目标。好消息是，我们为这位《财富》500 强客户所做的很少，所以我有大展身手的空间。不幸的是，这也是坏消息：我们做过的工作毫无亮点，被淹没在这家组织的众多工作之中，而我们认识的人的购买权限也无法让我的客户关系得到显著发展。通过艰辛的工作以及些许运气，我敲定了一次与对方首席人力资源官（我们组织中只有一个人认识她）的会议。实际上，我只能联系她也必须联系她，我只有这么一次机会。如果这次会议进展不顺利，我的年终奖就彻底没戏了。真是压力山大！

为了增加会议成功的概率，我事先询问了身边成功的同龄者们：是什么帮助你获得第一次重要会议的成功？我与一位非常棒的导师共进午餐，并询问道：在进行第一次会议时不该做的事有哪些？我甚至向我负责的其他客户询问，征求他们的意见：以你我第一次见面的经历来看，我有哪些可以改进的地方？随后，我将我学习到的东西提炼成一套具体的行动步骤，然后遵循这些步骤有条不紊地依次执行，就像一名准备起飞的飞行员。

会议当天，我以早于平常的时间提前到达。当首席人力资源官的助手请我进入办公室时，我满心乐观，轻飘飘地走进了位于 52 层的公司高层办公区——那里如此神圣、如此特殊，居然拥有一个独立的警卫站。一首欢快的乐曲在我脑海中不断循环，因为我知道我为这次会议所做的准备比其他任何人都多。我在座位上坐下来，打开崭新柔顺的真皮文件夹，拿出早已准备好的名单——为了让字迹看上去更整洁我写了两次，然后准备开始我精心排练的会议开场白。但就在此刻，我脑中的乐曲戛然而止，就像一根针刺破了整张唱片。

座位对面，我的潜在客户如针一样的眼神盯着我，冷冷地告知我，她已经拥有了她需要的所有资源，她对我根本不感兴趣。

她告诉我，她有一位高管级的薪酬顾问、一位医疗顾问、一位退休计划精算师，他们不打算在短期内对福利管理工作进行调整。接着她讲述了她喜欢的来自其他公司的各种人才专家，并列举了不少细节来进行佐证。会议前十分钟的主题只有一个：她并不需要我的会议以及我的服务。从她的话中我看得出，她很想知道我如何确定的这次会议，然后确保类似的事情不会在将来再次发生。

虽然我的心狂跳不已，但我并没有因此而动摇。因为我输不起，失败的代价太大了。我严格按照我的进程推进，试图让会议重新回到正轨。我告诉她，我不是来卖东西的，而是我们的团队提出了一些可以帮助她改善业务的想法，了解这些内容只需要花费她几分钟的时间。然后我再次向她保证：每一个想法的花销都由我们自己承担。她稍微放松了些，当我开始讲述时，我看得出她很好奇。她喜欢我的第一个想法，然后是我的第二个想法。我一路说了下去，最后，我留下了十几个待跟进的行动项目。

还记得那天开车回办公室的路上，我开心地唱起了野兽男孩（Beastie Boys）的《摇起你的屁股来》（*Shake Your Rump*）。我的这套系统成功了，虽然交流中出现了一些激烈的对抗，但它最后还是成功了——这很好，因为我根本不是说唱歌手这块料。

突然间，我明白了我之前问题的答案——一个我可以重复练习、不断提高的销售流程。毕竟，我并不想做销售，不管它有多重要；我想改变的，是我的销售方式。我想提高我的业绩数字；我想享受我的新工作；我希望客户们告诉他们的朋友和同事，和我一起工作是多么的舒适快乐。

现在，我加入了这场竞赛。我将关于人际关系、信任和沟通心理学的最新研究应用其中，为现有业务流程开发出一套系统性方法。我不断地分解研究每一件事情，为每一项重要技能建立方法和工具。

我的快速成长引起了公司的注意，领导层将公司的全球四大客户中的两个交由我负责。同一时间，我被指派领导一个 700 人的团队，其中包括数百名不同领域的高级销售专家。利用我制作的原型系统，我和我的团队（一群非常非常专业能干的专家们）提供了数亿美元的、大型复杂的外包项目以及高度定制的咨询服务。就在那时，我意识到我在做一件大事。

我决定再搏一搏。我放弃了现有的职业，创办了邦内尔创意集团（Bunnell Idea Group）。在接下来的十年里，我建立并教授了一套完整的方法论，任何人都可以用它来吸引新客户或发展已有的客户关系。那个时候，雪球系统已经证明：它对几乎每一行业每一层级的工作者，都具有极高价值。

所有这一切，都是从一位朋友雇我教他“如何像我一样销售”开始的。现在我可以很高兴地说，邦内尔创意集团已经非常成功。在过去的十年里，我们和三百多个组织进行合作，培训了一万多名员工。我们与很多久负盛名的专业服务公司以及世界500强企业合作，接受他们明星客户主管和领导者的委托。这是一段疯狂的职业旅程。

但是，还有一个问题仍然困扰着我。我知道，我的销售问题解决方案其传播和影响已经远远超出邦内尔创意集团服务的那些国际咨询公司、大律师事务所和国际化品牌。我开始好奇，这一被最大型企业的最高层级专家们验证过的绝佳系统，能否适用于任何领域和层级的客户服务专业人士呢？

那些无法负担将员工外派接受培训的小企业呢？那些越来越多的自由职业者们呢？从钢琴老师到催眠师，从网络文案到小企业的营销顾问，这个系统能帮助所有人吗？我们生活在“零工经济”（gig economy）的曙光中。与以往任何时期相比，更多人们努力为自己工作。我也能帮他们吗？

雪球系统的一个关键主题就是定期设立目标。我也在不断地练习设定目标，就像我练习其他我教授的工具一样。一年前，我为自己写下了一个新的职业目标：“写一本关于雪球系统的书，把它带给每个需要它的人。”当你读到这篇文章时，我可以将这个目标标记为“完成”了。

许多专业人士认为销售技巧是无法传授的。他们认为你要么“天生就会”，要么永远也明白不了。而我，就是靠证明他们的错误获得了今天的成就。事实是，你也能做到。你所需要做的，就是学习、吸收一套新的工作方法。你可以把销售看成是一门手艺，一门值得学习和钻研的手艺。如果你能完成一门专业的学习，那你也能学会这个。

在邦内尔创意集团，我们帮助各行各业的专业人士掌控他们的客户渠道——从集居人群到内向者，从小型咨询公司的项目实操到跨国公司大型复杂需求的实现。让不擅长销售的专业人士领悟销售的技巧与乐趣，这已成为我的激情所在。无论你是大公司的客户经理、全职自由职业者、专业销售人员，还是为了离开公司而拼命工作的人，本书中的技能都会让你感受到“被动工作”与“主动出击”之间的差距。

本书中的方法既有效又实用，你可以很容易地将它们融入你的日常工作中，那种感觉就好像你天生就拥有它们。

雪球系统的真正美妙之处在于，你的客户会对你赞不绝口，夸奖你的话根本停不下来。他们对你的宣传，比你自己去做要好得多。你不会觉得是自己在努力让生意更上升一步，反而会觉得是你的生意自己在不断滚动发展，越来越大，就像雪球一样。多年来，雪球系统已经帮助成千上万的专家和数百个组织发展、维护他们的业务。那么，你想要的雪球有多大?

Chapter 1

The Snowball System

设定目标：

利用全脑思维，重新规划销售业务

专家永远是后天造就的，而不是天生的。

——安德斯·艾利克森，

《专家的造就》（*The Making of an Expert*）

雪球系统包含有策略、工具和战术，它们是一个互相辅助的集成系统。它不仅仅是一系列与客户打交道的技巧，它还是一台促进你业务发展的机器。一旦各部分就位，你只需要定期进行维护，系统会自动推进业务的发展。

高效业务发展需要少量但有规律的时间投资。为了最大限度地利用这段时间，我们现在要付出更多的努力让事情进入正轨、正常运转起来。这样当你进入工作时，就不会遇到更多阻力了。在日常工作中，很多事情都需要我们关注，它们会让我们分心、远离那些可以帮助我们发展业务的活动。成功的高效业务发展系统，需要良好的习惯作为基础。因为习惯是自动的，不会像普通工作那样消耗我们的意志力和注意力；当你忙得不可开交时，它们也不会被遗漏。

艾泽欧·阿荷拉（Seppo Iso-Ahola）和查尔斯·多特森（Charles Dotson）在研究他们所说的“心理动力”（psychological momentum）时发现：当人们开始培养新的习惯时，每天成功地做一些小事（而不是每周做出一些大的成果），这样成功概率更高。他们说，这些小小的胜利会产生一种心理动力，类似于球队一起跑步时的感受，每件事都让人觉得自己行进在自己的路上，这种感觉很强烈。随着时间的推移，不断用成功的小事来建立、增强自己的心理动力，你也会有这种感觉。每当你成功地完成一个习惯行为，下次再进行时你会觉得更有活力。一旦这一行为已经牢固确立，你就可以对它进行扩展了。

现在是时候让你以一种小而有力的方式开始雪球系统了。一名接受过我培训的专业人士这么说：“大处着眼，小处做起，规模升级。”

为什么（Why）

拿出一张白纸，用几句话写下为什么你想拥有更好的业务发展。

一些人最开始会这么写：他们想“赚更多的钱”。但这还不够具体——我要求他们再做深入一些。这些钱是用来干什么的？送孩子上大学？提前退休？购买一间漂亮的度假小屋？理由要清楚、要具体、要诚实。

对一些人来说，增强业务发展是为了升职。一旦你开始领导客户关系，业务发展技能就变得和你的专业技能一样重要。有时，这些技能会成为影响你职业发展的最重要因素。

无论你的真正目标是什么，现在你要承认并确认它。然后，用一句话解释为什么学习业务发展的努力是值得的。你的理由越个人化，你就越有可能坚持这个系统。精通于销售你的专业技能——这是一门手艺，也是一项挑战。它通常不会为做正确的事提供有趣的行为反馈。你要理解自己为什么要刻意发展这种可以帮助自己渡过难关的技能。

那么，你究竟是为了什么？

谁（Who）

现在再拿出一张白纸，在左侧写下在工作中对你业务发展最重要的七个人。他们可以是现有客户，也可以是你想认识的重要人物或引荐人。你很可能会跑偏，写上那些与你共事的人。千万不要这样做。相反，你要写下应该将主要外联时间花费在其身上的人。

谁能为你的业务发展带来最大收益？

做什么（What）

现在，让我们准备行动吧。请为你的每段客户关系写下你的下一步计划——你可以采取的服务他的行动。以客户的利益为基础构建你的行动。你可以介绍对他们有帮助的人，也可以向他们传递有帮助的信息，比如他们感兴趣的相关行业的文章。你也可以邀请他们共进午餐，探讨你如何帮助他们解决现有问题。

总之，发挥你的想象力。什么样的提议会让他们高兴？

具体化每一个外联行动，这是你可以在短时间内完成、并且100%在你的控制之下的。如果你的行动步骤更像是长期项目，而不是一个短期任务，那么你就要将其分解为下一步的具体行动。

比如，不要说"培养与珍妮弗的关系"（太大）或者"与珍妮弗一起共进午餐"（太模糊），你要写的是："给珍妮弗发邮件，约她讨论她的目标以及我可以帮助她的地方。"一天下来，不管你有多么忙碌和筋疲力尽，你都可以在几分钟内完成这个任务。

现在，圈出你行动列表上三个最重要、潜在价值最大的行动。只有三个。这就是你这周的MIT（Most Important Things, 最重要的事情）。

什么时候（When）

我们发现，那些与我们合作训练的、忙碌的专业人士一旦将行动提上日程，他们就更加倾向于将之完成。但大多数人不会围绕业务发展做出计划，他们只在灵感迸发时才采取行动。你并不会使用这种方式来管理最重要的项目，不是吗？从长远来看，业务开发就是你最重要的项目。

想要更高效地执行？你需要将你的MIT放到你的日程表上。然后留出足够的时间来完成每一个任务，或者将它们集体放到一个以业务发展为中心的会议中。任何对你最管用的完成方式都可以。

接下来，在当周周末安排一次会议，回顾这三个行动的进展情况，并决定下一周新的三个MIT。在每周一次的回顾中，你要记录下你的完成率。这周你完成了几件事？如果你三个都完成了——那太棒了！如果你错过了一个、两个，甚至三个，那你需要打起精神，调整你的状态。好消息是，下周你可以做得更好。即使你不采取任何其他措施，这种习惯——每周选择并完成三个最重要的业务发展行为——也会使你的业务发展机器保持运行。

关于每周回顾，一旦你上手了，30分钟就已经足够。你可能习惯星期天晚上在家里进行回顾，这样你可以在毫不分心的情况下为下周制订计划。但是，星期五下午也可能非常适合你。这完全取决于你的日程表和工作场所的环境。

一旦你养成了每周进行业务发展计划和回顾的习惯，你会发现你无法离开它们了。

在哪儿及怎样开始（Where and How）

希望到目前为止我所提出的步骤和方法是可行的，或许你已经迫不及待地想去尝试它们了。但你玩世不恭的一面可能已经在怀疑你是否能够坚持过第一周。而心理动力就是你成功的关键，那就是你从哪里以及怎样开始。

一种行之有效的习惯养成方法是：在同一时间、同一地点做同样的事情。你打算在哪里进行每周的回顾？如果你在办公室进行工作，那么办公室就是个很好的场所。当然，你也可以在上下班路上或者通勤火车上进行。在路上进行回顾对某些人来说可能是个好方法，尤其是工作场所吵闹嘈杂而你的思路很容易被打断的情况下。

重要的是要保持一致，并确保手头拥有所有必需的工具和材料。如果你使用纸和笔，那么计划书和其他实体材料就应该放在手边。如果你使用笔记本电脑，那么你要确保你的联系人、日历和其他信息可以正常同步——如果你打算使用美国铁路公司（Amtrak）那恼人的 WiFi，那还是算了吧。

人们可以以各种方式跟踪他们的待办事项——从复杂的生产力软件到电脑显示器周围贴满的便笺。不管你如何管理进行中的工作，将雪球系统的任务与日常工作分开，为它建立一个独立的系统，这样你能获得最好的效果。这可能意味着你要使用不同的应用程序，在复杂的任务管理程序中创建单独项目，使用单独的笔记本，或者使用不同颜色的便利贴。

你也可以登录我的网站页面 mobunnell.com/apps，查看我的应用程序推荐。重要的是不要被工具拖了后腿。要知道，一些生产效率惊人的商界奇才们只使用笔和纸。

请注意：我用粗体字强调的工作表名称，你都可以在网站 mobunnell.com/work sheets 上免费下载。你肯定不想错过这些工作表。它们设计的初衷就是帮助你完善整个系统。虽然我已经让重新创建工作表变得容易，但如果你没有亲眼看到这些工作表，你会错过很多精妙的细节。即使你选择重新创建属于你的工作表，我打赌你还是会希望先看到完美范本的。

当然，虽然我为这些工作表说了不少好话，但我也意识到它们并不适合所有人。也有可能你现在无法上网。没问题，继续读下去。我们做了很多努力，让你能很容易地读完这本书，并使用最简单的工具获得长足进步，例如纸和笔。你也可以等阅读完本书再去下载那些工作表。

无论是工作表、科技工具，还是一页白纸，将所有东西准备齐全，可以帮助你更好地实现雪球系统。我希望你能快点跑起来，这样你可以马上看到它的好处。我想让你上瘾。这就是我进行现场训练的方式。培训室里坐满了高收入者，他们的时间太宝贵了，一分一秒也不能浪费（你不是这样吗？）。我们会带着实际目标和实际指标进行学习，这样每个人都能在研讨会结束后，顺利完成自己的系统并取得成果。

但在开始你的个人战略规划之前，我们需要先介绍一些其他内容：人们思考方式背后的某种神秘科学。我们每个人的思维方式各不相同，只有大约 3% 的人以均衡方式进行思考。这对我们的个人战略计划至关重要，因为没有它，97% 的人会遗漏一些重要的东西。

我们需要全神贯注地进行思考。学会这一点改变了我的业务发展方式，往大点说，这也改变了我所做的一切。

全脑思维（Whole Brain® Thinking）[1]

雪球系统的核心是人。要了解人们，你需要了解他们是如何思考的——更准确地说，他们更喜欢怎样思考。你需要找出的最重要的人是谁？你！这就是为

1. Whole Brain® Thinking、HBDI® 以及 Herrmann Brain Principal Instrument® 已由 Herrmann Global 有限责任公司进行商标注册。

什么我把这部分放在本书的开头。我们马上会使用它来改进你的个人战略计划，并确保它的平衡。我们将在整本书中使用它来改进几乎所有的其他部分。这就是基础。

20世纪80年代初，通用电气的奈德·赫曼（Ned Herrmann）开发了HBDI®（赫曼全脑优势测评工具，英文全称Herrmann Brain Principal Instrument®），一项基于思维和大脑研究的评估。每次和客户的沟通中，我都会用到它。它就是客户关系的推进剂。我偶然间发现了它，它却改变了我的一切。

你是否曾尝试赢得新客户的兴趣，但却撞了墙？想想你上一次发出的邮件或进行的演讲，即使是最挑剔的人也会对你产生兴趣；然而，由于一些莫名其妙的原因，你的话似乎并没有真正进入他们的耳朵里。这太令人沮丧了。

当结果不如人意时，往往是因为我们把注意力放在信息的内容上。但是，人际联系的关键是传递信息的方式，而不是信息本身。一般来讲，你传达信息的方式并不符合听众们喜欢的接收和处理方式。作为一名销售专家，我在自己的工作中也有过许多这样的失误。像你一样，我曾将这些失败归咎于模糊的个性不匹配，或者是会场内的冷漠气氛。然后，我发现了这个思维模型的独特性，它衡量一个人的沟通、学习和解决问题的偏好。关键是，它并不衡量能力——它只衡量偏好。

最让我喜欢这个模型的一点是，它是基于可靠的科学研究产生的：它是诺贝尔奖获得者、神经科学家以及奈德·赫曼在伯克利的研究成果基础上共同开发出来的。自产生以来，它得到了严格的验证和不断的更新。

这种方法的力量不仅仅局限于评估本身，它还是大脑工作方式的一种隐喻。其重点是整个大脑，而不是你经常能看到的、简单化的“左脑/右脑”二分法。

全脑模型

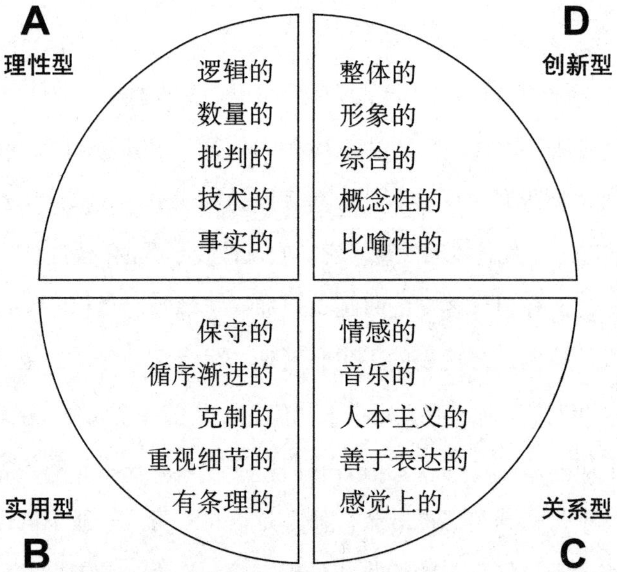

每个区域代表一种人们
偏好的思维方式

• 具有强烈 A 象限偏好的人更倾向是理性型思考者

他们的决策倾向基于逻辑性和事实。他们会仔细权衡风险和收益。你可以想象一位精算师计算事件的概率，或者一位诉讼律师构造一个精确的法律论点。这些人会更倾向于处理“什么”（What）。只有会议中预算达成一致并制订明确的绩效目标，他们才会将其视为成功。哦，还有买到打折食品。

• 具有强烈 B 象限偏好的人更倾向是实用型思考者

他们往往注重过程并擅长策略。如果说理性型的人脑中有个计算器，那么实用型的脑中则会有个甘特图（Gantt chart）。你肯定见过这样的人。当你说：

“哦，看来我们需要重新安排会议时间了。”他们会说：“没错。但下周不行，因为那时鲍勃在洛杉矶，贝琪将在度假。下下周没问题，但是记住，会议室星期一不能用。”实用型的人更倾向于处理“怎样”（How）和“何时”（When）。对他们来说，一次成功的会议涵盖了任务时间线、完成目标的步骤、资源、政策和质量评估。他们会制作一张任务列表，然后依次完成。让我们做完这些事!

• 具有强烈 C 象限偏好的人更倾向是关系型思考者

他们拥有强大直觉，能够将他人的观点和视角融入自己的决策中。他们知道如何组织一条让所有接受者都理解的信息。他们懂其他人。他们不停地在问“谁？”（Who）。通常，关系型思考者认为，如果所有参与者都交流了自己的观点，并且喜欢这段经历，那么会议就成功了。“吉姆，我注意到你的茶喝完了。你想让我派人再去买点吗？绿龙牌的有机茶，对吧？你有一段时间没说话了。你觉得简的建议怎么样？”

• 具有强烈 D 象限偏好的人更倾向是创新型思考者

他们倾向于创造性和战略性的解决方案。他们是问“为什么”（Why）的那些人。他们通常能够轻松地将各种概念综合起来、寻找出关键主题并产生新的想法。对于他们来说，一次成功的会议要求与会者们在与大局、愿景保持一致的情况下创造解决方案。“让我们先回顾一下我们的十年计划，然后使用一面墙那么大的白板进行头脑风暴！白板不够我们还可以写在窗户上！”

*

花点时间想想你自己。现在，根据你交流和解决问题的方式、你的决策方法和行动优先级，你如何评价自己对每个象限的思维偏好程度？记住，这些是偏好，而不是能力。在这些象限中，让你感觉最舒服的是哪一个？有没有一个象限会让你畏缩？

在培训中，这个模型是我们最先进行的课程内容。原因在于，大多数人会将自己的想法投射到买家身上，并以说服自己的方式传达信息。更好的方法是什么呢？以买家喜欢的方式传达你的信息。

安·赫曼·内赫迪（Ann Herrmann-Nehdi）是奈德·赫曼的女儿，赫尔曼国际公司（Herrmann International）的首席执行官，也是世界上全脑模型方面最权威的专家。我问她这种方法对于“销售员－专家”的重要性。她的回答非常简单：“客户的购买决定与他们头脑中的想法直接相关。重要的是，你要了解自己的思考方式，并且能够适当地根据不同客户进行调整，加快双方的业务进程。”

我非常喜欢安的观点。这就是金玉良言。

如果你学会在自己和他人身上识别这些不同的思维过程，你将发展出第六感来帮助你进行交流和协作。这就是全脑思维的魔力。你可以在本书的每一章中都看到它的影响。

最后，还有一件真事：超过300万人接受了这项评估，其中95%的人显示出不止一种主导的思维偏好，他们有两种、三种，某些人甚至四种全部拥有。几乎所有人都是啊！我们的思维是微妙的，所以需要避免“吉姆是一个创新型思考者”这样简单的不正确表述。吉姆可能的确倾向于这种思维方式，但统计数据显示，他也可能具有一个或多个其他类型的强烈偏好；即使他没有，他也可能会从其他类型的观点中受益。

在本书中，我会向你展示如何在客户沟通中利用所有四种思维方式。这是一种保险做法，防止你会议中的一位或多位客户具有多重思维偏好。使用所有四种思维方式进行交流，能够增加你成功的可能性。

如果你有兴趣了解你的HBDI®分析情况，请访问mobunnell.com/hbdi获取更多信息。尽管进行HBDI®评估会对你产生很大帮助，但对于阅读、使用本书来说它并不是必需的。广泛了解客户和潜在客户偏好的思考、沟通和交流方式，将迅速加快你在建立融洽客户关系上的成功。这个模型会让我们所有的工作事半功倍。

现在，我们的任务是帮助你思考你的发展计划，应用我们刚刚学到的内容会使你获得更好的机会。最好的计划包括所有四种思维方式，这样你就不会过分强调或低估计划的不同部分了。这将是你闻所未闻、见所未见的全新计划。

个人战略规划

在本书前面，你写下了促使你在业务发展上变得更好的原因。你为什么要学习成为一名商界奇才，你的最终目标，你的下一阶段目标，你当前的角色，甚至你当前的职业生涯，这些决定了你是否拥有惊人的动力和灵感，但你并不想止步于此。要想成功，你需要退后一步，弄清楚你将如何日复一日、年复一年地追逐你的目标。除非与一个明确的、有目的和有意义的战略相一致，否则本书中的所有技巧战术都不会对你产生任何好处。那么，你要如何构建一个明确的、有目的和有意义的战略呢？

尽管"战略"一词有许多不同的定义，但在业务发展方面，我喜欢保持简单。战略是一个自上而下的计划：如何从你现在的位置到你想要到达的地方。这就是你要强调的内容。

首先，我们需要弄清楚我们在哪里。获取**开始状态计分工作表**（Beginning State Scorecard Worksheet）——记住：粗体强调的工作表你都可以在 mobunnell.com/Worksheets 上下载，你可以通过这个工作表完成以下 100 分的自我评估。如果你现在不能下载，下面是这个工作表的简化版。

当你填写第一张计分表时，不要担心你的得分是否完美。如果你得了很多的 3 分或 4 分，也不要紧张。你不需要完美地完成这项评估（或雪球系统的任何其他部分），这会大大减缓你的速度。你现在要做的，只是获取关于你现有业务发展状态的粗略印象。你可以想象一下，奥运会的评委会给跳水或体操等艺术项目打分。这是评价个人表现的一种方法。它完美吗？不。但是定量评估可以帮助跟踪和改善几乎任何所有的表现或绩效。我们的目标是：快速分析你当前的业务发展状态（为了今后的改进）。

客户关系

我们在业务发展上的成功取决于客户关系这个基础，所以让我们从这里开始。根据不同程度，每项得分为 1 到 5 分，最多可得 20 分。

- 我是否识别并记录了理想客户的关键特征？（1 到 5 分）

- 我是否利用这些关键特征来识别和记录我想要产生业务来往的组织？（1 到 5 分）
- 我是否有方法来投资和帮助那些能够帮助我成长的最重要的人（客户、战略合作伙伴、有影响力的人）？（1 到 5 分）
- 我是否有适当数量的接触点来与这些最重要的人保持联系，我是否一直在跟踪我的接触点？（1 到 5 分）

愿景

你对业务发展的愿景有多清晰？每项得分 1 至 5，最多可得 20 分。

- 我是否确定我的理想客户未来会将资金消费在哪些领域？（1 到 5 分）
- 我在市场上推广的品牌是否清晰，是否与这些领域一致？（1 到 5 分）
- 我是否有一个从开发潜在客户到达成交易的、明确到每一步骤的业务发展战略，并且始终遵循着这个战略？（1 到 5 分）
- 我是否有一个将当前客户、战略合作伙伴和同事与我的总体业务战略相结合的愿景？（1 到 5 分）

评估

下一步，让我们弄清楚我们可以评估什么，进而知道我们的业务是否在正轨上。我们需要收集一些数字：

- 去年我预计要赚多少钱？
- 我最终赚了多少钱？

如果你不知道这些数字，并且很难找到，那就快速估计一下。现在让我们比较一下。如果你去年赚的钱比你想赚的多，给自己 5 分。如果你赚到了想赚数额的 90% 到 99%，得 4 分，80% 到 89% 得 3 分，70% 到 79% 得 2 分，低于 70% 得 1 分。

现在，我们将使用类似的方法来查看你在业务发展活动中投入的时间，以及该时间的有效性：

- 我认为自己每年应该投资多少小时来发展业务？怎样的时间投资方式最

好？（如果你不确定，继续读下一段）。

- 我实际投资了多少小时来发展业务？

一周工作40小时，一年工作50周，加起来每年工作2000小时。用2000小时作为一个大概基准来确定这些数字。一位签署了诱引禁止（non-solicitation）协议的公司改革专家，第一年可能要投入2000个小时在业务发展上，因为他们是从零开始。一位40岁的资深顾问，如果被其他人拉入更大的项目中，他投资的时间可能很少——但他很可能无法进行自己想做的工作，也很可能无法获得晋升。

我认为，对大多数“销售员－专家”来说，每年200到400小时的时间投资是比较合适的，当然这是在你有了稳定、茁壮成长的业务之后。对其他人来说，投资的时间要更多。低于这个水平，即使你很忙碌，你也无法达成到你想要的高价值、高利润的工作。例如，你是一名客户经理或客户主管，你很可能无法像领导层希望的那样快速增加你的客户数量。

无论做什么，你都要注意自己花费在业务发展上的时间，包括设定目标。时间是你拥有的最宝贵的资源，当我们在课堂上进行时间分析时，参与培训的专业人士们发现这项评估非常强大。所以，不要跳过这一步。如果你跳过这一步，你就是让世界决定你的时间和命运——而不是自己设计你想要的生活。

现在让我们比较一下你投资了多少时间以及你想投资多少时间。如果你在过去一年里实际投入的时间比设想的要多，给自己5分。达到90%到99%得4分，80%到89%得3分，70%到79%得2分，小于70%得1分。

下面是评估部分的最后两个问题：

- 我是否有一个持续的进程来评估并加强我的个人成功？（1到5分）
- 我是否有一个持续的进程来评估并加强我的团队的成功，或者是（如果独立工作）我与外部合作伙伴和战略合作伙伴的成功？（1到5分）

行动

让我们来看看你在实现业务发展上的进展：先做好计划，然后执行。

重要的是：这些问题都是10分，而不是5分。这是因为，按部就班做好自己工作和赢得更多工作具有高度一致性。因此，我们加大了这一部分的权重。

- 我是否有一系列持续的会议来评估和追踪我的成功？这些“会议”可以是你自己的个人会议，也可以是和一位有责任感的伙伴，或者和你团队进行的会议。关键是，你要分配时间对自己进行管理，就像管理其他重要项目一样。（1 到 10 分）
- 我是否有一个简单易用的系统来评估和追踪我的成功？（1 到 10 分）
- 我是否对自己的承诺负责到底？（1 到 10 分）
- 我是否会私下里或与同事一起庆祝我不断取得的成功（不仅仅是达成商业交易的最终目标，还包括实现这一目标的阶段性进展）？（1 到 10 分）

把各个部分的得分加在一起。记住，行动部分最多可得 40 分，其他部分最多可得 20 分。

你离 100 分还差多少？

以这种方式看到自己的弱点，可能让你感觉有些痛苦，但不要让它打垮你。这个计分表很全面。没有人能完美地做好每一点，不管他们多么经验丰富。在我们培训课程上，大多数专业人士的分数都在 40 到 60 分之间。当然，他们的分数不会一成不变。（不要做完了就将分数扔到脑后，你要每隔一段时间就进行一次评估，检查一下你的进步程度，看看还有什么需要努力的地方。我每年都会更新和回顾我的分数表。不过在刚刚开始启动雪球系统时，你可能会希望每季度评估一次。）

现在是时候来设定一些目标，让你的业务变得更好了。这是一个好机会，可以让你通过对现有状况的评估及其启示，大略形成一个下一年的年度计划。下载**未来状态计分工作表**（the Future State Scorecard Worksheet），或者拿出一张白纸，在中间画一个大加号，将纸面分成 4 个区域，然后添加 4 个标题：客户关系（右下）、愿景（右上）、评估（左上）和行动（左下）。如果你愿意的话，也可以在电子文档中制作。

客户关系

- 描述你的理想愿景，包括第一次进入新公司时希望的最佳角色、职位。

- 描述你理想的战略合作伙伴，能够将潜在客户介绍给你或对你的决策具有影响力的人。
- 描述那些你会不断改进投资的、用以保持和潜在客户及合作伙伴接触的方式。

愿景

- 描述你心里未来几年的理想景象。你所在行业中最强劲的趋势是什么？
- 描述你将以什么品牌被广为人知，这个品牌又将如何与消费模式相匹配。

评估

- 量化你明年将产生多少收入。
- 选择一个到两个你直接控制的业务发展指标。我通常会推荐你从这两个指标开始：一个是你花费在业务发展上的时间，一个是你选择及完成的 MIT 的数量。这两者能够很好地结合在一起，让你直观地了解自己业务发展的数量和质量。你也可以发挥创意，选择一组不同的指标，如果它们能带给你更好效果的话。

行动

- 描述你将要实施的业务发展惯例。
- 描述你如何让自己尽职尽责地完成业务发展工作。

让我们用一个例子来进行说明。

假设你是促进企业战略计划制订的顾问。在过去的十年里，你曾在四个大型组织中担任战略规划的职位，现在你一个人自立门户。你有 56 位联系人，他们都是具有极大预算权力的高层领导者。这些领导者分散在 17 个不同的组织中。

好消息是：你认识很多很有地位的人，他们也十分尊重你。

坏消息是：你的销售渠道为零，没有人给你发工资。你的目标是负担孩子的大学学费，然后可以偶尔去高档咖啡厅坐坐。

你的计划可能会像下面这样：

客户关系

- 理想愿景：我理想的潜在客户是担任领导职务的人，最好有超过 100 名的下属直接向他汇报。我认为，他们的预算金额等级符合我的服务价格。
- 理想的战略合作伙伴：我将在第一季度确定我的最佳战略合作伙伴，现在我还不确定那会是谁。我想可能会是和高层领导者打交道的专家，来自沟通技巧或高管人才中介（猎头）等专业领域。
- 人际网络投资：我会分享我多年来收集的有关战略规划和团队管理的建议和文章，以这种方式对我的人际网络进行持续投资。我希望每个月给所有的 56 名联系人都打一次电话，告诉他们一些有价值的东西，这不是让他们雇佣我，而是向他们强调我的专业知识和身份。

愿景

- 理想愿景下的未来支出：环境逼迫高层领导者们更具战略性，在他们所有的职责中，这是一个可以名正言顺花钱的正当领域。
- 我的品牌：我的专业知识是帮助人们进行战略规划。我并没有分析师团队来帮助我，所以今年我将重点放在战略会议推动上，让客户深入挖掘数据，同时让我可以专心利用自己开发的流程指导会议的进行。我的这套流程以早期的交互式会话为特色，在构建团队一致性的同时加强团队凝聚力，并以迭代方式形成最终计划。简明扼要地陈述我的品牌：我是一个能够高效领导团队制订战略计划的人，能够将团队从怠速或低效状态转变为高绩效状态。

评估

- 收入：我想在第一年获得 100 万美元。一个战略促进项目我会收取 10 万美元，所以我需要销售并服务 8 到 9 个项目，剩下的数目我会通过小额的、一次性会议项目或演讲来获得。如果我被接受的概率有 50%，那么我需要提出价值 200 万美元的新业务。要做的事太多了！
- 可跟踪指标：我将使用自己创建的方法，为 56 位联系人中的每一位都提供 1 小时的免费战略分析。这 1 小时的免费服务，他们可以自己使用，也可以将机会送给那些他们认为需要的人。当然，我只接受面谈或者电话交流，因为我想与每个人都进行更深入的对话。质量胜过数量，所以不接受通过电子邮件交流的要求。我会在第一个月联系 30 人，第二个月联系 15 人，第三个月联系最后 11 人。前三个月结束后，我可能会重新拜访其中一些联系人。我有点害怕我在这里做出的承诺，但我会努力去做的。我需要动力，否则我会失败的。我不想失败。我的家人和朋友都在看着我。

行动

- 我的业务发展惯例：我将每周进行一次进度回顾，包括我的免费分析服务，以及我作为宣传而发出的建议和文章。我会把重点放在要求和获取与联系人会面，并提供相应服务上。对自己的提醒：我是在帮忙，不是在推销。我需要与联系人们保持沟通，即使我手头上已经有了一两个项目。前三个月的晚上和周末都属于我的客户关系网络，而不是我。
- 问责：我会负起责任，将每周的数据发给我的问责伙伴（accountability partner）。他几年前开始了自己的生意，他同意每周帮助我审查数据。每个星期五下午 4 点他都有空。我们会在下午 4:30 通电话，一起回顾我的业务进展（或者没有进展），这样做可以让我获取持续前进的动力。他答应，如果我不去做那些我该做的事，他就会严厉地拷问我；如果我做得好，他则会帮我庆祝。我们专注于我能控制的东西。如果严格按照我的计划行动，工作肯定会有的。我已经迫不及待地想帮助我的客户获得成功了！

不要害怕将目标设定得太高。虽然说，你的目标应该简单易实现，但最有效的、最激励人心的目标都充满了挑战性。所以，不要把门槛设得太低。

现在，写下你的计划。

完成了？祝贺你！你已经创造出了未来愿景。科学研究表明，仅此一项行动就会对你产生强大的影响。

利用习惯的力量

你已经有了一些目标，现在让我们来看看其他的核心行为工具。好的目标很重要，而建立正确的习惯和消除错误的习惯则是实现目标的基础。

正如本章前面所讨论的那样，习惯是非常强大的。研究表明，我们在自身的“自动驾驶”上花费的时间，比我们意识到的还要多。想想看：今天早上你醒来做的第一件事是什么？喝咖啡？检查电子邮件？拥抱睡在你床上的那只大黑狗？（好吧，也许只有我这样。）

现在，把你今早的活动和昨天早上的活动做个比较。它们很可能一模一样，不是吗？大脑喜欢例行程序。当它一百次、一千次重复一个流程，它自己就知道该做什么和该怎么做。这种完美顺滑地完成事情的感觉非常好——这就是习惯。你会获取到一种轻松完成任务的舒适感，这种感觉不需要你进行太多的认知活动。习惯是有回报的，它们通常也结束于实际的回报：一种积极的感觉，就像你刷牙后的清新感。

你的大脑一直在寻找回报模式并以此建立习惯，这是大脑节省能量的方式。听起来很有道理，没错吧？但是这个故事还有另一个部分，丹·希思（Dan Heath）和奇普·希思（Chip Heath）在《行为设计学：零成本改变》（*Switch*）中解释了这一点。希思兄弟用了一个骑手牵着大象的比喻。骑手是我们思想的理性部分，这个有意识的“我”认为自己处于领导地位，能够做出所有决定。大象则是心灵的潜意识和情感部分。正如你从比喻中看到的，潜意识比理性思维更加强大。

在一定程度上，“骑手”可以控制行为。你可以试试：放下书抬起头，盯着墙数三下，然后继续阅读。

你做到了吗？你的“骑手”做了有意识的决定来执行这个行动。当进行“盯着墙看”这样简单的事情时，一切都会很顺利；但当事情变得困难或有压力时，大象则会变得无法控制。你在节食时让自己变得太饿，大象就会直接把你推到饼干罐里。这时，你会感觉到“骑手”的影响力是多么的有限。

在某种程度上，骑手与全脑模型中涉及逻辑和战略的部分是一致的。你知道每个饼干含有多少卡路里（理性型），你对你想要达到的健美身材有一个愿景（创新型，在这种情况下，这属于创新型中“形象的”部分）。然而大象，则代表了图表下部的实用型和关系型象限，它想要甜点，因为晚餐应该以甜点结束（实用型，这是个流程），还因为今天是个糟糕的日子（关系型，这是一种我们自己的感觉）。其结果是，不一会儿饼干就不见了。真是太美味了！等等，我不该吃那块饼干的！见鬼，大象又带跑我了。

因此，在养成良好习惯和消除不良习惯时，主导你的是惯例（实用型）和情绪（关系型）。这些都是大象的象限。从长远来看，与它们的战斗必败无疑。而驾驭它们，你则可以无往而不利。你要做的，就是利用大象的力量。

在雪球系统中，我们使用“惯例”（rituals）这个词代指有助于你实现目标的工作习惯。具体来说，惯例是一系列的行为，一旦被触发，就会被习惯性地执行，而不需要太多的认知活动。

惯例可以从日程表出发：例如，星期天早上你会洗衣服。它也可以由事件驱动：收到雇主的 W-2 报税表，可能会触发你的纳税相关行动。

你会被日历触发的习惯有哪些？你会被特定事件触发的习惯有哪些？哪些会推动你走向成功，哪些会阻碍你？

在我们开始设计业务发展惯例之前，先要了解两个关于习惯养成的要点。首先，开始一个新习惯的最简单的方法，是把它与已经发生的、非失败的事情联系起来。这实际上跳过了一个步骤，因为你已经有了相应的触发条件。第二，永远都要在进行惯例后，立即奖励自己。你脑中的骑手看得到奖励和惯例之间的联系，但大象不会。所以你的奖励要快速而有趣，比如，早上的第二杯咖啡；在大楼里散步；在社交媒体上花费五分钟。

让我们来看两个例子，一个是日历触发的，一个是事件触发的。假设，你希望建立一个日历触发的每周惯例：每周主动向一个重要客户发送有价值的信息。你计划在周一早上的团队会议之前完成这项工作。会议时间就是你的最后期限，所以你会有些匆忙地完成这件事。你觉得时钟在滴答作响，这很好。做好一周的第一件工作，会让你这一周都有一种动力，一种最先完成困难事情的冲劲。这本身就是一种奖励。触发器是：会议马上就要开始了！奖励是：知道自己完成了困难工作的满足感。

现在，我们来看看事件触发的惯例。例如，有人告诉你你过分强调分析思维，所以你希望在与客户交流时有所改进。从现在开始，每次和客户谈话前，你都要事先决定一个与客户交流的话题（问题），而不是每次都是同一个套路："周末过得怎么样？太棒了！现在谈正事吧！"只有带有后续交流的真正问题，才能显示出你真的感兴趣。所以，你要充分利用你对客户的了解进行准备。例如，如果客户热衷于某项运动，你可以问他这个周末是否有相关比赛。这与之前的套路问题有着微妙的区别，但它显示出你的关心和好奇心。对这个客户一无所知？社交媒体也没有帮助？那就先问问他们有什么兴趣爱好吧。

这个惯例的触发器就是"每次与客户通电话或进行面对面谈话"。你的惯例可以是将问题写在便利贴上，贴在你一眼就能看到的地方。奖励是什么呢？你可以拿出一张纸，记录你进行了多少次对话，以及成功问出多少次问题（只有你真的倾听对方回答，并且跟进了一两个后续问题，这样的才算数）。

你还可以在周末总结你的成果，一个每周的客户关系记分板。这么做的关键是，要在会话完成后立刻进行统计，包括你是否获得成功。一触即发，立即奖励。（一开始你可能会担心自己无法做到，但你做得越多，就会感觉越简单。）每个周末，你都可以就此进行统计，看看成功率是增加还是减少。当你的成功数字与你的客户关系质量同步提升时，你的心中会油然产生一股愉悦感。

带着这两个案例的体验，现在你可以设计自己的惯例了。下载**惯例工作表**（Rituals Worksheet），或者找张白纸，在顶部写下这些抬头：

惯例	日程或事件触发	奖励

现在，设计一些可以为你的业务发展带来动力的习惯。刚开始时，设计一两个就足够了；一旦你看到惯例真的成了你的习惯，你就会获得创造更多惯例的动力。

设计完成了？太棒了。你还会不断地改进这些习惯，但这已经是一个很好的开始。你的初始计划非常重要——我们必须以正确的优先顺序，朝着正确的方向开始。而设计并执行你的惯例，则是你成功或失败的地方。

*

如果你像大多数参加我们培训的专业人士一样，你会感到自己目前的工作量已经到达了极限。无论你是否确定自己需要业务发展，在内心深处，你可能都会这么想：如果这个系统真的管用，那我就真的麻烦了。

天哪，这真是讽刺。你在读一本关于发展你的事业的书，你不顾一切地想找到一些有用的东西，内心深处的一部分却害怕它会成功。“毕竟，如果雪球系统和莫·邦内尔说的一样管用，这意味着我要进行更多的工作！”那又怎样？

以我的经验来看，业务发展会让你的工作本质变得更好，虽然转变的过程有些痛苦。更多高质量的销售线索以及更多的新客户，会转化为你更喜欢的、高挑战高收益的工作；而之前的那些旧工作，你通常会扩大团队并委派他人去做。如果你把不太理想的潜在客户推荐给其他组织，他们也会反过来把你最想要的工作交给你。这对双方来说都是胜利。

此外，你在本书中学到的技能将使你的整体工作更有效率。虽然有时看上去我是在给你增加工作，但通过对战略性的学习，只在最有效的地方投入你的时间和精力，你会发现自己已经清除了很多占据时间、高投入低产出的“繁忙工作”。即使业务再多，你的工作也会平静得波澜不惊。我已经看过太多这样的情景。这是狗刨和蛙泳的区别。

事实是，你已经在销售了。事实是，你已经拥有自己的业务发展战略——但对大部分人来说，这只是一个各种战略和职业生涯经验的大杂烩。现在是升级它的时候了。当你完成这一切时，你唯一的遗憾就是没能更早学习雪球系统。

Chapter 2

The Snowball System

投资客户关系：

拥有自己的 Protemoi 名单

如果你的梯子没有靠在正确的墙上，那么你走的每一步都会让你更快地到达错误地方。

——史蒂芬•柯维，

《高效能人士的七个习惯》（*The 7 Habits of Highly Effective People*）

如果你不使用，即使是世界上最好的工具也是没用的。当我从精算师过渡到客户经理时，我知道我需要一个真正有效的业务发展系统将我的职业生涯提升到新的高度。我也知道它必须禁得起考验，可以让我不管在多么紧张的情况下都能够坚持住。否则我就会在筋疲力尽下失去动力。

当你的工作涉及客户时，不管身处哪一行业的哪一层级，你都需要一定的灵活性。因为他们会在最后一分钟重新安排与你共进午餐的时间；在举行会议时并没有设定明确议程；会在电话会议开始 15 分钟后才接入，并将剩下的时间花在讨论业务以外的所有事情上。有时，你会觉得自己的进步就像你的钥匙一样会忽然消失不见。

不管你多有条理、多有纪律，客户工作就是会时不时地失控。当他人的举动使你的一天、一周甚至一个月都偏离轨道时，你需要更多的时间和精力才能回到正轨。

相比之下，做得好的业务开发就像一个飞轮。一旦你将最初的时间和精力都放在加快飞轮速度上，你的系统只需要少量稳定的输入就可以保持业务的持续增长。但是，如果你不能始终如一地做到这一点，那它最终还是会停滞不前。

当我在翰威特工作时，我第一次对飞轮有了亲身体验。那是在 20 世纪 90 年代，我刚刚接触它的医疗咨询业务。这项工作基本上是不可预测的，而且季节性非常强。冬天我们几乎没有工作，但夏天忙到连休假一天都很难做到。那时我们的业务规模很小，但包罗万象，通常会在几周内完成。所以我们很难知道下个月会做什么，更不用说几个月后了。每当我们将自己从一场危机中解救出来，我们都会发现自己的潜在客户渠道几乎枯竭。所以，我们再次投入大量精力，通过业务发展重新启动飞轮；一旦我们再次获得业务，飞轮就又会停止下来，繁忙的工作迫使我们所有人再次将业务发展搁置。

我对可怕的业务发展悖论深有体会：你火急火燎地寻找业务，然后忙碌地进行工作，此时你不得不将业务发展放到一边，因为你忙得没有时间顾及它，但最后，你又回到了最开始的地方。

利用习惯和目标获得持续的进步

当我开始领导自己的客户关系时，我很害怕。我不得不处理这个悖论问题，所以我决定将重点放在行为上。我说的不是客户行为，客户行为是不可预测的，也是我控制不了的。与此相反，我专注于自己的行为。我能做些什么呢？起初我尝试过蛮力。我一周工作 70 到 80 个小时，这样不管我有多忙，业务发展工作都能如期完成。我要确保无论在什么情况下，飞轮都在运转。

然而，对这个问题投入的时间数量并不是答案。我开始感到筋疲力尽，感觉自己燃烧殆尽。我必须找到一种方法，在完成业务发展工作的同时，还可以时不时地见到家人，甚至一晚上睡觉时间可以超过 4 个小时。

最后，我开始审视自己的习惯。它们就是不断向你提供补给的礼物。一旦你养成了一个很强大的习惯，它会在不增加任何精神消耗的情况下，让你享受所有相应行为的益处。当然，你需要花费数年时间培养它们，它们一开始的影响还比较小，但最后可以带来巨大的变化。

那么，我要如何培养积极的业务发展习惯呢？似乎与在本书读到的不同，我为业务发展所做的工作似乎并没有转化为我的习惯。毕竟，创建一个新的融资演讲稿与记住每晚使用牙线完全不同。但庆幸的是，随着不断挖掘，我获得了一些线索。

在上一章中，我们讨论了早期成功如何产生积极心理动力。事实证明，几次快速的胜利不仅使你更有可能坚持某种行为，还可以让这些行动更加轻松。简而言之，早期的成功能够培养出长期韧性。但是研究也发现，如果心理动力在习惯牢固确立之前就被打破，那你很可能会完全停止这种（习惯）行为。

考虑到这一点，我决定从设定小目标开始。这样的话，即使我再忙也没有理由不去做。我需要尽早取得胜利来创造心理动力。这可以让任务变得更简单、更愉快，让我更有可能坚持下去，并让习惯变得更强大。连续性则是其中的关键；无论任何情况，我都不想错过哪怕一天。

正如你将在接下来的章节中看到的，这就是我们构建所有积极业务发展行为的框架：从小处做起，目标为早期胜利，核心是连续性。如果你以前从来没有刻意像这样培养习惯，那么你可能会惊讶于习惯的养成速度。

当然，习惯行为越复杂或挑战性越强，需要的时间也会越多——我的客户告诉我，他们通常会花两到三个月的时间来培养一项业务发展习惯并加以巩固。在那之后，他们也会继续改进，但是雪球已经靠自身动力滚下山坡。所以，对自己要有耐心，尤其是刚开始时，因为新的行为一开始都会让你感到不舒服甚至沮丧。但是你的努力会为你的事业带来回报。

这不仅仅是我亲身经历过的，研究也证实了这一点。对这一课题，我最喜欢的研究者是哈佛大学的特蕾莎·阿马比尔 (Teresa Amabile)，她的著作《激发内驱力》（*The Progress Principle*）详细阐述了那些致力于进行小规模、渐进式改进，并且经常庆祝自己进步的工人们，也是最快乐、效率最高的工人。

这就是为什么说要大处着眼，小处做起，升级规模。当你从一个小小的进步开始，庆祝它的成功，以它为基础继续成长，然后你会发现你已经停不下来了。

最后，习惯虽然强大，但也有局限。虽然它们可以推动你前进，但无法帮助你转向。接下来，我开始考虑如何将我的日常工作习惯引导至整体目标——找到更多正确的客户，并且和这些客户进行正确的工作。习惯保证了稳定的前进动力，但如果没有明确的方向，我会很容易地建立起一系列与高效率背道而驰的行为。这意味着，我需要确立目标。

在一些生产力专家中，嘲笑目标设定已经成为时尚。但是他们错了：目标很管用。在培训中，我一直在教授业务发展目标的设定，其结果也经常令我惊奇不已。科学证明了这一点：对目标设定有效性的研究在20世纪60年代突飞猛进。心理学家想了解为什么有些人在个人和职业方面比其他人表现得都更好。多年来，他们进行了许多研究，不过宏观上的答案仍然难以确定。很多研究发现，目标设定具有强大影响力，当然也有一些研究结果正好相反。随后，研究员爱德温·洛克回顾了100多项研究在数十年间获得的数据，发现目标设定和绩效之间存在极强的统计相关性。总之，研究表明，将你想要完成的事情写下来，会让你成功完成这些事的概率大大增加。对便利贴来说，我想不出还有什么更好的用途了。

可持续的、成功的业务发展的秘诀是二位一组、缺一不可的习惯和目标：精心设计的习惯可以让你冲破重重阻碍，清晰的、雄心勃勃的目标可以让你明确前进方向。阿马比尔和洛克都这么说。这种组合势不可挡。

业务发展是一项技能

“当然，我获得了多个高级学位，成了我所在领域最杰出的专家之一，但当涉及客户关系时，你要么行，要么不行，我就是不行。”

这种想法是我最无法忍受的。我无法告诉你在雪球系统培训开始时，我听过多少次“你要么行，要么不行”的言论。这纯属废话。不，与废话相比，这一言论的害处更大。有效地建立人际关系并不是你DNA中某段基因的结果，“要么行，要么不行”只是逃避学习的借口。

想想你自己的行业中的商界奇才。你至少知道一两个这样的人。他们坐在办公室的另一头或者另一家公司里，做着几乎和你一模一样的工作，但他们的业务增长却快得多。最糟糕的是，这个人让所有工作，例如寻找新的机会、与战略伙伴会面、吸引高质量的潜在客户、让大项目落地等，看起来都很容易，甚至还很有趣。他们呼风唤雨的样子，对我们这些卑微的凡人来说，就像魔法。

这时，该让我最喜欢的名句之一上场了，这句话来自科幻作家阿瑟·克拉克：“任何足够先进的科技，都与魔法无异。”

这就是为什么人们可以得出这样的结论：业务发展技能隐藏在某段神秘的DNA链中，所以有些人“天生就行”。商界奇才们使用的技能看起来太先进了，在其他人看来根本无法做到。问题是，这些人没有看到商界奇才们不断工作、改进的战略；没有看到他们疲累地推迟回家的航班；没有看到他们为适应某种思维方式而做出痛苦的努力；没有看到他们写下核心客户名单，然后月复一月地保持联系、沟通。是的，呼风唤雨是可以学的。

我们编造了各种各样的理由来解释：为什么商界奇才们可以得到最优秀的客户、最利润丰厚的项目，乃至领导整个团队。天生的魅力、漂亮的外形、“不要脸”的销售方式。所有这一切都是为了回避一个令人不安的事实：尽管你可能是名优秀的专业人士，但是还不够好。一旦你达到了一定的行业水平，能够让你继续快速提升的方法就只有业务发展了。

业务发展和其他所有技能一样，你需要学习并实践。但你已经知道如何做到这两点。毕竟，你已经掌握了现有职业的基本知识。选择刻意学习业务发展，意味着你接受了这一现实：你已经拥有足够的专业知识与客户及潜在客户交流，学习业务发展是你最有希望的成长之路。

我理解你的沮丧，因为我自己也碰到过同样的困惑：“你在开玩笑吗？我拼命工作了10年来学习现有职业，现在我又必须重新开始学习？”

“初心”是禅宗佛教的概念，意思是“初学者的心”。拥有初心就是在你达到了一个高级水平之后，依旧选择进入一个没有任何先入为主的想法或期望的领域。一旦成为领域内的专家，你需要谦逊地学习新的技能；虽然躺在已有成就和工作上睡大觉无疑轻松许多。

你在职业生涯初期进行的学习都要比这容易。因为身为一名专家，你需要足够的初心才能够在新事物上获得进步。每一位业务发展的学生都需要从最开始学习，不管他专业技能有多么出色。

最后有一个重要提示：要掌握两门学问，必须优先进行其一。那么，哪个应该优先呢——你的核心专业知识，还是业务发展技能？

人们会自然地认为，他们的专业知识——薪资的来源——总是应该被优先考虑。但以我对数千名“销售员－专家”的培训经历来看，把业务发展放在首位会为你带来更大的成功。原因很简单：如果你优先关注核心专业知识，那么你可能永远无法在业务发展领域有所进步。但是如果你将业务发展作为首要任务，你自然会在这一过程中提高你的专业技能。这是个买一送一的大好机会：购买业务发展，免费提高专业技能。你将拥有更多的机会与潜在客户交谈、在专业会议上发言、与战略合作伙伴共进午餐等。其结果是，你的手指将会放在行业的脉搏上，你将与客户最迫切的关注点产生直接联系。所以说，业务发展应该成为你专业发展的努力目标。而你的努力，将会带给你额外的红利。

商界奇才们的特征

所以说，业务发展并不是什么魔法，它仅仅是更为先进的技术而已。业务发展这门手艺的关键，是找到正确的潜在客户，然后为这些潜在客户设计完美的购买体验。

作为专业人士，我们回避“销售”这个词汇。这个词会让人产生不好的联想：一个不诚实的汽车销售员，他为你提供的是停车场上已经有的东西，而不是你需要的东西；他对汽车也不太了解，也不听你的话；当你新买的轿车抛锚时，他已经消失无踪。

这种景象与我们努力的方向正好相反。作为多年来致力于开发专业知识的专业人士，我们最大的愿望是成为值得信赖的顾问。而我们对传统销售的印象则与此背道而驰，“销售”这个词已经被玷污。[如果你没有读过大卫•梅斯特的《值得信赖的顾问》（*The Trusted Advisor*），请将这本书加入你的待阅读名单。我在职业生涯刚刚起步时就读过这本书，而且多年来牢记在心。]

成为值得信赖的顾问意味着什么？想想生活中，你信任的那些顾问。你重视你的会计师的建议吗？律师的建议呢？医生的处方呢？我们每个人都将自己的信任放在一些专业人士身上，因为：（1）他们擅长自己的工作；（2）他们清楚地表明会最大限度地维护我们的利益；（3）他们会对我们实话实说，而不是只说我们想听的。当面临风险时，你知道可以依靠那些你信任的顾问。你不会想要去找其他人。

当你认识的人出现问题，而你的顾问着手为他解决时，你会拿出啦啦队花球为之大声喝彩。你已经成为狂热的粉丝。有了你这样的客户，你的顾问根本不需要浪费时间在陌生电访上。

为了成为值得信赖的顾问，我们不想销售。我们想帮忙。商界奇才们都很会帮助人。当我们将负面的“销售”转变为积极的“帮助”后，整个流程中不再有虚张声势和对抗。当我们寻找潜在客户时，我们不是为了卖给他们东西，而是向他们提供他们真正需要的帮助。第一次与客户会面？寻找帮助的方法。和潜在客户共进午餐？寻找帮助的方法。无法让某人给你回复电话？寻找帮助的方法。

从销售转变为帮助是实现业务增长的关键一步。将增长视为负面的人，是无法前进的。那么，那些真诚的、以更广阔更精深的方式帮助越来越多客户的人呢？他们自然会发现发展的机遇。

考虑到这一点，让我们更深入地探讨一下客户关系。我们经常因为错误的原因，投资于错误的人，然后百思不得其解：为什么得不到我们想要的结果？我们如何才能成为值得信赖的顾问，甚至更重要的人？现在是时候通过使用工具来建立你的关系了。

投资你最重要的关系

身为一名专业人士，你最重要的任务就是经营好每一段重要的人际关系。这不仅适用于你的客户关系，也适用于其他可能对你的业务产生积极影响的人。

为了成为一名真正的商界奇才，你需要系统性的方法来充分发展人际关系。重要的是，你要在众多的人际关系中分辨出哪些值得投资。时间和精力是最有价值的资源，但我们却将它们分散，将注意力集中在那些易于接近并且已经想和我们在一起的人身上。在业务发展上取得成功，意味着你要采取一种严谨的、深思熟虑的方法来建立你最重要的关系，不管它们看起来有多困难。

更好的人际关系将改变你生活的方方面面，不管是个人层面和还是职业层面。一个严谨的、系统化的方法可以帮助你创造更多、更强大、更有价值的关系，并对你的业务和职业生涯产生巨大影响——没有比这更有效的了。该系统的目标很简单：将那些重要的人变成你的狂热粉丝。

管理学作家肯·布兰佳(Ken Blanchard)在同名书籍（中文名《顾客也疯狂》）中创造了“狂热粉丝”（raving fans）一词。他认为，在竞争中获胜的最好办法，就是对你的客户和顾客给予无微不至的关照，这样他们就无法停止谈论你。当你为了客户不断超越时，他们就会对你、你的诚信、你的服务和你的公司产生狂热的情感。狂热粉丝是迄今为止你能做的最好的营销策略。激动的客户的热情推荐——你永远无法得到比这更好的广告了。

我们中的大多数人很少考虑投资关系的过程。通常情况下，在运气、工作和计划的共同作用下，我们与客户达成了首次的付费合约。然后，我们不再将自己与新客户紧密联系一起，而是忙着去灭其他客户关系的火，放任这段脆弱的新关系自生自灭。

心理学表明，建立一种新的行为需要时间和大量重复。与我们、我们的产品或服务互动，应该成为我们新客户的习惯。这就是为什么说，客户关系最初的几周和几个月是最重要的原因。现在一开始就表现出色，那么良好的基础将会为你带来多年的稳定关系。这就是“首因效应”的具体应用：对于关系的开始，我们总是记得很清楚，因为它是之后一切的基础。关系的开始十分微妙：搞砸了，关系很难恢复；做好了，你将会获得源源不断的人际关系动力。

别只听我一个人的。现在，请允许我介绍彼得——我的业务发展试错假人。他的作用是演示错误，这样你就不会再犯了。

彼得要和萨利·贝尔进行一次正式会面。他通过一个共同的朋友了解到，萨利对彼得的公司已经产生负面印象。他们曾向她许下诺言却没有兑现。实际上，她只是因为这个共同的朋友才同意和彼得见面。

彼得决心打消萨利的疑虑，为此他为开场白做了不少准备。他知道自己这边有很多东西可以提供给萨利，没有理由让过去的糟糕经历影响到现在的合作。

在会议当天，彼得盛装打扮并提前十分钟到达。他发表了一篇精美绝伦、引人入胜的演讲，将重点放在了萨利最迫切的需求上。如你所料，他的准备工作获得了回报。尽管一开始萨利很冷漠，但彼得的专业精神和承诺打动了她。最后，他们在对下一步合作的对话中结束了会议，彼得承诺会在几周内打电话跟进。

时间飞快，几个星期过去了。此时，彼得正忙着准备和另一位潜在客户的会议，这是个比萨利更大的商机。此外，他还有一份备忘录要起草；几天后他的姻亲要来他这里欢聚，然后全家一起旅行度假。他要如何找到时间给——等等，他该为萨利·贝尔做什么来着？给她发电子邮件？下一步合作具体是什么？啊，好吧，时间会让我的记忆复苏的——就这样，他做了错误的决定。他写了一条备忘，提醒自己假期一回来就与萨利联系。

现在，让我们快进到两周后。多棒的假期啊！全家都玩得十分开心。回到办公桌前，彼得闷闷不乐地看着那张备忘便条。他决定给萨利打个电话，谈一谈一个多月前的那次会议。他会在通话时弄清楚自己该做什么。

当接通萨利的电话时，彼得立刻感觉到有些事不对劲。萨利对他冷若冰霜，就像刚刚见面时一样。她的回答简明扼要，甚至涉及一些战略性的、开放式的问题。这次谈话毫无进展。

彼得很困惑。明明上次会议时，他还给萨利留下了深刻印象。

彼得又打了一次电话。

结果仍是一样。

这种情况经常会发生。潜在客户已经有了先入为主的想法，而专业人士则会在介绍会议上努力改变他们的想法，并承诺更好的结果。然后，这些承诺被打破，已有负面印象进一步加强。结果是，机会又一次从身边溜走。

在这个案例中，萨利·贝尔对彼得公司的专业性已经抱有负面想法。彼得在第一次见面时的行为向萨利证明了自己的不同。但是，他没有按照承诺跟进，这一举动加强了她之前的印象。于是游戏结束。

我们喜欢将业务发展的失败归咎于潜在客户及其想法、态度和意见。毕竟，如果你试图争取一个像萨利·贝尔这样的怀疑论者却最终失败，你可能也会将这一切归罪于她的“态度”。是她鸡蛋里挑骨头，你又何错之有呢？

实际上，这并不重要。即使萨利对彼得的公司没有特殊看法，她也会对其他公司和其他“销售员－专家”们产生负面想法。我们以前采访过我们客户的客户，大部分人告诉我们，绝大多数的第一次会议都是失败的。而且彼得失败的后续行动，也是常有现象。每开始一段新的关系时，你都要做好攀登高峰的准备，因为这就是它们本来的样子。

如果彼得以不同的方式对待这位潜在客户，情况又会如何呢？让我们回到测试的原点，试试其他方法。

在介绍会议的第二天，彼得给萨利发了一封感谢邮件，总结了他们商谈的要点，以及他所需要的进一步信息。他还发送了一个个性化的领英（LinkedIn）请求，圈出了他们共同认识的人。

三天后，彼得又发了一份跟进邮件，提供了几乎所有问题的答案，只留下最后一个问题。（这个问题的专家正在度假中。）

四天后，他发送邮件，解决了最后一个问题。

下一周，彼得给萨利发了一个链接，是《哈佛商业评论》的一篇文章，讲的正是萨利面对的问题。“我想你可能会觉得这篇文章很有用”，他告诉萨利，“查看一下第二页讨论中的报价。”

两天后，彼得通过电子邮件将萨利介绍给一位处理过相同问题的现有客户（同时也是一位狂热粉丝），这位客户愿意与萨利讨论她的情况。

最后，彼得按承诺的时间准时打电话给萨利，让她就介绍会议进行反馈。

在这种情况下，彼得的跟进电话结果会如何呢？萨利会不会继续保留她对彼得公司的厌恶？她会不会继续不回应？

行动胜于雄辩。在第一次会议前投入了巨大努力，但却没有任何后续跟进，这样的工作毫无意义。随着时间的推移，你会通过重复和连续性建立信任。你对潜在客户的投资越多，你的客户关系就会越好。

这不是说，你必须与对方进行面对面的交谈。你也可以做一个有用的介绍，或者发送一篇对方感兴趣的文章。虽然我们无法控制他人的观点、信仰和价值观，但我们可以控制自己的行为。影响他人对你看法的最简单方法，就是告诉对方你要做什么，然后做你说过的，一遍又一遍不停地重复。

一旦你这样坚持下去，你就建立了信任。信任是关系中最重要的品质，但它也是最脆弱的；一旦你失去了信任，就很难再找回。信任会慢慢增长，每次你信守承诺时它就会前进一寸；而你每违背一个承诺，它就会迅速收缩，后退一尺甚至更多。

当然，建立超越熟人层次的关系所需要的不仅仅是连续性行为。对于大多数专业人士来说，最艰难的关系增进，是超越付费客户这个层级。一旦有人与我们签订合约，大部分人就会认为建立关系的工作“完成了”。事实上，它刚刚开始。

行为科学家用 R 作为缩写，指代某种可以加强人类行为的事物。R+ 是行为的正向增强剂，R- 则是一种负向增强剂。当彼得准时出席介绍会议并进行了一次实用的、有针对性的演讲时，他为萨利创造了一个 R+ 体验。当他没有及时跟进时，他创造了一个 R- 体验，这种体验强化了萨利原有的负面印象。

显然，一个 R+ 没有什么影响，但只有通过反复的、持续的、积极的强化，一个人才会从消极的观点转变为积极的观点。研究表明，你需要一小堆 R+ 事件才能中和一个 R-！坏比好更强大。在一篇题为《坏比好更强大》（*Bad Is Stronger Than Good*）的论文中，罗伊•鲍迈斯特和其他来自凯斯西储大学及阿姆斯特丹自由大学的研究人员，对 100 多项心理学研究进行了综合分析。他们发现，与积极事件相比，人类大脑记忆对消极事件的记忆更长久、更牢固。（这里有个例外：我们自己做的事情——我们往往过分强调自己的积极面，低估自己的消极面。我一定很不正常，因为我似乎只记得我的缺点！）

坏究竟比好强大多少？这取决于背景和研究。他们发现，在浪漫关系中，消极因素要比积极因素强五倍。在我们的培训中，我们将四比一这个比例作为拇指规则[1]。你可以这样想：在一家新餐馆里，你可能心满意足地连续享用了几顿美味菜肴，但是一个非常粗鲁的服务员和偶尔的食物中毒，让你永远也不会再回来。

---

1. 拇指规则，又叫“经验法则”，是一种可用于许多情况的简单的、经验性的、探索性的但不是很准确的原则。

你的目标，是在每次互动中为他人创造很多 R+ 体验。这可以使你与消极体验隔离开，甚至可以帮助你克服他们在其他人那里得到的 R- 体验。每段关系都是 R+ 和 R- 体验的整合——这些体验来自你与他们的互动，以及他们从其他渠道了解到的你的信息。不断积累 R+，你的关系就会不断增强。

通往狂热粉丝的路

每一个进行中的业务发展关系都会经历以下七个阶段。

目标对象。目标对象是你想认识但还未说上话的人。你的下一步是做个自我介绍，或者给他们一些非常有价值的东西，让他们觉得有必要与你联系。

熟人。熟人是你见过面的人，但这就是问题所在，你能到达这里可谓意义重大，但你还没有告诉对方你要做什么，所以下一步就是让对方对你的专业意见产生兴趣。

好奇的怀疑者。他们很有兴趣从你身上了解更多，但也会对你的需求产生怀疑。也许他们认为他们的需求已经得到了满足，也许他们认为还有更容易或更好的解决方法。所以下一步，你要“给予并获取”（give to get, 稍后将详细介绍），这样他们就有机会看到你所提供的价值。

新客户。他们是冒着一定风险，第一次付费雇佣你完成项目的人，此时你们的关系还没有经过考验，还很脆弱。做好工作很重要，但还不够。你要了解客户未来的目标，这样你就可以在更多方面帮助他们。此时，你要做的下一步是积极交流、做好工作。

稳固的工作关系。在某些工作上，对方十分信任你，但这种关系并没有超越有偿工作。你的价值仍然局限在你的有偿工作上。我们看到很多专业人士在这一阶段停滞不前，因为他们认为可以停止向这段关系继续投资了。但是，如果你只是拿钱干活，而不是更广泛地提供价值，那么你只是将自己作为商品出售——而且还是很容易被取代的那种。你的下一步，是要继续增加你在各个新领域的价值（而不是你的报酬），特别是那些与客户的个人和业务最密切相关的领域。

忠诚的客户。你们的关系不再局限于手头的特定工作，你的客户现在将你视为大卫·梅斯特所说的“值得信任的顾问”：你在更为广泛的领域为你的客户提供帮助，而不仅仅是他付钱让你做的事情。客户会打电话给你，就重要议题寻求你的意见。这些“不断超越”的互动，就是你能够帮助客户的最有价值方式。与直觉相反，关系发展的下一阶段，是让客户做推荐人或被推荐人。正如我们稍后会看到的，相互帮助的关系是最强的。在这个阶段，你的客户想要帮助你成功。你要做的，就是去询问对方。

狂热的粉丝。这些人非常喜欢你的帮助和你的工作，喜欢到要将你介绍给他们认识的所有人。这是你在所有重要关系中的最终目标。狂热粉丝会成为你个人的销售团队。你要做的下一步，是让客户将你介绍给更多能够从你这里受益的人。在这里，除了商品，你什么都是；你是客户过去和未来成功的重要组成部分。

你的关系网中的每一段关系，都处于上述的某个阶段；正如你所看到的，每一阶段都需要采取不同的策略，才能上升到下一阶段。通常情况下，将一段关系从目标对象转为狂热粉丝需要几年时间，但当商界奇才们进行系统化的处理时，这段时间可以缩短到几个月。多亏了 Protemoi 名单，我得以见证许多这样的情况。

Protemoi 名单

关系是你未来成功的核心。有些人让命运决定自己已经认识谁、将会认识谁，以及彼此间建立联系的速度。另一些人则会按照特定流程进行，一个星期一个星期地稳速推进。猜猜谁的生意更好？

对于一个“销售员－专家”来说，狂热粉丝才是最终的大奖。他们会积极主动地帮助你成功。即使预算枯竭，他们也会在资金缓解后第一时间打电话给你。竞标时，他们就是你的强力内应。在平辈间进行交谈时，他们总是会宣扬你有多么伟大。

从目标到狂热粉丝的这一系列阶段过程，不仅仅适用于你的潜在客户和现有客户，它还可以帮助我们理解我们所有重要的业务关系。想想那些对你的事业影响最大的人。这里说的不仅仅是那些伟大的客户，还有那些将自己视为你的导师、提拔你帮助你的老板；那些经常引导你前进的位高权重的影响者；那些帮助你了解所有行业变化的前同事。有些人一直在关注你，如果他们处于合适的位置，他们对你的影响将无法估量。

你的狂热粉丝们有什么共同点？为什么他们如此喜欢你，愿意竭尽全力帮助你成功？对于大多数人来说，这些关系的形成很神秘——有些人一眼就喜欢上了，有些人怎么都不行。实际上，影响我们关系的力量比我们想象的要多得多。

最终，你也有可能将身边所有最重要的联系人都变成的狂热粉丝。但是我们必须付出持续的努力，就像我们在萨利·贝尔的案例中看到的那样。初次见面你就深深吸引对方，一年后你再回来，期盼着彼此关系还处在原来的阶段——这是不可能的。尽管狂热粉丝阶段是可以达到的，但这并不容易。而且，你无法在每名潜在客户身上都投入必要的时间和精力，更别提你通讯录里的那些人了（即使你可能觉得有义务这样做）。

那么你的工作重点在哪里呢？你最好的客户？你最不快乐的客户？那些当你提出午餐邀约时，会痛快答应的人？职位最闪亮的人？

正确答案是：你 Protemoi 名单上的人。

Protemoi 是希腊语，意思是“众多中的第一个”。你的 Protemoi 名单可以帮助你投资最重要的关系，无论对方是否有积极地参与。最终，对你的成功来说，有些人要比其他人更重要。他们就是你长期成功的基础。Protemoi 名单会记录下他们的名字，并将他们放在你思考的首位。

你的 Protemoi 名单就是你潜在的狂热粉丝名单，他们是最值得你投资的人。在一段关系中，“投资”可能意味着任何事情，从发送一篇相关文章，到打电话交流一个很酷的产品创意，或者是共进晚餐时进行头脑风暴。

有些人名单上的人数起始数量是五，有些人则是二十五——但这大概就是名单的数量上限了。研究表明，新的习惯不会随着目标的扩大以及我们的成长而消失。记住：大处着眼，小处做起，升级规模。

我最喜欢的人际关系专家之一是基思·法拉奇 (Keith Ferrazzi) ——《别独自用餐》（*Never Eat Alone*）的作者。基思在书中谈到了为重要关系做一个名单的重要性：“事实是，开始创建名单不需要什么技术。你需要的是集中注意力。”

我很有幸将基思对关系的理解应用到“销售员－专家”的世界中，尤其是本书中。“关系对每个人都很重要，对‘销售员－专家’来说尤其重要”，基思是这样告诉我的，“许多业务发展人员都在推销产品，但在‘销售员－专家’的世界里，很多时候他们就是产品。这种情况将关系管理的重要性提升到了最高等级。当关系无比重要时，你必须把它们记下来。你必须有一个计划。”

自然而然地，你会与日常接触的许多人形成联系，比如你孩子球队成员们的父母或工作时坐在你旁边的同事。但对于以关系为基础的业务发展来说，我们不能依赖偶然性，也不能依赖他人的记忆。所以，一个好的计划是必要的，而每一个好的计划都会从名单开始。

创造你自己的 Protemoi 名单

那么，谁会在你的 Protemoi 名单上呢？健康的组合通常为：四分之三的客户和潜在客户，剩下四分之一是可以间接帮助你发展业务的人，比如推荐人、你的老板、有影响力的人、战略合作伙伴或你所依赖的其他专家。

这一比例因行业而异。一些“销售员－专家”会为特定客户进行大量的工作，但工作结束后客户就不再需要他们了，例如婚礼策划人员和损害控制公关专家。在这些情况下，Protemoi 名单可以全部由战略合作伙伴组成（他们可以向你推荐合适类型的客户）。还有一种情况，有些客户经理只服务一位客户、一家企业。那么他的 Protemoi 名单可能全部由客户公司的领导者组成。所以，你需要根据你的具体情况调整 Protemoi 名单组合。

现在，让我们来创建你的 Protemoi 名单。首先，下载 **Protemoi 名单工作表（Protemoi Worksheet）**，或者直接将你在第一章中写下的七人名单拿过来。请再看一下左边的名字：这七个人真的是你关系网中最重要的人吗？请在工作表或者原始名单上进行你需要的修改。我们现在要升级它。

专业人士经常犯的错误是，他们会将注意力放在已有的关系网中。这是我们人类的天性，我们总是优先选择认识的人。然而，商界奇才们则会在现有人际关系和未来可能的重要人际关系中取得平衡。将一个从未见过的人加入名单，这可能会让你觉得有点奇怪。但试着做一做，你会看到新关系在你的职业生涯中绽放。寻找并赢得新的 Protemoi 人士，这一过程会让你上瘾的。

每个月你都要对名单进行快速修订。你的目标是那些你可以投资的人，而不是那些付钱给你的人。不要在选择过程中陷入困境；如果你发现很难记住一个人，那么对你的 Protemoi 名单来说，这个人一点也不重要。现在，将你需要放进名单的其他人写上。速度要快，现在就行动。去吧。

接下来，在名单上再添加两列："关系阶段"（还记得我们说过的几个阶段吗？目标、新客户、狂热粉丝等）和"下一步"。Protomei 名单就是你的一个小小关系网，它的目的是帮助你推进与这些人的关系发展。他可以让你知道你和 Protemoi 名单上的每个人处于哪一阶段，并告诉你下一步该做什么。填写时一定要对自己诚实：每段关系究竟处于哪一阶段？

"下一步"是最重要的。在这里，写下你可以将关系推进到下一阶段的具体行动。这些行动可以是打电话问候对方和女儿的大学访问之旅如何，转发对方感兴趣的《哈佛商业评论》文章，或邀请对方共进午餐并讨论下个财政年度的目标。"下一步"的重点应该是关系的强化，而不是会让对方认为是推销的行为。所以，一定要避免"请对我们上周发送的建议进行反馈"这样的做法。（稍后我会向你介绍一个可以帮助你管理特定机遇的工具。）

你现在已经完成了你的第一个 Protemoi 名单。随着时间的推移，你会不断改进它，并依靠它的力量将你的时间与精力集中在最重要的地方。现在，这个系统的基础的主要部分已经就位了——而这才是第二章！

大多数高层专业人士会告诉你，人际关系是成功的最重要的因素，但他们并没有系统地对关系优先级进行评估和投资。他们总是试图在脑子里摆弄这些东西。你是不是也是这样？开车上班的时候，你突然想到："我要给卡里姆发邮件！"然后一件事接着一件事，最后你彻底把这件事忘了。五年后，卡里姆成了公司的首席执行官。现在再给他发邮件，看上去就会显得很掉价："嘿，还记得我吗？那个很久没有联系的人？呃，我刚看到你在我的一个客户那里买东西。想一起吃个午饭吗，让我告诉你我可以为你做些什么？"

你会有更好的方法。

使用资产列表创造积极体验

我们最重要的关系已经排好队，蓄势待发。现在该做什么呢？Protemoi 名单并不会取代你的任务列表，它不会提醒你要跟进某项客户工作。相反，它是一台积极体验制造机，一个可持续和系统性地为 Protemoi 名单上每一个人创造 R+ 体验的工具。有时候，R+ 体验就是你的服务。然而，更多的时候，它负责往你的客户互动中填充价值。

价值的形式是多样的——推荐商业书籍、介绍你关系网中的某人、转发相关谈话视频、邀请共享咖啡，等等。当你通过这样的有形事物为彼此增加价值时，我们就可以称之为资产（asset）。

等着可以帮助你获取更多 Protemoi 人士的资产灵感从天而降，这是不现实的。你要花费时间去研究和深入了解一些事情，这一过程需要系统化（就像你的其他策略一样），这样你就可以建立并保持一个新的习惯。最有效的方法是建立一个资产列表，一个你随时可以发送给 Protemoi 人士、轻松创造 R+ 体验的资产列表。

资产可以是 Protemoi 人士感兴趣的，或者是对他们有帮助的任何事物。我们的许多客户最先想到的是商业资源，其实任何能增加价值的东西都可以，比如关于业余爱好、球队或健康建议的信息。你可以使用 Gravitas 模型（你将在第七章中看到）和你在雪球系统中学习到的其他工具，寻找你们的共性。你的共同爱好是什么？这是你向Protemoi人士发送有价值的信息的一个很好的出发点。资产包括以下类型：

- **有趣的人**

把你的 Protemoi 人士，和那些喜欢分享自己兴趣、爱好以及商业经验的人联系起来。你可以通过双方都参与的初次会议或电话会议介绍他们认识，这样也更能受到双方的认可。

• 想法和创意

你是个专家——你有自己的想法和创意。超越工作关系的最好方法之一，是提供报酬之外的帮助。你可以通过餐巾纸背面的草图来解释一个新的概念（本书后面的一些模型就是这样创造出来的）；你可以解释一个相关的交易技巧或工具；你可以将来自其他领域的新科技介绍给相关领域的客户；你甚至可以提出一个你自己设计的、尚未找到合适客户的解决方案。寻找客户这个话题是一个很好的开场方式，对方会帮助你一起思考。

• 行业新闻

你可能每周都会投入一些时间来跟踪你所从事行业的最新情况。我这里说的不是社交媒体信息、博客文章或新闻，你要将有价值的内容剪切到资产列表中。很大概率上，你认为相关的重要信息，你的 Protemoi 人士也会这样认为。

• 书籍和文章

书籍和文章总是很有价值的，特别是它们对你们讨论过的想法或概念有帮助时。需要注意的是，你一定要指明你认为有用的特定段落。千万别把《101 条管理原则》（*Management Theory 101*）发给他们说："你需要这个。"（这或许会让效果适得其反！）相反，你需要根据对方的具体情况进行剪裁编辑。这才是魔法的所在——你的关心。如果你要寄一本书，那就把实体书连同你的手写笔记一起寄出，上面写着他们一定要读的章节和原因。如果是网页文章，不要只发送网址链接。这是因为，有时链接会改变，或者存在付费门槛及其他技术问题，这些问题会用 R- 取代你精心设计的 R+。你可以将文章保存为 PDF 文档，并添加为电子邮件的附件，这样做更简单方便。

• 其他媒体

现在，你还可以共享有用的网站、视频、播客、网络研讨会或任何其他数字资讯。同样，你的分享要让对方能够容易获得并使用。所以，对于发送的内容，你要先观看或聆听所有的内容，并引导对方至相关部分。他们永远不会观看长达 1 小时的演讲视频，所以你不如让他们直接前进到 14：05，看演讲者花 2 分 30 秒来解释他们感兴趣的营销指南。

• **业余爱好**

如果你发现你们拥有共同的兴趣或追求，不要犹豫，你可以通过分享彼此的激情来加固关系。在谈话中，你一定要把耳朵打开，寻找可能的线索。如果客户随口提到一部刚刚看过的独立的电影，那么你就可以讲讲即将到来的电影节；如果他们是健身爱好者，你可以告诉他们你将要参加的 5 公里慈善长跑，也许他们会和你一同参加！

维护好你的资产列表，当需要定期联系时，你只需要花一点点时间浏览一下，就可以快速为你的 Protemoi 人士提供价值了。一开始你可能需要添加比较多的东西，但在这之后，你只需养成一个小小的习惯即可：每天打开列表，并且在浏览网页或者参加完高质量头脑风暴会议后，将你的收获添加到列表中。

你的资产列表将包含 PDF 文档、链接、视频和其他类型的文件。word 文档和 excel 表格则不行。就个人来讲，我喜欢使用 Pocket 这个跨平台阅读软件来管理我的资产列表。这样一来，即使我在路上，我也能够很轻松地收集各种资源，并快速寻找、分享给我的 Protemoi 人士。我甚至可以通过领英链接将人“储存”在我的 Pocket 中。

我很喜欢 Pocket，但很多软件工具都具备相似功能，从 Google Keep 到 Microsoft OneNote，每天都会有类似的新软件出现。选择一个适合你、你的平台和你的工作风格的。关键是，你要不断获取。我的学员告诉我，当他们开始努力获取资产时，他们为客户增加价值的能力也大大提高了。如果你觉得很酷，那就保存它！

保持联系

祝贺你！你已经创建了 Protemoi 名单和资产列表。你知道如何用后者来驱动前者。现在，让我们建立你的 R+ 装配线，为你关系网中最重要的人们持续地、系统地创造积极体验。

每个月，你要安排出 1 个小时，专门用来改进你的 Protemoi 名单。在这段时间里，你要回顾整个名单，并在本月没有进行互动的人那里标注上“我在想着你”（I’m thinking about you.）。

接下来，甄选出一个资产——这个资产要能适合若干人，人数越多越好。然后，以这个资产为基础为每个人量身定制信息，并单独发送。定制是这个步骤的关键。每个人都会扫描他们的电子邮件列表，从一大堆普通邮件中寻找那些专门写给他们的。所以你需要遣词酌句，投其所好。你要注明为什么你觉得他会喜欢这个（资产），告诉他们要特别注意的地方，并尽可能个性化。然后，找到另一个适合其他人的资产，定制、发送……直到当月名单上的所有人都联系了一遍。完成！

例如，你最近添加了一篇行业相关文章到资产列表中。在每月一次的Protemoi名单时间中，给名单里所有适合阅读这篇文章的人发送邮件，要确保添加上原文链接以及文章的PDF版本。在邮件正文，你要进行一个快速简单的解释，说明为什么你要发送这封邮件。发送这封邮件，然后保存这封邮件的副本，继续为名单上的其他人定制信息发送邮件。几个月过后，肯定会有一些人出现在你的客户列表中。记住这三点：获取、甄选、定制。

这个简单的过程就像在退休账户中设置自动投资一样容易。开始时你可能需要做些工作，时间长了你就不会再在它身上耗费精力。一两年过去了，“突然”间你发现自己账户里塞满了现金。这些钱都是从哪里来的？哈哈哈，我有钱啦！同样，在使用了一段时间的Protemoi名单和资产列表之后，你将“突然”与不久前几乎不认识的人建立起良好的关系，而这些人对你业务的影响会越来越重要。

当然，每月进行一次Protemoi名单的集中工作，并不意味着你不能在其他时间给他们发送信息。例如，你刚刚放下和某人的电话，你们的谈话让你想到了一个相关的资产，那你就马上发送它。

*

我们已经看到，专注于正确的关系会如何促进成功。与其让命运决定我们将与谁见面，不如自己掌控一切，投资自己希望拥有的关系网络。现在，我们有了一个主动出击的计划。

现在是抬起头往远望的时候了。世界会怎样看待你呢？你的市场位置在哪里？你是潜在客户的首选项吗？

在下一章中，你将学习如何从战略上定位自己，建立一个强大的、令人难忘的品牌，并以此吸引稳定理想的客户。定位是业务发展的核心。做好了，你就再也不需要为潜在客户奔波了。

Chapter 3

The Snowball System

定位自己：

成为客户最优选择的五维定位法

想要获得更多你希望的业务，就要从你的价值定位开始。如果你不了解客户的问题，或者不了解如何将自己定位为他们的最佳解决方案，那你就完了。

你最擅长做什么？你提供的产品、服务与其他人的有何区别？哪些人对你很重要，为什么他们要选择你？

一只饥饿的熊在河床上游荡。如果它找到合适的地方，午餐自己会送上门来。这就是定位的优势。如果你将自己放在合适的位置，生意就会像跳动的鲑鱼一样落在你的大腿上。如果你不这样做，那最后你会变得又冷又湿，而且一无所获。没有大胆的、经过战略精心设计的定位将你与竞争对手区分开，你的业务增长就会慢慢停止。一道不可逾越的鸿沟将会出现在你的销售与客户的购买之间。

迈克•戴姆勒（Mike Deimler）知道战略和专注的重要性。接连两任，他领导了波士顿咨询公司（BCG，Boston Consulting Group）的全球战略计划——这是全球顶级战略公司之一。波士顿咨询公司不得不打破自己的规则，让他得以连续两个任期领导一个项目。为世界顶尖的战略公司进行战略领导，需要一个独一无二的优秀人物；而连续两任，仅仅独一无二是远远不够的。当我问迈克在“销售员－专家”的世界里保持独一无二、提供与众不同的产品或服务的重要性时，他给出的回答超出了我的预期。以下是迈克强调的内容：

作为波士顿咨询公司的合伙人，20年来，我的公文包里总带着一个薄文件夹。打开它，你会发现，我为每一位客户都分配了一页纸。在每页纸上我都做了不少笔记，内容是客户公司的首席执行官们需要解决的最重要的10个战略性问题。这些问题不一定是波士顿咨询公司能够提供支持的，但这些是我大胆、长远的看法，我真的相信我的客户应该解决这些问题。我会精心思考客户的日程并将他们的利益放在首位，这样我可以让他们带着责任感来讨论这些问题。我真的没有在销售；我只是有勇气带领我的客户通过前瞻性的深入视角，来审视他们公司的最佳利益所在。至于业务，不用管它，自然会好的。

迈克在河上找到了自己的位置。他希望被定位为一流首席执行官们的首要战略智囊。通过这种做法，他过得很好。我保证这个定位，对他的几乎所有客户来说都是独一无二的，尤其是在他所擅长的领域。它显示了三件事：他对客户们的业务了如指掌，甚至比他们自己更了解；他很主动；他是所有重要事情的智囊，而不仅仅是波士顿咨询公司的服务提供者。让他变得独特的根源就存在于迈克的想法清单中。当这些想法被采纳并获得成功时，首席执行官们会将它与迈克联系起来。一旦他们将成功与迈克联系起来，他们对迈克的需求就会增强。而这些将迈克定位为极度宝贵的、独一无二的和一切重要事项都离不开的外部资源。还记得我们说要成为“值得信赖的顾问”吗？这就是你需要做的。迈克没有商标，没有关于自己的营销材料。他只是弄清楚了自己想以什么身份被他人所知，然后坚持自己的承诺，并且通过每一次互动强化这一定位。

让我们将镜头放到你的身上。你想以什么身份被他人所知？在这一章中，你将学习使用五维定位法来为自己定位，这种方法已经得到过充分验证，并且被我教授给全国数千名“销售员－专家”的培训学员们。你所要做的就是跟随它的引导。它会告诉你如何传达你的价值。在你理想的潜在客户眼中，你将成为最优先的、唯一的选择。通过这一方法，你可以对你的组织、你自己、特定产品或单个交易进行定位。

要正确定位自己，你需要对你想吸引的客户有一个清晰的认识。我来教你如何瞄准他们。但首先，让我们仔细看下“定位”是什么，它是如何工作的，以及为什么它对像你这样的专家如此重要。

定位的力量

作为一个服务提供商，你的根本问题在于：你并不是顾客唯一的选择。如果你是的话，那么业务发展将会十分容易。

“嘿，比尔。我需要税务方面的帮助。你能推荐一个好会计吗？”

“当然可以。我的朋友吉姆恰好是地球上最后一个会计。”

“在整个地球上？哇，那就好办了。他的电话号码是多少？”

在这种情况下，会计吉姆处于最佳位置。作为山中之王，他有挑选自己客户的优势。每个人都想和他一起工作。吉姆的收费可以大量溢价，包括他客户能负担的任何费用。无限的需求和唯一的供应——这可以使吉姆的业务增长到他想要的任何程度。另外，凭借会计师这样的稀有身份，他会在晚宴上因一句俏皮话“这是应计（会计术语）的世界”（It’s accrual world.）大受欢迎。

在自由市场中，吉姆舒适的生活状态不太可能继续下去。当珍也得到注册会计师证时，会发生什么？现在市场上有两个会计师可以选择了。吉姆仍然很忙，但珍开始引诱一些他最喜欢的客户离开。吉姆要怎么做才能确保他的理想客户们不会离开呢？（他得到的反馈是，他的幽默感不再管用了。）这时，定位的作用就出现了：向潜在客户展示为什么你是满足他们的特定需求的最好（或唯一）选择。

其实，这并不仅仅是竞争对手的问题。客户始终有一个选择来对抗你的定位：不选择。潜在客户可以选择推迟项目或由内部人员完成相关工作。背痛的人可以不去做脊柱按摩，改为服用更多的止痛药。吉姆的客户们也可以使用纳税软件来自行解决税务问题。事情的关键是，不要将你自己定位为非最坏选择，而是要将自己定位为最好的。当你这样做时，潜在客户们会渴望与你合作。

你可以将你的组织（或者你自己，一个独立的服务提供商）定位为：“吉姆的会计核算比珍的会计核算的精确度高 3.2%。”你可以像这样定位服务、产品或者项目：“吉姆的晨鸟会计服务可以让你更早获得退税。”或者，你也可以为特殊客户的特殊交易进行定位：“吉姆是简化鹌鹑公司税收结构的最佳选择，因为他针对鹌鹑蛋行业的独特需求制订了特殊战略。”

定位就是要改变买家的认知。这可能会让你怀疑“定位”只是“广告”的委婉说法而已。事实上，情况恰恰相反。

定位心理学

在 20 世纪 70 年代，公司们开始用几乎连续不断的电视、印刷品广告轰炸美国人，他们在几乎所有可用的物体表面都涂上了自己的商标。消费者一次又一次地看到汰渍的深层清洁能力、香奈儿五号的迷人魅力，以及可口可乐的清新爽口。

营销大师艾·里斯（Al Ries）和杰克·特劳特（Jack Trout）开始怀疑，仅仅是产品功能和商家承诺无法解释为什么在同样频繁的重复下，一些广告可以有效地影响消费者，而其他的则不行。对于任何一个正常人来说，太多的广告让他们无法有意识地处理所有产品信息。里斯和特劳特决定调查人们对广告的理解方式。

他们的研究显示，产品越少承诺，消费者越有可能相信广告。信息的焦点越紧密，其引起的共鸣就越大。

“定位”，他们写道，“就是在潜在客户心中如何让自己与众不同。”你无法告诉顾客你的产品的所有好处——你说得越多，顾客听到的就越少。定位的艺术在于，只说那些最能让你的产品与众不同、最能提升它们价值的东西，同时将其他信息排除在广告之外。换句话说，焦点赢得战斗。

30 多年后，里斯和特劳特的建议仍然十分有效。它广泛适用于客户和消费者的定位。你会认为现在每个人都知道这件事了，但是专注也是十分吓人的，因为它意味着你要有意识地抛弃，即使那些听起来很有说服力的事情也不例外。这就是为什么说描述定位是业务发展过程中最重要的部分之一。你的定位描述会传达一个简单的信息——为什么客户要选择你。

当然，“简单”这件事，看上去容易做起来难。这意味着要具体。关注你的目标客户群，意味着你要拒绝其他客户，拒绝其他很具吸引力的机会。实际上，与针对特定客户的品牌相比，“适合所有人”的品牌并不算太成功。

里斯和特劳特拿卡夫（Kraft）进行举例。卡夫是一家拥有许多优秀产品的大公司。但是卡夫这个名字对消费者来说到底意味着什么？他们擅长做的是什么？是焦糖吗？通心粉和奶酪？蛋黄酱？碎奶酪？沙拉酱？

当我思索这个问题时，我正站在超市的烧烤酱货架旁。我看看货架上的新品牌，又看看以前最喜欢的老品牌。我甚至还会认真阅读成分表。但是，我永远不会在这个货架上购买的品牌，就是卡夫。以我的顾客思维来看，卡夫怎么会像甜蜜宝贝（Sweet Baby Ray）的美味蜂蜜辣酱一样甜美呢？它也肯定不如斯图布（Stubb）的原味传奇烤肉酱一样独特，要不是斯图布如此传奇，人们也不会将他的头像印在商品上了，不是吗？或许我应该买的是“我们很严肃”（We’re Talkin’ Serious）的吮骨酱（Bone Suckin’ Sauce）。

卡夫的酱汁可能和这些特色品牌一样好，但顾客很难相信它。因为卡夫做了太多其他的东西，所以整个品牌显得平庸和乏味。这些商品就像是一台大型企业机器的一部分，而不是由一个关心我味蕾愉悦的人手工制作的。这就是我们所采取的认知捷径：我们倾向于认为专家比通才强。当我们遇到重要事情时——无论是关系公司命运的重要项目，还是请朋友们来家里聚会烧烤——我们想要的都是专家，因为我们希望从他们那里得到最好的结果。

所以，成为每个人都需要的全才，看起来安全，实则危险。专业化创造需求。为了正确地专门化，你需要知道自己要在哪里创造需求。哪些人对你很重要呢？

瞄准正确的潜在客户

强大的定位会直接影响潜在客户的认知与需求。但是，是哪些潜在客户呢？“目标是所有人”实际上就是没有目标。在定位过程开始之前，我们先要识别和确定目标：你最想要的客户类型。只有当你对理想客户有了清晰的认识，你才能通过定位自己来吸引他们。

确定目标是确定潜在客户业务价值的过程，以便你对工作进行优先安排。从某种意义上说，这意味着你可能要拒绝愿意付给你钱的潜在客户。对钱说不，这肯定不是件容易事。如果业务发展缓慢，拒绝任何形式的有偿工作都会让人感到生存上的威胁。即使营收很健康，当我们考虑将潜在客户转给另一个服务提供商，或终止一个已经到期的现有客户关系时，我们的生存本能也会大声呼喊抗议。

但此行动有助于在机会成本方面构建这一框架：将努力放在一个领域意味着你不能把它投资到其他任何地方。不管他们付给你多少钱，你总是会面临潜在收益的损失。作为一名服务提供者，你服务的客户量是有限的。通常来讲，我们会低估单一客户或者项目对我们资源的占用。我们会计算出总的直接工作时间，但往往会忽略电子邮件、电话占用的时间，以及投资在关系中的心理消耗。即使业务发展缓慢，每周从一个非理想客户那里挤出一个小时，并投入到潜在客户开发工作中，这可能会带来一个或多个理想客户。

这里有一段我的亲身经历。当我还是一名年轻精算师时，我在一家《财富》20强公司领导一个大型的医疗选择和定价项目。这是一件重要的工作。为了取悦客户，我愿意做任何事情。超过25万名员工依赖于公司的医疗保健计划，这对我的工作产生了巨大影响。

一天晚上，客户公司的项目负责人打电话提出了一个紧急请求。她希望为第二天早上八点的会议重新制订计划。她想要的不仅是调整——她已经有了一些新的想法，以及这些想法带来的大量工作。这通常需要几天时间，但当时已经是下午四点了。

与这位项目负责人的接触过程并不舒心：她的指示有时含糊不清，会在最后一秒提出请求，有些时候情绪还会过于激动——但这是最糟糕的一次。我们都已经怕了她了。我问了尽可能多的问题，试图理解她的潜在目标，然后打电话给我的妻子贝基，告诉她，我无法参加家庭聚餐了。然后，我建立了复杂的底层模型，并给客户打了几次电话询问问题，试图弄清她想要什么。最后一次和她的通话是在晚上九点左右，她让我在需要的时候自己做一些假设。"你自己弄清楚"，她的语气明显是"你在打扰我"。

还有太多事情要做，我马不停蹄地忙着。终于，我完成了建模，让结果尽可能的漂亮，然后检查了所有内容。凌晨四点，我完成了所有工作，在将文件传给她时我还和传真机搏斗了一番。我真的很害怕他们传真机的纸用完了。成功！终于完成了。我回到家，睡了一会儿，冲了个澡，然后赶回公司，等着和她及她的高管团队进行八点钟的电话会议。

但是，到了八点电话没响。她根本没有出现。等了一阵子电话后，我开始给那里我认识的所有人留言。八点三十左右，我终于找到了这位项目负责人刚刚上班的助理，得到消息说她还没到。她的团队正在会议室等着，我的模型们还躺在传真机上。晚些时候，她走进会议室，承认自己睡过头了。随后，她周围出现了一些突发状况，几天后我们才开始着手分析新的计划。

那时我太年轻了，不知道如何处理这样的问题，但我的项目领导做到了。

因为这类事情发生了太多次，他打电话给了这位项目负责人，中止了与她们的业务——我们自己炒了自己。我的“紧急的非紧急工作”就是骆驼背上的最后一根稻草。我们完成了被逼迫进行的工作，但毫无回报——没有什么比这更不值得了。我们整个团队都很紧张，总是想取悦这个人，但我们意识到她根本无法被取悦。

好消息是：我们的自我解雇行为影响到了整个公司。人们开始说出心里话。很显然，这位项目负责人对待她的内部团队也是如此，众人敢怒不敢言。当我们就解约原因与客户公司进行充分沟通后，客户公司里的其他人也纷纷吐露心声，一周后这位项目负责人就被解雇了。几周后，客户公司要求我们回来并给了我们更多的工作。我们继续与之前团队留下的人员共事——我们喜欢和他们一起工作。情况就是从那里变好的，不到十年，这家公司就成了我们公司最大的客户。

如果客户并不适合你，而且情况也无法改变，那你就要做好终结这段业务关系的计划。对错误的客户说“不”，可以让你对正确的客户说“是”——甚至是几个正确的客户。不管我们是否愿意承认，我们被棘手客户占据的时间和精力都超过了他们应有的份额。

这不仅仅是拒绝低价值关系，为新关系腾出空间；这也关系到你所有关系的正确优先级。这可以追溯到 Protemoi 名单背后的想法：我们希望系统地与对我们业务影响最大的人建立更牢固的关系。

这就是商界奇才们又一个与其他人行为不同的领域。大多数人更喜欢花时间与已经认识的客户和战略合作伙伴重新联系。毕竟，想要接触到更重要却又不那么牢固的关系，不是件容易事。不过，你要习惯这种不舒适。通过练习，它可以变得更容易。

为了对错误的客户说“不”，对正确的客户说“是”，你需要清楚地知道哪些是正确的客户。这些需要你写下来。你可能对理想的潜在客户有一种直觉，但你需要将这种直觉传达给其他人——你的同事、战略合作伙伴等——这样他们才能给你带来更多你希望的业务，而不是你不想要的。

在你知道你想要向谁传达你的定位之前，你很难给自己定位，因为我们需要从对方的角度进行思考，将他们感知到的价值放在第一位。这就是为什么确定目标和定位之间的联系如此紧密。定位表明了你对独特问题的解决方案，而确定目标则表明了哪一类人愿意花钱解决这个独特问题。首先，我们会确定你的目标。然后，带着对目标客户的具体想法，我们再回过头来调整你的定位。

定义理想中的新业务

获得新业务有两种方式：

- 与新客户接洽；
- 在现有客户组织中打开新的业务区域或建立新的关系。

简单的方法是：将我们的时间花在现有领域与现有客户的现有关系上。但要获得新的业务，你需要冒点险。

负责新公司客户开发的专业人士马上就能理解这一点，这同样也适用于客户经理。如果你的工作集中在一个大型客户身上，那么你想要获得业务增长，就要将业务扩展到该公司的其他业务部门或职能领域。从这个角度来看，“新客户”就是同一组织中的新的购买中心。

例如，你的公司为一家大公司的人力资源部门打印标牌和培训材料。如果这是你负责的唯一客户，那么你发展业务的最好机会，就是扩展到为他们的市场部设计和印刷广告页和小册子。你可以在人力资源部建立新的关系。这样，当你的客户联系人离开公司时，你也可以无缝地过渡到其继任者上。如果你把所有的注意力都集中在一个人身上，当新的决策者出现时，你就有可能失去这个客户，甚至你的工作。

无论你负责的是哪种类型的客户，或者经历了怎样的业务发展之路，这个过程都是一样的：你需要优先处理最重要的关系，而不仅仅是和你认识的人聊天。

最优秀的商界奇才们会设定好明确的标准来评价他们面临的机遇。他们会通过预算、通常购买的项目类型、行业以及公司规模（营业收入以及员工数量）来评估潜在客户。而其他人，大多没有标准或者随意使用标准，他们对标准的忽视已经让他们的收入和其他目标陷入困境。

你自己的选择标准（如果你已经设定好），会受到你的思维偏好的影响。

例如，如果你是个重度理智型思考者，你可能会根据潜在客户和客户的预算以及其他容易量化的数据来确定他们的优先级。这种方法可能会遗漏其他不太容易进行计算的重要元素，例如文化适合性，或者潜在客户过强的风险规避倾向。

最后，我们大多数人都过分坚持一个标准：找到那个人有多容易？不可避免的是，人们倾向于投资那些容易接触到的潜在客户，而不是那些从长远来看最有价值的潜在客户。每一次，“容易”都战胜了“有价值但困难”。我们必须打破这一点。

你需要为潜在客户评估和优先级顺序建立一个平衡的标准。这个练习的目的，就是找出最有价值的潜在客户，这样你就可以将时间投入到利润回报率最高的地方。

哪个标准可以帮助你最准确地选出理想的新客户呢？不要专注于现有的客户关系，这会让你远离那些你应该认识的人。稍后，我们会讨论如何将你的现有关系网纳入到目标确定过程中。还要注意，这些例子已经被分类至我们的象限中，因此你不会因为自有的思维偏好做出过高或过低的评估。

拿一张白纸，用笔将它分为四个部分，或者使用**业务发展标准头脑风暴工作表**（Brainstorm Your Business Development Criteria Worksheet），在每个部分列出至少四个你业务的特定标准。请参阅下图中的示例。

目标客户标准示例	
A. 理智型	D. 创新型
• 该组织的营销收入 • 在你的行业中花费的金钱数额 • 在与你相似的组织中花费的金钱数额 • 员工数量 • 行业 • 公司类型（例如：私企或国企）	• 他们的需求和你的解决方案在战略上是适合的 • 愿意接受战略风险 • 组织品牌声名显赫 • 组织原则（例如：创新性，低成本，卓越运营，等等）

续表

目标客户标准示例	
B. 实用型	C. 关系型
• 我们在这个行业拥有实打实的经验和专业能力 • 该组织具有安全意识 • 他们的操作有书面程序（或没有书面程序） • 简化的购买流程	• 我们和潜在客户的文化契合度 • 组织运营健康度 • 首席执行官或领导团队在本行业的口碑 • 董事会与我们在其他业务目标上的联系 • 我们战略合作伙伴与该公司的关系 • 公司的慈善性质

* 此表在全脑模型基础上制作而成，©2018 HERRMANN GLOBAL LLC。

这有一个简单的例子。假设你是个婚礼策划人。在“理智型”象限中，你希望的是一位有一定预算的客户，他会选取合理范围内的婚礼项目并为之付费。对你来说，这里的价格应该是多少？开始思考你自己的理智型标准。这个标准的范围要比钱要大得多。

在“实用型”象限中，你需要的是一个能够提前通知你、给予你足够策划时间的客户。曾经的惨痛经历让你学习到，直到“最后一分钟”才确定的婚礼给你带来的痛苦和麻烦，是其利润远远无法覆盖的。在很多行业中，只有在充足的时间下做好准备工作，才会获得最后的成功；而其他行业的很多人，也是因为时间不够才被雇佣的（想想我们谈到过的危机公关专家）。现在，开始思考最适合你的客户选择标准。

有些不太直接的标准可能并不明显，特别是你更倾向于“理智型”思维时。让我们通过“创新型”象限进行思考，我们可以将之视为战略部分。你可能会考虑到婚礼在当地社区有多显眼。一场广为人知的婚礼将会为你带来更多的生意。你是否想过，通过在乡村俱乐部和其他有影响力的社区家庭中心进行营销活动来确定目标？如果说可见性是你确定目标的标准之一，那么和其他因素相比，它的权重是多少？我认为这是一个有趣的视角：具有相同工作强度和盈利能力的两个项目不一定具有相同的价值。那么，你要找的标准是什么呢？

在“关系型”象限中，你可以添加有关新郎新娘及其亲属们的标准。哦，亲属们啊！让我们回到之前提到的机会成本：棘手、苛刻的客户会占用你巨量的时间和精力。你真的想在凌晨三点收到满是感叹号的短信吗，仅仅因为母亲和女儿对新郎的袜子颜色意见不一致？同样，你要如何权衡客户（关系型）带给你的痛苦程度与预算和时间（理智型和实用型）等因素？我的许多客户对自身与客户的文化契合程度十分看重，给予的优先级也非常高。这完全符合“关系型”象限。考虑一下你的“关系型”象限标准。

我们进行这些练习，目的是让你清楚地知道自己想要的客户是什么样子的。这样，你就可以定位自己，吸引更多你想要的客户，而不是其他客户。不可能所有客户都满足你所有的标准，但是明确这些标准及优先级，可以帮助你更好地转换业务方向。

先完成这一系列练习思考，然后从你的标准列表中挑出最重要的五个来。我们培训班上的大多数专业人士，他们的选择来自所有四个象限，但你不必和他们一样。此外，选择少于五个也可以，如果你觉得这样更好的话。

现在，写下你的目标确定标准，并给每个标准一个百分比来表示它的重要性。这几项加起来应该是 100%。例如：

- 有足够的预算与我们合作 45%；
- 文化契合 35%；
- 购买周期速度 10%；
- 接近我们所处位置 10%。

现在，将这套标准与你过去和现在的客户进行比较。在客户和标准并不匹配的领域，你的体验如何？举个例子，你的上一个客户，他出手很大方（理智型），但你与他之间的文化契合度很糟（关系型）。最后，你是很高兴地与他们一起工作，还是后悔接受委托？这种痛苦的接触会带来有用的推荐和战略关系吗？还是这只是一个不断吸收时间和精力的黑洞？

我不能保证这个过程会帮助你避开这些不适合的客户。不过，我可以保证，让你后悔、头疼的情况将会大大减少。

正确的目标确认行为是移动的、前进的、有目标的。你的目标会随着时间的推移而提高。

目标列表

现在，让我们将你新的业务发展标准应用到实施中。真正的商界奇才们会不断更新潜在客户的目标列表，以此将工作中心放在业务发展上。

哪些客户是最值得合作的对象？你的理想客户是谁？你的理想客户公司是哪家？如果你能用理想客户替换所有的现有客户，那么哪些人或公司将会登上你的名单？将这些名字写在**目标列表工作表**（Target List Worksheet）上，或者找一张白纸写在上面。

一旦你白纸黑字地写下了你的目标列表，你最终会发现这是最有价值的业务发展工作；否则的话，你还在走容易走的路，将时间花费在你认识的、让你感觉舒服的人们身上。

我的一位保险经纪人客户有不少专长领域。其中一个是餐厅特许经营。他的客户有着独特的保险需求：从一般的顾客滑倒问题到食品安全风险，五花八门。这位专家知道食品服务业的语言和模式。他也了解其中的风险。最重要的是，他对保险条款了如指掌：哪些样板条款必须修改，哪些可以保持原样。如果连锁餐厅的风险控制经理与两家保险经纪公司的专家接洽，其中一位是通才，另一位是我的客户，那么他的选择会十分简单：这位专家知道自己的专长，而正确的潜在客户也会立刻意识到这一点。

现在想一想，这个过程说明了什么。你对目标的优先选择顺序有什么见解？根据排名，你敢说你的时间和精力都花费在最有价值的理想客户身上了吗？

我们的学生几乎每节课上都这样说：他们大部分的时间都在追逐错误的组织和错误的人。“与我们已经认识的人共度时光”的潜意识力量是极其巨大的。我们必须与之抗争，将我们的时间和精力投向我们的理想潜在客户们，不管他们是谁。接触那些你不太了解的人可能会感觉很可怕，但这也是最直接的成长之路。（我们将在第六章中学习如何轻松地完成这项工作。）

这又回到了业务发展悖论：你在业务发展上的努力让你忙于具体项目工作，无法继续业务发展——这只是一个悖论。问题是，当我们进行业务发展时，我们到底在忙些什么？我们是在明智地安排有限的时间，纺出金线，还是在让纺车空转？

让我们回过头来看看那些你很熟识但对你业务发展没什么帮助的人。你还是可以和这些人待在一起。只是你要看清楚这么做的原因：与老朋友们叙旧。这样就好。千万别自欺欺人地以为自己在进行业务发展。不过你可以与这些喜欢你的人分享你的目标列表，也许他们可以帮助你找到合适的人。

定位你自己

你已经开发出一组目标客户确定标准。至此，你对你正在寻找的潜在客户已经有一个清晰的了解。继续前进，你会根据这些标准，将越来越多的时间和精力花在这些最重要的关系上。这意味着，你要花更少的时间和那些你熟识的人在一起。大多数业务上的重大突破，都来自你现在还不太了解的人，尽管你现在了解的人可能会帮助你介绍他们。一旦我们把精力释放在舒适区之外，我们就会得到真正的业务发展。

更重要的是，对于自己真正想从客户那里得到的什么，我们开始有了更清晰的景象。作为专家，我们会花费大部分的工作时间来服务人民，花更多的时间与符合我们标准的优秀客户合作，这是获得满意的、愉悦的职业生涯的最直接方式。

现在，我们已经知道自己想要吸引的潜在客户类型，这意味着我们已经做好了定位我们自己、定位我们组织的准备。

等等，你可能在想：我很高兴能带来更多的客户。但是，改变我的业务定位可能会疏远现有客户，或者赶走那些并非百分之百完美的新客户。这听起来风险很大啊。我不能这么挑剔。我最好小心一些，让事情就这样模糊下去好了。

这是我听到的对组织、项目、产品、商品品牌及个人品牌的定位的最大反对意见。很多人和公司都羞于开发一个特定的品牌，因为一旦这样，他们就感觉自己在对不属于这个品牌的工作说不。

不管你喜欢与否，特定的品牌只会带来更好的效果。品牌定义越精确，其影响力就越大。回想几个你最喜欢的品牌，你会发现这就是事实。回想一下那只在河边游荡的熊。如果它急切地想得到鱼，离开了上次看见鲑鱼跃出水面的地方，在河床边走来走去，结果会怎么样？很明显，这只会浪费宝贵的时间，并且将捕鱼的黄金地点拱手让给其他熊。如果这只熊够聪明，它会找到好的捕鱼地点并留下来，静等着晚饭。

幸运的是，我们不需要一夜之间换到一个全新的职位。我们要做的不是扳动开关，而是调高旋钮。你仍然可以对利润丰厚的工作说“是”，哪怕这些工作对维护你的客户关系和业务发展并没有什么帮助。同时，你要根据你的新定位，积极主动地进行业务发展。

在第六章中，我们将会讲到潜在客户开发流程，在这个领域你新定位的作用将会得到充分发挥。在其他领域，你可以运用你的判断力保持渐进。如果在定位过程中，你感到任何紧张或不适，认为情况太可怕了，只需记住将旋钮调小就好了。

长期盈利增长，就位；短期业务规划，就位。

制作有力的定位描述

现在是时候定位你自己或你的组织了。第一种方法是为你的业务创建一个定位描述。创建这个描述的目的，是回答潜在客户和客户的问题。为什么要和你合作而不是其他供应商？为什么我不能直接忽略这些问题？定位的目标是在客户大脑中建立一种观念，认为你是解决问题的最佳方法。

什么样的定位描述是有力的呢？暂时先将内容放在一边，先思考下这个问题：定位描述应该有多长？毕竟，如果一个定位描述如此强大，那么是不是整整一段话的定位描述效果会更好，一页的定位描述就会改变整个市场呢？如果我能想到几十个与我合作的好处，为什么不都写进去呢？如果这样，你还不如给自己定位为“大白痴”！这样都比你想的好。

出于我们将会看到的原因，一个好的定位描述通常会使用三个简短的、独特的概念来对你自己进行三角定位。假设你是一个自由职业的网页开发者。通过目标确认流程，你找到了自己的理想客户：那些忙碌的小企业主，他们没有时间学习网页设计，也没有员工进行网站的定期维护与更新。他们只希望将有限的时间投入到吸引潜在客户的工作上，而且他们有足够的预算花费在周全的网络技术支持上。你可以围绕以下三个概念构建一个语句：

- 我们在 24 小时内提供自定义域名的交钥匙在线平台；
- 通过电子邮件向我们发送你的博客文章、时事通讯和社交媒体更新，我们将对它们进行编辑、排版、发布和战略推广，帮助你将这些信息的效果实现最大化；
- 你可以将手机上录制的音频上传到共享文件夹，我们将编辑、制作并以播客的形式在网络上共享。

与潜在客户交谈时，你可能会说：

如果你想建立并运行一个你潜在客户喜欢的、新的、专业级的网站，与我们合作你的工作会非常简便：你只需要选择一个域名，然后通过电子邮件发给我们你想分享的东西，这就是你要做的。我们会启动该网站，并让它保持良好的运行。我们还会帮助你推广它，通过所有方式分享传播你的博客。

这一描述强化了客户的需求，吸引了不同思维方式的人，暗示了自己卓越的表现，内容大胆而真实。为了达到最大的说服效果，试着用一个词或非常短的短句来表达相同的概念。下面三组描述围绕这些概念逐步精简。头部押韵是其亮点：

- 你忙于经营你的生意。我们将使你轻松启动你的网站，我们将使其每天运行完美，我们将推动与潜在客户和客户的互动。（You're busy running your business. We're going to make it easy for you to launch your website, we'll keep it running flawlessly every day, and we're going to drive engagement with prospects and clients.）

- 轻松启动。日常无忧。与潜在客户和客户进行互动。（Easy launch. Everyday reliability. Engagement with prospects and customers.）
- 轻松。日常。互动。（Easy. Every day. Engagement.）

如果你以前试着创建过定位描述，那么你会意识到：简化不是件容易事。这就是为什么我们要通过一个循序渐进的学习过程来做到这一点。现在，让我们先解决一下你心中的疑惑：为什么是三个？

研究表明，人们很难吸收超过三个的信息点。如果信息过载，人们会过滤掉一些信息。为了给第四个信息点“让出空间”，你的潜在客户会下意识地在前三个之间穿梭，寻找一个或多个进行忽略。如果超过四个信息点，那这种情况将进一步恶化。引用一篇研究论文的结论：“三个很迷人，四个很危险。”

所以，你要把重点放在三个核心优势上，忽略一些不那么重要的优点。定位描述的关键，是令人信服和难忘。潜在客户和客户必须能够记住你的定位，并且能够通过转述与他人沟通。人们的吸收和记忆能力比你想象的要少得多。发表在《美国国家科学院院刊》（*Proceedings of the National Academy of Science*）上的一项评估中，研究人员观察了我们同时记忆离散信息片段的能力。

你可能会认为，你可以在主动记忆状态下记住大量信息。再想一想。我们通过与“方块”有关的信息来测试记忆能力。

在实验中，研究员要求参与者记住不同方块的颜色和位置。随着越来越多的方块被添加到屏幕上，任务的难度不断增加。在处理三到四个方格时，人们的表现很好。一旦超过这个数量，准确度就会迅速下降。也就是说，我们可以轻松的同时记忆三种不同的信息，一旦超过这个数量，记忆就会出现混乱。

因此，三个概念是最佳选择。三这个数量，可以同时做到更可信和更难忘。（当然，我正在寻找第三个科学证实的益处……）

不过，这个建议有些不合常理。你对本职工作和客户服务充满了热情。从头到尾，你可能会列出十几条客户选择你的理由。如果不提到所有这些理由，你可能会感觉是在逃避，感觉没有捍卫自己的努力。

不过，缩小你的定位范围，可以迫使你思考：为什么你是这份工作的最佳选择。这并不容易，但这个练习将为你的价值定位带来必要的清晰性。它对你的说服力的巨大加强是不可否认的。

定位模型

让我们开始为你、你的产品 / 服务或你的组织创建一份定位描述。我们想要回答的是这个问题：为什么客户要选择我？答案应该使用三个简短的概念来描述你的定位，这些概念是你在定位领域的独一无二之处。其他人都不应该和这些概念匹配。

你可能在想：这很简单啊。我知道我的长处。从它们之中选出前三个不就行了。你要抵制住“使用我现有最大优势来引领客户”这种想法。请记住，你的思维偏好和潜在客户、客户的思维偏好很可能并不一致。如果你想创造一个能与不同的人在不同的环境下合作的强有力定位描述，系统化地进行是必要的。

强大的定位描述来自五个关键维度。请下载**定位描述工作表**（Positioning Statement Worksheet），或者找一张白纸，在上面写下：

定位模型

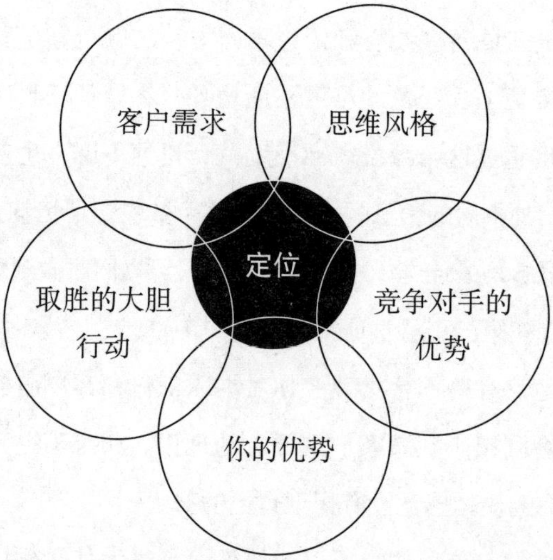

客户需求

这里包含两个部分。首先，最明显的是：你的客户和潜在客户告诉你的需求。这是他们想要你做的事情，比如在一定的预算内、在一定的时间内，完成一定的任务。而在这一点之下，是你的客户想要购买却往往没有说明的真正原因。这是第二个部分。这里举一个我们客户的例子。给我们打电话时，他们往往说得很简单，比如希望 11 月 6 日在韦恩堡举办一个 22 人参加的业务发展培训活动，但他们真正需要的是让这些人在活动结束后去做的事情。通过围绕会前准备、会议经验，以及是否需要会后跟进及帮助等问题，我们不仅能够使自己与众不同，还能够拓展客户公司领导者们对我们的看法：与我们合作，他们能够产生更大影响力。这一切都源于我们的定位，我们认为自己是一个行为变革公司，而不是一个培训公司。这一点很重要：很多时候，潜在客户真正需要的与他们最初的想法并不相同。

你很容易就将注意力集中在客户告诉你的需求上，从而忽略了潜在的需求。客户很可能满足他们所陈述的需求，但仍然不满足。客户想要购买的真正原因是什么？他们想要什么样的成功？

思维风格

一个定位描述包含四种思维方式，但只包含三个概念。显然，你的描述不可能对每一个思维方式都产生相同的影响。考虑一下：你的客户或潜在客户的主要思维方式是什么？如果你的组织是一家工程用品供应商，那你的客户更多会是理智型思考者。因此，你要关注事实和投资回报率。如果你身处教育或艺术领域，你可能会遇到很多关系型和创新型思考者。那么，你的信息就要带有隐喻，并且运用情感。

竞争对手的优势

你的竞争对手的最大优势是什么？你在这些方面能和他们竞争吗（勉强能也算）？还是说，围绕竞争对手根本不具备的优势重新审视自己的服务或产品，这样做是否更好？如果你的竞争对手是一个成熟的国家级品牌，且已经在客户心中建立起了信任感，那么你可以通过无附加条件的退款保证来与这种信任感竞争。你要把自己放在客户的立场上：如果是你自己在购买这项服务，你会认为竞争对手的最大优势是什么？你要如何与它竞争，或以其他何种方式将自己的产品与它区分开？

你的优势

专家们在这个维度上都有些目光短浅，他们创造的定位描述通常会讲述自己最深的潜在影响力。是的，你应该突出你的优势。但请记住，你真正区别于竞争对手的因素可能与潜在客户毫无关系。你要从客户利益的角度出发，来界定你的优势。例如，你努力学习并获得了一项特殊的资格认证。虽然你拥有教育上的权威认证，但是对于一个希望雇佣你解决问题的客户来说，你通过了哪些培训并没有意义。在强调你的优势时，要把重点放在你的客户需要什么上。这种认证如何能帮助他们呢？（请使用客户使用的词语描述。）

取胜的大胆行动

你是处于第一位吗？如果不是，你需要如何改变才能获得第一？你需要对结果做出保证吗？你能创造一个无法被拒绝的定位吗？你能改变决策标准——建议潜在客户将工作分解，这样你就可以选择最有优势的一部分吗（最好是从头开始）？如果你没有处于领先地位——无论你定位的是某一行业的服务，还是高度定制化的解决方案——你都要言辞大胆，甚至去改变通常的购买模式。

你要仔细检查五个维度中的每一个，然后在每个领域上写出你的想法。重要的是，你要达到这五个维度的中心。这将使你更清楚地了解如何定位自己，进而成为目标客户的首要选择。

现在是时候创建定位描述了。回顾你写下的内容，扩展你要传达的三个概念。通常情况下，你会有一个能与竞争对手的最大优势匹敌的概念，以及两个你独有的概念。如果你描述得非常好，那你的竞争对手们就无法同时与这全部三者对抗。

接下来，如上面所建议的，对这三个概念不断进行加工，直到它们尽可能地简单和难忘。拿出你的同义词词典。你是否可以使用两个词，甚至一个词来表达一个概念，同时完整地传达你的意思？是否能做到头部押韵或尾部押韵？我们要的是尽可能的简短和爽快。不要仓促行事，也不要以头撞墙。你只需要在白板上列出尽可能多的同义词或短语，然后让你的潜意识去解决这个问题。

一旦你有了一套固定的概念，就可以寻找证明点来支持你的概念。为每个概念列出至少三个事实证明点。例如，你的婚纱摄影业务是最快的。一个证明点可以是：你可以为婚礼制作一个感谢幻灯片，在婚礼后的第二天就电邮给每位与会者。另一个证明点可以是：婚礼相片经过裁剪、校正、编辑，婚礼后一周内就可印制成完整相册交到客户手中。你一定要具体，并始终根据竞争对手的优势扩展这些证明点。你要观察他们的广告语和承诺，考虑如何才能与他们站到一起、获取最大优势。

一旦你为你自己或组织创建了定位描述，你就要在所有与客户及潜在客户的沟通渠道中反复强化它，包括电子邮件、面对面谈话、网站信息和营销材料。它应该成为你的咒语、你的祷文。

*

记住，你的目标是让客户建立这样一种感觉：你了解客户的需求，你是他们获取帮助的最佳选择。你的描述应该是客户可以记住并与他人交流的东西。朝着这个目标前进。如果你的三个概念简单且令人难忘，并且多次与他人交流这些想法，那么你的客户应该能够轻松地分享它们。

使用相同的方法，为你的服务、产品，或者独立的交易进行定位。你不必通过定位吸引每一名你心中的理想潜在客户；针对特定交易或客户对定位中的元素进行微调，这也是可以的。

只要保证其基础不变即可。同样，利用每一次机会，不断强化这一特殊的服务或交易定位。你要让它保持简单，让它有说服力，让它令人难忘。

定位是一部分艺术，一部分科学。现在，你已经了解了这些原则，在今后的工作中你可以不断提高。你要不断练习这一过程，直到你能像安妮·奥克利（Annie Oakley，美国传奇女神枪手）那样瞄准目标——仅仅是瞄准的训练，就可以扭转一个企业的兴衰。

知道谁对你最重要，为了他们找到自己合适的定位，只为了他们。你可不想让别的熊吃了你的鱼。

Chapter 4

The Snowball System

提升亲和力：

让客户真正喜欢你的五大驱动力

我不能否认你喜欢我这一事实。就现在。你喜欢我！

——莎莉·菲尔德（Sally Field），
1984年获奥斯卡最佳女演员奖

你已经走了很长一段路了。通过确认你的理想客户目标，你已经清晰地描绘出你想要合作的组织类型。你也已经决定了如何定位自己：如何让那些领导者们将你视为最佳选择。太多的专家将他们的职业生涯花费在每个人、每件事上，最后却竹篮打水一场空。但你不会是这样。因为你知道这个秘密：当你确定你的理想客户类型，并通过定位自己来吸引他们时，你就会得到心中的理想客户。

好吧，或许这不是秘密，但也或许是。你的大多数竞争对手不会这样做。要做到这一点，仅仅拥有知识是不够的，还需要努力和纪律。这就是困难开始的地方：你越专注于做正确的事情，你就越需要拒绝其他事情。说“不”是件难事。

我在创立我的公司——邦内尔创意集团时，就经历了这一切。刚开始时，我的业务涉猎相当广，从现在的业务发展培训到高管培训，再到非营利组织执行董事们的战略咨询。我的第一个网站中列出了七个专业领域。七个！而且它们之间互相并无联系。回首过去，这个网站的中心信息非常明确：我会为任何人做任何事，只要寄张支票就行了！

（绝望是最常见的陷阱，尤其是在职业生涯的早期，或者在创业或推出新服务的初期。如果不加抑制，它会在你的消息中、在你与客户的面对面互动时无声无息地出现。与直觉相反的是，你在目标确认和定位上的努力越多，你越有信心成为一名“销售员-专家”。它看起来很可怕，但目标越少就越强大、越安全。）

谢天谢地，我很快发现了激情、利润和需求的神奇交集：业务发展培训。然而，即使这条路是清晰的，我仍然害怕删减我的信息，害怕对“老工作”说“不”。所以我放缓脚步慢慢来——还记得调节旋钮的比喻吗？当我接受新的培训客户时，我会逐步淘汰一些不合适的东西。随着时间的推移，我为我的前客户们找到了很好的替代选择，这使我的过渡更加轻松。如果我不合适的话，我会寻找其他人来帮助他们。

其实，我并没有足够的现金流让这一切变得“简单”。但我将压力稳定地保持住，然后一点一点地减少，最终这一切起了作用。第二年是邦内尔创意集团最好的一年。所有事都发展顺利。当我拥有“只做一件事”的勇气时，我发出的所有信息都体现出了这一点，并赢得了市场的回应与共鸣。

因此，欢迎你也乘坐上专注号列车。你的极限只有天空。或者我应该说，只有你自己。一旦明确理想的客户类型以及自我定位，唯一能让“销售员－专家”们慢下来的，只有沟通能力。你要能够轻松地与他人建立联系，建立强大、互惠的关系。但如果你的客户不喜欢你的话，这世界上所有的客户引导技巧全都帮不上你的忙。

对“亲和力”这种人际关系特征的研究，会让人感觉很奇怪。此时，“有些人具有和他人在一起的‘天赋’，其他人则没有”这种古老的谬论再次出现。在内心深处，我们相信“亲和力” 是固定不变的。但这根本不是事实：不仅科学家们对“亲和力”进行了大量的严格研究，而且，我们对“亲和力”的工作原理以及如何提高“亲和力”的认识也很多。这就是本章将要介绍的内容：亲和力的法则，以及如何提升你的亲和力。

我们培训班里有一位正处于职业生涯早期的学员。他是一名核工程师，也曾是一名典型的专家：他知道那些有重大影响的事情，但不知道有重大影响的人。在完成培训后，他制订了一个雄心勃勃的月度计划，将我传授的所有技巧原则都付诸实施，同时也与我保持着稳定的联系。

一天深夜，这位工程师在我的语言信箱中留言，让我尽快给他回电话。第二天一早我给他打了电话，得知他刚刚被公司任命为合伙人——他是该公司历史上最年轻的合伙人。原来，他精心培养的客户关系带来的收入大大增加，比普通合伙人要高一倍。同时，他也在公司内部建立了良好的关系。尽管他年纪尚轻，但公司领导层还是很愿意提拔他。所以，关系真的很重要。

关系驱动型业务的发展

人类在他们喜欢什么和不喜欢什么方面的可预测性很高。虽然外表和其他相对不变的因素起了一定作用，但“亲和力”在很大程度上取决于你做某事，或者不做某事。这意味着仅仅小范围的调整，就可以在很大程度上将那些所谓的“笨拙的内向者”（awkward introvert）转变为持久、互利职业关系的有效建设者。更重要的是，亲和力带来的好处不仅仅是简单的微笑和偶尔的、商务礼节性的浅抱，人们会花更多时间和他们喜欢的人在一起。

为什么这很重要？对于快餐店来说，长时间的互动是一件坏事。麦当劳希望顾客们尽快拿着汉堡回到车里，为其他人腾出桌子。问题是，你不是在经营麦当劳。如果你是一名寻求与客户建立持久互利关系的专家，那么这些客户应该尽可能多地与你在一起。

人们花在我们身上的时间越多，这种联系就越牢固。罗斯•奥斯蒙德（Russ Osmond）博士是动机研究领域的顶级专家，他把关系比作一根绳子。起初，人们通过几股纤维连接在一起，例如一次很好的初次会面。但这种新的关系是脆弱的，很容易被不良互动或忽视等简单行为破坏。然而，随着时间的推移和每一次的积极互动，绳子变得越来越粗，一次增加一股。最终，它变得强大而有弹性，可以抵御无法避免的糟糕情况或持续沉默带来的伤害。

值得庆幸的是，这些绳子的编织速度比你想象的要快。每一个积极互动都会增加关系的纤维。如果我们仔细考虑互动的频率，并且让每一次互动都能增加价值，我们就可以迅速建立强有力的、有弹性的关系。

关于这根绳子还有一点：人们不仅会花更多的时间和他们喜欢的人在一起，还会花更多的钱。几个月后，你就会获得购买关键决策者的签名。

从金钱角度来看，这一切似乎没有什么逻辑意义。毕竟，如果你需要维修厕所，你和水管工是否“处得来”并不重要。然而，如果你是那个水管工的狂热粉丝，当他收拾工具时，你可能会想到另一个卫生间也需要换个新马桶。嘿，现在不是安装一个拥有十种喷洒模式的超炫花洒的好机会吗？还有，街头的戴安正找个好水管工呢，你要联系他吗？当你真的喜欢某人时，你会本能地寻找更多方法和他一起工作、互相帮助。

这就是以关系为导向的业务发展之美：当你的门前挤满了狂热粉丝时，你所要做的就是从他们带给你的机遇中进行选择。

所以亲和力很重要，非常重要。然而，如何提升你的亲和力呢？

亲和力的五大驱动力

科学家们发现了许多与亲和力相关的东西，但并非所有东西都能轻易改变。不过，有五点可以。改变这五个方面，不管是职业互动还是私人往来，人们对你的反应都会大有改观。

共同点

与潜在客户或客户联系时，你要寻求共同点。分享彼此的经验、爱好和信念是建立牢固关系的基础。

通常来讲，在网络活动或会议上进行的对话都很简短。因为交流往往只有几分钟，然后你们中的一个人就必须赶赴另一个小组讨论或进行主题演讲。所以，你需要让每一秒都有意义，直到双方交换名片。

问题是，为了尽快给人留下好印象，我们会浪费很多时间：我们会介绍我们的公司、我们的服务，以及我们自己。但是请记住：倾听是销售的基础。通过密切关注对方所讲内容，你可以了解他们需要什么，这可比你想卖什么更重要。此外，你还可以发现彼此的共同点，可以激发你们之间的联系的火花。

在一项经典研究中，研究人员记录了保险销售人员及其潜在客户的一些基本特征：身高、年龄、收入水平、所属党派等等。他们发现，任何在这些领域产生的相似性，都会显著提高客户的购买行为。

如果你和一个陌生人一样高，那么你就更愿意从他那里购买保险——这听上去很没道理。但事实就是如此。虽然对一名烟民来说，购买人寿保险是一项合理的、好的投资；但从另一名烟民那里购买人寿保险——这种行为并不符合我们的逻辑。很明显，这种效应发生在自觉意识之下。

圣塔克拉拉大学的杰瑞·伯格（Jerry Burger）和他的同事们进一步研究了这一情况。在一项研究中，他们告诉实验参与者另一个人有着和他相似的指纹（当然是假的）。即使是这种毫无意义的“相似性”，也会让参与者对那个人的请求说“是”。尽管有人会说，共同的宗教或政治信仰可能会在合理的决策中起到作用，但很明显，你用来解锁iPhone的螺旋状纹路没理由能够帮助你与他人建立关系。

不管是否逻辑通顺，人类会使用共同点作为一种经验法则，这样在进行复杂决定时可以节省精力。当第一次见到某人时，有太多的信息要接收：从年龄、性别、外表、穿着到他们的自我介绍和握手方式。所以我们会依赖这种经验法则，因为我们本能地需要一种简单快速的方法，来判断对方是敌是友。我们发现的彼此共同点越多，内心就感觉越安全：我喜欢这个人吗？我想继续这段对话吗？

有些共同点则越少越好。“你也喜欢水？我认为这是一段美好友谊的开始。”不要这么做。这就是为什么相似指纹有效果的原因。指纹和雪花一样，每个都是独一无二的，所以与其他人享有相似的指纹，这种感觉非常有意义——虽然实际上什么意义都没有吧。

在交流时多提供一些细节，这会给你带来回报。就在前几天，我发邮件推迟了与一位客户的会面，但我并没有简单地写封邮件告诉对方星期四早上8点我没有时间，而是告诉对方，由于二头肌重建训练的原因，我必须接受物理治疗。没想到的是，这位潜在客户几年前也进行了相同的治疗。太棒了，连接成功！另一次，我询问一位来自澳大利亚的潜在客户，他是否喜欢澳大利亚歌手兼作曲人保罗·凯利（Paul Kelly）——我的最爱。没想到，这位客户上周刚刚看完保罗的表演。我们立刻就各自最喜欢的专辑和歌曲进行讨论，这是个和谐的开始，并发展为现在真诚的相互尊重。

这些罕见但强大的连接每次都会发生吗？不可能。但是，在谈话和电子邮件中，你越是具体，就越能建立并加强真正的联系。

最后一点：当谈话无法进行下去的时候，在没有共同点的地方扩展事实、创造共同点，这种想法非常有诱惑力，但千万不要这样做。你希望建立的是一个持续的、跨越多年的客户关系，甚至贯穿你的整个职业生涯。所以，对不同的政治信仰表示拥护，或者假装热爱一项你根本不了解的运动，最终会损害你努力建立起的关系。

我发现，记录彼此间的共同点很有用。你可以在联系人管理软件中进行标注、追踪。在社交活动中，你可以在一段互动后抓紧时间立即在手机或名片上进行记录。如果你和几个人连续交谈，当你回去时你可能已经忘记所有重要的细节。

请记住：多听而不多说，说话时要具体。找到你与潜在客户或客户共同具有的不同寻常之处。而且，始终保持真实。我们在后面学习如何发展新的客户关系时，会深入了解这一点。当绳子变得脆弱时，你就需要多加关注、照顾这段关系。

频率

如果你是电视剧《宋飞正传》（*Seinfeld*）的粉丝，你可能还记得乔治·科斯坦萨（George Costanza）的广告式约会策略：

乔治：我明天要和她出去。她说她有事要办。

杰瑞：那算是约会吗？

乔治：有什么区别？你知道我的方式。我就像是广告歌曲。首先，它有点让你心烦，但只要听过几次，你就会在淋浴时哼唱它，最后你会把东西买回家。

长期以来，各大品牌都十分清楚：短暂而频繁的出现是给顾客留下深刻印象的有效方式。你不认为这也适用于身为“销售员－专家”的你吗？以下的场景你是否熟悉：你在一个专业活动中遇到一个有趣的人。一番交流后发现，你们有很多共同之处。你们两个在不长的时间内享受着愉快的交谈。一周后，你们进行了简短的电子邮件交流。到目前为止，一切都很好。

现在，工作成了拦路虎。三个月后，你突然发现你的公司有一项新的服务，对方可能会感兴趣，或者你可能萌生了一个可行的合作想法。于是，你迅速地给对方发了一份邮件，并希望能够得到快速而热烈的回应。但现实恰恰相反，一两个星期后，你才收到措辞温和的一句话回复：“很高兴听到你的消息。现在真的很忙，我稍后再回复。”然后，再无音信。

我们总是陷入这种陷阱，投入精力去建立拥有潜在价值的关系，结果却被工作扯了后腿。有时关系会自动回到正轨，但更常见的是，脆弱的绳子直接断裂。

尽管你与他人的互动质量很重要，但互动的频率也不容忽视。对建立关系而言，一系列小的、积极的互动，比一两个大的、目标分散的互动效果要好得多。一开始，人际关系需要稳定的培养。行为科学家称之为单纯曝光效应（mere exposure effect），关于它的文献可以追溯到 1876 年。（你会发现，一个历经三个不同世纪的研究，其效果会是多么强大。）事实证明，仅仅是对某个东西——一个概念，一个产品，一个人——“单纯曝光”，就可以让人们更喜欢它。曝光越多，效果越好。

诚然，一系列（相对来说）毫无意义的电子邮件不会神奇地建立起强大的联系。互动必须频繁，但也必须为他人提供价值，数量和质量缺一不可。

这里有个处理这一问题的简单方法：将你的沟通拆分成更小的部分。会议结束后，你有七件事需要后续跟进沟通？那就把它们拆分开，通过一个礼拜的时间逐次交流。对于接收者来说，处理较小的信息更加轻松；对你来说，你可以同时获得交流的数量和质量。

浏览下你的 Protemoi 名单，问问自己：你是否能一直不间断地照料好你的花园？

在第九章关于脆弱的早期关系部分，我们会进行更深入地探讨。

相互关系

良好的关系建立在反复的积极互动上。显然，我们喜欢人们为我们做事。与常识相反的是，我们也会更喜欢那些我们帮助的人。事实证明，帮助他人是令人愉快的。所以不要害怕给予或请求帮助——只要在合理的范围内。想一想互惠互利这个概念。

当与客户和潜在客户互动时，你需要花时间退后一步，思考一下彼此间的相互关系。我最近为这个人做了什么？我让这个人为我做了什么？

沃顿商学院的高级教授亚当·格兰特（Adam Grant）是全球互利关系专家。

我们的团队经常引用他的研究，他的书给了我很大的影响。我曾向他询问相互关系的重要性，特别是在“销售员－专家”领域。

“太多人生活在交易的世界里”，他告诉我，“在那里，每一个请求都意味着欠下一笔债，每一次恩惠都有附加条件。从长远来看，最好无条件地给予、帮助他人——这就形成了慷慨的标准，人们可以随时互相帮助。这意味着当你需要帮助时，你可以去找你的人际关系网中的任何人，而不仅仅是你过去帮助过的人，或者你希望将来帮助的人。”

很多时候，作为服务的提供者，我们不愿寻求帮助。我们认为，自己应该只为客户服务。但这会限制我们的关系发展，尤其是那些我们已经服务得很好的客户。你也可以认为，我们在通过不寻求帮助来抑制我们的关系发展。

寻求帮助有很多有意义的方法。你可以要求客户将你推荐给组织内的另一个部门，或者他们认识的其他组织。你可以要求一位客户作为你的潜在客户的推荐人。你可以就你的提议向客户征求意见。你可以询问他们认为你应该见见哪些人（让他们说出名字）。我们也可以让我们的客户这样要求我们，我们甚至可以向他们的客户征求有关他们个人业务发展的建议。这种做法非常成功。

请求他人帮助，可以为你创造另一个机会：表达感激之情。“谢谢”在商业世界中是一个强大的词汇，但它并没有被充分使用。哪怕只发送一份后续跟进邮件，感谢潜在客户与你会面，你就已经超越许多竞争对手了。谢谢你的推荐。感谢你对我的演讲提供反馈。感谢你帮助我思考我的成长计划。“请”是个神奇的词汇，但“谢谢”是迷人的。

格兰特和他在沃顿商学院的同事们已经对此进行了不少研究，寻找感激在商业关系中的作用。在一项研究中，参与者被要求浏览一封投稿信。在给出自己的阅读反馈后，他们又被要求继续浏览下一封。此时，一半参与者只是被告知第一封信的工作完成了。而另一半参与者则先获得了对第一封信工作的感谢，然后才被要求继续阅读第二封。

信不信由你，一个简单的感谢会使接受率翻倍。（你希望将潜在客户转化为客户的成功率增加一倍吗？）格兰特甚至在实验室外测试了这种方法，这次他观察的是感激之情对呼叫中心工作人员的影响。一位年度捐赠总监在拜访时表达了感激之情，直接导致电话量增加了 50%。一点点的感激会让你的路更长。

我最喜欢的客户之一——戴夫·奎勒（Dave Queller），是个相当不错的仆人式领导者。他拓展了我对表达感激的看法。在管理快捷药方公司 (Express Scripts, 一家每年收入 1000 亿美元的公司）数千名面向客户的专家后不久，戴夫亲自给他们每个人打了电话表示感谢。没开玩笑，他一个月打了 1600 多个私人电话，只是为了说声谢谢。下面是他对我讲述的这段经历。对话开始于我问他为什么要这样做。

我们刚刚经历了一次规模庞大的合并，我们的团队非常忙碌，他们一边要在内部安顿好自己的新职位，一边要花费双倍时间与客户合作迁移系统。我知道他们都在努力工作，但他们也会很容易感到迷失，感受不到与这个新的、价值 1000 亿美元组织的联系。我想通过告诉他们“他们很重要”“他们所做的对我很重要”，来营造一种融合的气氛。我想让他们知道：我们所有人都在这里，都在一起。

他讲的的确有道理，但他的行事方法不仅让我惊奇，也让他的员工们惊奇不已。

我花了大约一个月的时间给每个人都打了电话。除了星期天，我每天都打五十到一百个电话。白天我一直忙于开会，所以我得把这些安排在其他时间进行。我有一个名单，包括员工们的名字、他们支持的客户、他们向谁汇报、他们住在哪里、他们负责多少项目，当他们做得特别好时我就可以给予他们特别感谢。那份名单统治着我的生活。我想和每个人进行联系，所以我会更早到达公司。晚饭前我会在家打电话。我会在开车上下班的路上打电话。我会在星期六早上打电话。我记得在圣诞节前夜的早晨，我和一个很棒的人通了话，那时她和她的小女儿还一起躺在床上。我不是故意打搅她们，所以想提出一会儿再回拨给她，但我们就坐在那里，三个人热闹地聊着天，讨论她们在这特殊日子里的活动计划。这很神奇。我们谁也不会忘记这一刻，现在，我们已经通过那通电话建立了情感连接。我不可能计划出这样的交流，这是一个完美的时刻，我要对她所做的一切表示感谢。

到现在，依然有人会走到戴夫面前，感谢他小小的问候。这是种努力，帮他打开了许多关系的大门，最重要的是，这些关系是真实的。

如果戴夫——美国第二十大上市公司的最高管理层成员——可以在一个月内抽出时间给 1600 人打电话，那么我们肯定也可以每周打几个感谢的电话。

如何对潜在客户和客户表达更多感激之情呢？可以手写一张感谢卡；邀请对方共享咖啡；给对方打电话。

戴夫还说了一些让我感兴趣的话："随着电子通信的兴起，我们正在失去业务的个性化。仅仅是花点时间拿起电话说声谢谢，其意义都很重大。"我同意。这种行为是深化关系的关键一步。无论你面对的是客户、战略合作伙伴还是公司内部的同事，花几分钟时间来表达你的感激之情都是很小的事情，但最终，它会带来巨大影响和回报。

在第六章讨论潜在客户开发时，我们将从不同的角度来讨论这个主题。这些原则可以帮助你扩展新的关系，同时深化你已有的关系。

平衡

互动的频率建立了牢固的关系，但最基础的还是这些互动的本质。团队成员之间或专家与客户之间的任何工作关系，都不可能是完全积极的、没有摩擦的。一段伟大的、不断发展的关系中，以下二者都有一点点：一些非常积极、有趣的元素，以及一方给另一方造成的压力。

想想在一段关系中，对方总是一如既往的积极，情况会怎样。你说或做的每一件事都是了不起的、是你说或做过的最棒的事。这可不好。太虚假了。当然，我们都非常棒，但我们没有那么棒！现在想想在一段关系中，你说的或做的大多数事情都被认为不够好，或者是失败的，情况会怎样。如果接收到太多这种信息，你自然也无法获得成功。这可一点也不有趣。那么，糖与醋之间要达成怎样的平衡，才能够保持关系健康呢？

密歇根大学的马歇尔·洛萨达（Marcial Losada）博士和他的同事们利用盈利能力、客户满意度和同行评估将员工团队分为低绩效、中等绩效和高绩效三个等级。他们发现，团队成员之间的积极与消极互动比例和每个团队的绩效密切相关。

在研究中，当一名团队成员对另一名成员表示鼓励、支持或感谢时——你的想法太棒了，丽萨——记为一次积极互动。消极互动包括批评性的评论，甚至是对他人如何做得更好的建议——这是个想法，迈克，但你有没有想过尝试一下？

在高绩效团队中，平均每出现 5.6 个积极互动，对应会出现一次消极互动[1]；中等绩效团队这一比例为 2∶1，低绩效团队中的消极互动则比积极互动还要多。

让我们深入了解一下这些比率后的内容。当互动中积极因素占据主导位置时，人们在一起工作的效果最好。

想想你最近与同事的互动。你对自己喜欢的东西或事情有没有表达赞美？你对可以改进的工作或事情诚实地表达自己的看法了吗？这一比例是多少？在互动中加入足够多的积极因素，可以让你在提出建设性意见的同时避免其带来的消极影响。

我喜欢这个模型的原因是，它提供了一个清晰的度量标准，值得一试。我天性太过于积极，这是我取悦别人的欲望表现。有时，我不得不直截与他人沟通，弄清楚工作不顺利的原因，以及需要改进的地方。谢天谢地，现在这项工作变得轻松了。我的一位高级顾问也有着同样的问题。所以，他刻意养成了这样一种习惯：即在与潜在客户的最初几次会议中，每次至少提出一个建设性意见。这

---

1. 所有同行评审的研究都受到了批评，而洛萨达的研究受到的批评更是超过了大多数。也就是说，我发现正负比的概念非常有价值，我一直铭记在心。正确的比例将取决于所涉及的个人、情景和许多其他事情。我们只是把这里提供的数字看作是经验法则，而不是绝对真理。

样做表明他并不急于取悦对方或害怕坦诚面对问题。如果你在交流中非常积极，试试这个方法。一点点醋可以帮助你走很长的路。

其他人的问题则相反。他们会在没有赞美的平衡下，过快地指出对方的错误。他们的潜在客户，会感觉受到了批评和攻击，进而中止交流。如果你也有这种困惑，那这里有一个方法：在每次互动时，你可以使用一句烂熟在心的积极评价开场。即使你有建设性的意见，也要以积极和真诚进行引领。随着时间的推移，你会慢慢看到：积极的评论会变得更加自然，并以舒适的间隔在每次互动中自动出现。

通常，那些会无情批评的专业人士们认为，如果一件事对解决问题没有帮助，那就没有必要说出来。但无情的批评也是一个问题。解决它！在你与客户交流时，心中默算一下互动中的“洛萨达比率”，是否达到了 5.6:1。高绩效团队会本能地保持在这个比例上。这一比例可以让你在轻松、鼓励的环境下增加价值，同时为你的客户提供可行的想法，帮助他们规避未来可能出现的错误。你的行为可以向你的客户表明，你是在真心实意地帮助他们提高绩效。

独特性

当公司贺卡开始大规模流入你的邮箱时——尤其是你有能力决定谁能获得丰厚利润时——你知道这一年就要结束了。那些认为你是潜在客户、客户或关键决策者的公司会把他们那些现成的、闪闪发光的节日贺卡寄给你，在祝你节日快乐或新年快乐的同时提醒你消费积分。

你会被这样的东西吸引吗？肯定不会。毕竟，那张贺卡不是为你制作的。每个服务型企业都有一份 Excel 格式的客户列表，存储在共享磁盘上。一些可怜的助理或临时工被指派通过邮件合并功能为每位客户制作贺卡，然后传递给办公室里的每一位员工。大卫，你挡着节日贺卡的路了！还有比这更敷衍、更让人感觉不受重视的吗？

你下意识带去晚餐的红酒，或者你给会议准备的公司品牌的圆珠笔，也是一样的道理。当然，这些举动很好，但也都是可以预测的，一种预期中的礼貌，很快就会被他人遗忘。如今，我们甚至自欺欺人地认为，在社交网络上祝某人生日快乐就是交流联系了。是的，一旦脸书或领英发出提醒，我们和其他 237 位朋友、亲戚、同事及随机的高中校友们都会迅速发出生日祝词。

最近，我在一次重大会议上与一位朋友兼客户进行了交流，他是一家大型专业服务公司的首席营销官。我们聊得很开心，在几十次会议中，这是最棒的一次。我本打算立刻送他一份小小的感谢礼物，但随后一系列繁忙的客户活动让我忘记了这件事。然后就进入了我的度假时间。直到六个星期后我才知道该送他些什么。我的感觉很糟糕——毕竟，拖延是我的“专长”。现在说“谢谢你在那次大会上带给我的欢乐时光”是不是太晚了？

忽然间，我意识到：这才是发送邮件的最佳时间。因为这将是完全出乎对方意料的！在交流中我们发现我们都很喜欢自己调制鸡尾酒。我很想知道是否有一个“每月调酒俱乐部”提供每月的调酒工具和调制配方。庆祝、创意和自制鸡尾酒——这三点不是很像吗？

我调查了一番，发现有一家很好的供应商提供这些东西。随礼物我还写了一封感谢信，赞美我们之间的关系，以及我的团队多么享受与他们团队的合作。这一切变得更有意义了。意外时机会让礼物变得更好。

“自然发生”（自发性）对客户关系来讲，就像是辣酱一样。谨慎但巧妙的使用，它会为每一次互动增添难忘的一笔。“突然地”送给对方资产或赞美，会给接受者带来更强烈、更难忘的体验，因为这是出乎他们意料的。

从现在开始，每当需要外联时，你都要思考一下时机，因为它影响着你传递的所有其他信息。只要可能，就要故意打破节奏。对你的 Protemoi 名单也是一样，你每月都要联系名单上的每个人，但不要让这些互动变得死板。比尔的有趣新闻剪报——一定要在每个月的第三个星期四发出。停止这么做。你的行为一定要是自然发生的。他们会注意到的。

我们将在后面的客户计划部分讨论自发性的问题。计划如何带给客户惊喜和愉悦——这是一项商界奇才们都需要学习的技能。

*

比尔·鲁普雷希特（Bill Ruprecht）是苏富比拍卖行（Sotheby）的前首席执行官，苏富比拍卖行是世界上最大、最负盛名的艺术品、珠宝、汽车和收藏品拍卖行。毫无疑问，比尔也是业务发展的大师。他与我见过的所有人都不一样，他能围绕他人的兴趣、激情进行交流联系，还十分善于通过讲故事来启发人。他和我分享了他的这段经历：

在苏富比，我有幸结识了100多个国家的客户。当有人联系我时，我总是在24小时内回复他们。这是尊重的表示。当我在2000年成为首席执行官时，我得到了一位导师——来自底特律的传奇商人麦克斯·费舍尔（Max Fisher），那时他已经90岁。麦克斯每周都会给我打电话。多年来一直如此。我们认识的第一年中，有一次我没有给麦克斯回电话。第二天他又打来了电话，那时我正在通话中。他坚持要等我。当我回到和他的通话时，他说："比尔，我刚刚告诉美国总统，我等会儿再给他回电话，因为我想先和你谈谈。你昨天没给我回电话，我想知道你到底怎么了？"我向他道歉，问他有什么紧急的事。他回答说："比尔，紧急的是我对你成功的关心，我打电话给你是想听听你的声音，了解你在想什么。年轻人，我的时间很宝贵，希望你能及时回我的电话。"

当我被一位二十世纪真正的伟大智者彻底斥责时，我对他向我伸出的援手和给予我的支持有了不同的感激之情。此后，不管什么时候，不管我在世界的哪个地方，我都会及时给他回电话，因为他值得我的尊敬。

最后，我的观点是，销售实际上只是找出什么是客户想要的、什么是他们需求的。当你无法满足他们时，要及时告诉他们。如果你诚实地告诉他们，他们大多会平静地接受这一点。

那些我最好的客户、为我带来成功的客户，都清楚地知道自己想要什么：获得工作的乐趣，获得需要的产品或服务，和信任的人一起工作。

对亲和力的研究是一门科学，但并不高深。归根结底，我们都是人类。我们喜欢别人真诚、积极地帮助我们——即使我们自己还没有掌握这些特质。正如你所看到的，亲和力的五大驱动因素本身并不需要什么额外的工作。它们只需要你改变心态。亲和力可以让你的工作和个人生活的方方面面都变得更轻松。这不值得你改变想法吗？

使用全脑思维进行更好沟通

让人们喜欢你的重要一点，就是理解他们的思维和交流方式。全脑思维可以让你确定交流对象的主导思维方式，然后调整你自己的沟通方式，让交流更加顺畅。良好沟通的关键是将重点从“表达自己”转移到“倾听他人”。

交流中有一个常见的陷阱，即假设别人以我们的方式思考，或者使用与我们一样的购买优先顺序。把我们的喜好投射到别人身上是一件很自然的事，但这并不正确。相反，我们要倾听，通过倾听来了解客户的优先顺序，然后使用他们的思维方式和优先顺序进行沟通，而不是我们的。

全脑线索	
A. 理智型	D. 创新型
分析的 定量的 逻辑的 批评的 现实的 喜欢数据 想要知道价格、金钱 想要知道运作原理	推断 想象 推测 愿冒风险 冲动 打破规则 喜欢惊喜 好奇 / 玩心重
B. 实用型	C. 关系型
采取预付措施 建立程序 关心事情完成状态	对他人敏感 喜欢教导他人 很多身体接触

续表

全脑线索	
B. 实用型	C. 关系型
可靠的 系统化的 整洁的 及时的 善于计划的	表达支持的 善于表达的 情绪化的 说话很多 喜欢感觉

* 此表在全脑模型基础上制作而成，©2018 HERRMANN GLOBAL LLC。

一旦你了解了自己的思维偏好，你就会更容易理解他人的偏好是如何影响他们理解你的话的。这与他们如何做出购买决定，以及他们在你提供的服务中想要获得什么有关。通过实践，你将能够快速评估和调整你的沟通，使之适应交流对象的思维方式。

上面列出的种种线索将直接反映到购买优先顺序上。如果你得到了某个思维模式的线索，你可以使用以下内容进行解码：

- 如果是理智型客户，就要将重点放在高价值上；
- 如果是实用型客户，就要将重点放在经过验证的流程以及安全选择上；
- 如果是关系型客户，就要关注买方所能产生共鸣的那些人的利益，那些人可能是他们的客户、员工、团队或其他人；
- 如果是创新型客户，就要关注战略契合度、突破性成果、未来灵活性和创新型上。

前面这四颗子弹，可以说是整本书最重要的部分了。

在每次互动中，潜在客户和客户都为我们提供了他们关心什么的重要线索。你在倾听时，可以使用上面的方法与他们的思维方式对齐，调整你的讲述方式。请记住，绝大多数人都是多种思维方式并存，而且大多数大宗采购都是由多人完成的，所以你可能需要强调多重好处。

这里有一张图表可以帮助你适应每种思维方式。这些都是进行正确沟通的简单方法。

调整技巧	
A. 理智型	D. 创新型
• 批判性分析 • 谈事实，不说没价值的东西 • 技术要精准 • 目标（大目标和小目标） • 想法、创意要十分清晰 • 数据、因素、逻辑 • 简洁、清晰	• 大局观，愿景 • 最小的细节 • 自由探索各种想法、创意 • 比喻，视觉信息 • 新的、有趣的、有想象力的 • 概念框架 • 与长期战略保持一致
B. 实用型	C. 关系型
• 详细的时间——行动日程表 • 全面且有参考文献 • 规则和程序 • 一步一步的、线性的、按顺序的 • 书面的，提前的 • 应急计划 • 严格按照日程表进行	• 开放的非正式讨论 • 通过身体语言和声音表达 • 共同点 • 对他人产生的影响 • 人们如何感知 • 每个人都有表达的机会 • 没有隐藏的关键内容

* 此表在全脑模型基础上制作而成，©2018 HERRMANN GLOBAL LLC。

密切关注那些对你来说很难的象限——那些是你最需要关注的地方。

但是，如果你面对的是一个大型决策团队，或者一名在四个思维象限随意遨游的买家，你空有一大堆线索却无从下手时，要怎么办呢？这时候你就可以使用全脑巡视法（Whole Brain® Walkaround）了。这个简单的技巧可以帮助你使用所有四个思维象限进行沟通。这样，无论你的听众有怎样的偏好，都可以听到你的信息。像我上面描述的那样提取线索，是高针对性的强大武器，但这需要大量的实践。

这里就是你的解决方法。下面的图表名为“全脑巡视图”。这是一个使用所有四种思维方式看待事物的方法。我每天都在使用这个工具，以确保我在电话或电子邮件中涵盖了所有思维方式。不管你是和客户共进午餐，还是与家人共进晚餐；不管是临时的公益志愿者工作，还是高风险的最终会议，这个工具都十分有效。你可以用它来审查自己做的任何事情。

现在请慢下来，集中注意力——这是本书最重要的内容之一。我们的许多客户都把这张图打印了出来，贴在办公室的墙上。

<table>
<tr><th colspan="2">全脑巡视图</th></tr>
<tr><th>A. 理智型</th><th>D. 创新型</th></tr>
<tr><td>在理智型象限中填入事实
• 理智型象限由陈述事实、财务、逻辑和技术规范来体现
• 它体现了这个问题：什么（what）？
• 举例：现在的情况是什么？什么数据能支持这个理论？底线是什么？财务条款/后果是什么？这个决策背后的逻辑是什么？目标是什么？
• 我们是否涵盖了：
✓ 明确整体目标、各阶段目标和评估方法？
✓ 预算或财务问题，以及收入？
✓ 支持最终目标的数据和研究？
✓ 技术问题？
✓ 成本效益分析或投资回报率？</td><td>在创新型象限中填入概念
• 创新型象限由表达愿景、未来状态、整体视图以及创新解决方案来体现
• 它体现了这个问题：为什么（Why）？
• 举例：为什么我们要做这个？为什么这件事很重要？为什么我们应该关心它？为什么这样的未来状态要好于现在的情况？
• 我们是否涵盖了：
✓ 愿景和全球视角？
✓ 对我们未来成功及收入的可视化景象？
✓ 对策略、愿景或者任务的描述？
✓ 我们的设想？
✓ 可选择的、创造性的新想法和解决方案？</td></tr>
</table>

续表

全脑巡视图	
B. 实用型	C. 关系型
在实用型象限中添加计划的细节 • 实用型象限由组织、形式、结构、计划和细节来体现 • 它体现了这个问题：如何（How）以及什么时候（When）？ • 举例：这个要如何完成？这个要如何进行组织？这个要如何实现？我们如何降低风险？什么时候开始？什么时候完成？要花多少时间？如何进行评估？ • 我们是否涵盖了： ✓ 日程表，指导方针，时间线？ ✓ 为了达成目标要实施的步骤？ ✓ 对风险和应急计划的讨论？ ✓ 行动计划建议以及依据？ ✓ 资源需求？ ✓ 政策和程序？ ✓ 质量标准？	**关系型象限中要涵盖个人利益** • 关系型象限由表达价值、感受、关系和情绪来体现 • 它体现了这个问题：谁（Who）？ • 举例：谁会从中收益？谁能使用这个？谁会涉及其中？谁会反对？谁会赞成？我们需要与谁沟通？谁是我们的顾客？ • 我们是否涵盖了： ✓ 我们对对方的感觉？ ✓ 对我们关系的描述？ ✓ 对我们共享价值的讨论？ ✓ 合作性语言（我们、我们的、团队、共同、机遇、分享、信任、正直）？ ✓ 表现出倾听、同情和理解？ ✓ 共同利益、关注点、问题？

* 此表在全脑模型基础上制作而成，©2018 HERRMANN GLOBAL LLC。

使用所有四种思维方式看待事物，你能看出来这有多么强大吗？假设，我们使用它来确保你与潜在客户的初次沟通是有效的。即使潜在客户在某个思维象限的偏好非常低，你也可以通过在该思维象限中的交流，巧妙地指出他们的盲点。就我个人而言，我对实用型思维偏好较低，尤其是与细节相关的思维。我十分重视和感激别人指出我看不到的困难点。使用所有四个思维象限交流，这也是一项保险措施，确保你的消息能够传递出去。

想要一个简单的方法把它融入你的日常生活中吗？下载**全脑巡视工作表**（Whole Brain® Walkaround Worksheet），或者拿张白纸，在中间画个大大的十字。做好准备，当你通过所有四个象限看待事物时，所有事情都会变得更好。

这种方法几乎可以用于任何交流——电子邮件、午餐会或者正式演讲。其关键是，轮番使用四个象限来探讨同一主题。我们经常停留在自己喜欢的象限中，从不考虑进入那些让我们感到不适的象限。

思维偏好就像个过滤器，它会对你所听、所说、所想的每一件事进行过滤。这意味着，如果你用错误的方式传达正确的信息，对方也不会听到。提高对自己的思维和沟通偏好的认识，将帮助你更清楚地意识到你是如何逃避最不喜欢的思维方式，以及这种行为如何妨碍你与他人互动时的效率。

谈论你自己

一些最重要、最具影响力的业务关系的开始其实很简单。也许是你的一个朋友告诉你，当你在咖啡店遇到某人时应该谈谈，或者一个熟人给你发了一条短信，询问与你专业知识相关的问题。这些小而偶然的时刻有时会决定我们整个职业生涯的走向——当然，如果处理得当的话。你是否有过这样的经历：有些时候你不得不放弃一段关系，你希望自己能够做得更好，却不知道自己到底哪里出了错。出于某些说不出的原因，你知道在一些重要的联系中彼此已失去感觉。但是为什么呢？

作为一名“销售员－专家”，谈论自己是你能利用有限的时间做的最重要的事情。这听起来是不是有些自私，或是以自我中心？听着，如果一个真正需要帮助的人和你谈了几分钟，却没有意识到你可以帮助他们，那你究竟有什么帮助呢？

即使我们不害羞也不沉默，我们在谈论自己和自己的工作时仍然会感到不自在。但是，如果人们不知道我们能为他们做些什么，那么这些年的培训和准备又有什么用呢？

下面是一个简单的模型，可以让你以一种真实、客观的方式谈论你自己。通过它，你将表现出自信和乐于助人的愿望，这可以让人们认识你、欣赏你。

我们的目标是：把每一次对话都视为一次机会。

你可能会认为，在每一次新的互动中寻找商机有些庸俗、做作。但请记住，真正的商界奇才是真实的——你的目标是服务。忽视掉你的真实目的，避免谈论你自己，强迫别人从你身上挖掘信息，这对业务关系的发展来说是没有任何帮助的。记住：对方也是会沉默不语的。通过让自己变得更有趣、更富有好奇心，你可以让他们感觉谈话更轻松，不管他们将来是否会成为你的客户。

让我们来看看一段非常典型的商务社交对话：

亚历克西斯：你好！我是亚历克西斯。

哈维尔：你好。我是哈维尔。

亚历克西斯：很高兴见到你，哈维尔。你是做什么的？

哈维尔：哦，我想，我是名私人教练，但我讨厌这个词。

亚历克西斯（心想，太好了，听起来这个信息没什么用）：哦，真的。作为私人教练你都会做些什么？

哈维尔：嗯，我帮助人们在某些事上变得更好。

亚历克西斯（叹气，为什么对话这么难？）：你帮助人们在哪些事上变得更好？

哈维尔：大部分是寻找新工作，这可以让他们变得更好。

亚历克西斯（心想，哦，看，我的鸡尾酒里有只苍蝇）：工作？什么样的工作？

哈维尔：主要是帮助他们了解他们可以做些什么样的生意。

亚历克西斯（心想，那只苍蝇都要比这家伙更有趣。我得赶快离开这里！）：生意，嗯？这听起来很棒啊。抱歉，我能离开下吗？我得找个苍蝇拍。

显然，这段对话对他们两人来说都不怎么有趣。回想一下你曾在团体活动中经历过的有趣对话——邻里露天派对或是专业会议，不管什么地方的都可以，是什么让这些互动如此引人入胜？

和你交谈的人很可能既有趣又热情。他们可能会让你控制对话，让你向他们询问问题。他们先是让你好奇，然后用有趣的信息回报你的好奇心。

一部优秀的神秘小说一次只揭示一条线索，引诱你翻开下一页。一次非常棒的对话也是如此。就像友好的乒乓球游戏一样，双方要有来有回，每个答案都留下后续谈话的空间。

那么，有什么是应该避免的呢？避免像上面一样无法继续的谈话死路，还有就是旁若无人的独白。最好的回答只会提供足够的信息来激发好奇心，并自然而然地激发出另一个问题。

谈话是一门艺术。成为一个谈话高手的关键是，至少要像说话一样多地倾听，并以足够的细节来回答问题，以保持思路的流畅。

在哈维尔吸取了这一章的教训之后，让我们回到当时的场景。这次，哈维尔会给亚历克西斯足够的细节来保持谈话的前后节奏。他不会滔滔不绝地讲个不停，也不会给出枯燥的、简单的回答——这些都会杀死整段对话。记住：像乒乓球一样地交谈。

亚历克西斯：你好！我是亚历克西斯。

哈维尔：很高兴见到你，亚历克西斯。我是哈维尔。

亚历克西斯：很高兴见到你，哈维尔。你是做什么的？

哈维尔：嗯，你知道有多少人厌倦了企业界不断出现的挑战吗？还有无穷无尽的重组、不断的裁员？（亚历克西斯点头表示认可）我帮助人们评估自己是否有创业的条件。如果有，我会帮助他们开始一个独特的三步过程。

亚历克西斯（怀疑但好奇）：哦，真的吗？有什么独特之处？它是如何工作的？

哈维尔：第一步真的很有趣。我开发了一种方法来评估一个人的核心技能，他们真正擅长的事情，并衡量他们对每件事的热情程度——擅长某件事并不意味着你想以此为生。然后，我们对所有技能进行排名，并将这些技能与可行的业务选项进行匹配。有趣的是，大多数人都是以他们目前的职位和工作为基础的。他们不知道自己真正擅长的、真正热爱的、真正有价值的东西还有多少。

亚历克西斯（好奇但有些不满）：我听说大多数新企业都倒闭了。这真的管用吗？

哈维尔：绝对管用。我有个客户准备下周开始正式创业。她正在做一件她从未想过会做的事，她热爱工作的每一分钟。我为她感到激动。

亚历克西斯（对鸡尾酒里的苍蝇视而不见）：真的？她要做什么？是不是有很大风险？

哈维尔：她在一家大公司担任变革管理的角色，但我们发现她最大的优势和热情是定位产品和服务。她有营销方面的天赋，但在以前的工作中从来没有用到过。现在她要开一家营销公司。没有风险，因为她已经有了一个七位数的订单。这比她在过去几年的工作中挣的还多。她会做得很好的，因为我们精心安排了整个过程的每一步。我们所做的事情的美妙之处在于，只有在第一步中找到潜在的业务匹配，我们的客户才会为第二步和第三步的实现付费。所以如果有人想做评估，这是很容易的。

亚历克西斯：好赞！我一直想自己创业，但不知道怎么办。感觉真是太难了。你让他们进行的其他步骤是什么？

……

每次哈维尔回答问题，他都会从亚历克西斯的措辞中寻找线索。如果你仔细观察，你会发现到关于过程和风险的思维偏好线索。哈维尔意识到自己是在和一个程序化的思考者打交道，一个对无风险的、经过验证的过程最感兴趣的人。他的回答十分恰当。他已经准备好回答更多关于时间线、过程子步骤、如何降低风险等问题；他甚至还在心中准备好了一个小名单，名单中的客户都具有高度程序化的思维方式，他可以将亚历克西斯介绍给他们。

每个回答都会让人产生更多的好奇心，这都要归功于哈维尔对自己工作和成果的热情。他已经为谈话埋下了许多要讨论的话题，包括第二步和第三步的细节，关于他的客户的更多信息以及客户是如何获得一笔七位数的交易的，他帮助过的其他客户，他最初是如何进入这个行业的，以及其他许多事情。20 分钟很快就过去了。在这次交流结束时，亚历克西斯很兴奋地报名参加了哈维尔的初步技能评估。

首先要注意的是，哈维尔并没有特意去做生意，也没有向亚历克西斯索取任何东西。从某些方面来讲，他甚至根本没有谈论过自己——他对客户的关注是建立在他的流程和信誉上的。亚历克西斯不断推动对话的加深。整个交流中没有无聊的答案，没有让人分心的事情。

第二个要注意的是，这是一次富有成效的、愉快的谈话。亚历克西斯从没觉得自己被人操纵或出卖，哈维尔只是简单地回答了她的问题“你是做什么的？”——回答中包含了可以让她继续对话的具体细节。事实证明哈维尔也许能够帮助亚历克西斯，但即使不是这样，这场对话也会有很多积极的结果，比如，亚历克西斯可能会想到有个朋友或同事会很想见见哈维尔。

当你有机会谈论自己的时候，先从我所说的“好奇的自我介绍”开始：一段简短的、令人兴奋的、能够引起兴趣并产生疑问的叙述。它会让对方点点头，心生兴趣。那小小的点头很重要——它是在邀请你把门开得更大一点。一旦你让对方点头了，你就要倾听对方回应时的思维偏好，并以此来引导对话。当你掌握这个技巧时，你可以很快地将随意的自我介绍变成一个帮助他人的好机会。

一个非常有趣的介绍能让人感到真实——这种介绍应该能让你轻松自然地融入环境中，无论你是在行业活动中，还是在和朋友或同事们的派对中。你也可以考虑以下有趣的介绍：

你知道专业人士如何在压力下不断发展业务吗？我训练他们以一种有助于加深关系的方式进行业务发展。我们已经实现了很高的投资回报率，因为这个系统是基于120多个科学研究成果的，而且我们使用了一个非常紧凑的17个模块的过程。当专业人士看到自己的业务发展是在帮助客户，而不是向客户推销时，他们会感到很兴奋。从某种意义上讲，我们教的根本不是销售——我们教人们如何创造购买。

这个奇特的介绍涉及了所有四种思维偏好，几个不同的主题可以引起更多听众的共鸣。此外，这段介绍还散发出讲话者——我——对自己工作的兴奋和激情。

交流的关键是让对方说话。你要用一个有趣的介绍来激发一段有意义的对话。你越快地让对方参与对话，你就能越快地发现他们的兴趣、需求和思维偏好的线索，进而进入更深入、更有价值的交流。

当你说话的时候，你要在脑海中不断地思考对话的思维方式：你在和实用型思考者对话吗？如果是，那你就要谈谈你的过程有多快、效率有多高，或组织有多严密。你在和关系型思考者对话吗？你要毫无保留地表达你对工作的热情，以及帮助客户的喜悦。一定要真诚可信。这是为了照亮那些最让对方感兴趣并愿意参与的领域。

如果你还不确定对方是怎么想的，那就从一个宏观的、创新性的有趣介绍开始。然后根据对方反应逐步缩小范围。

人人皆知，命运不可强求。有时候你只需点击一下，就会获得“最好的朋友”。但大多数时候，通过对人类心理学研究成果的利用，你完全有可能与你在工作和生活中遇到的人建立良好关系。可悲的是，学校从不教你这些。

*

在这一章中，我为你提供了一些科学研究支持的、经过时间检验的工具来改善你的业务。有些行为对你来说可能已经是第二天性了，但其他许多行为可能你还并不具备，它们也不会自行出现。所以，你要学习，学习时要有耐心。亲和度是一种不可思议的自我强化。当你做出一些小的变化，并看到它们对你互动的影响时，你会越来越有动力去掌握这一章中的每一个技巧。

在下一章中，我们开始研究潜在客户开发策略。没错：你需要设计并实现一个真正的策略，而不仅仅是杂乱地收集一些技巧和战术——如果你想让你的业务渠道充满新客户的话。

我还将向你们介绍这个系统的一个基本组成部分：给予并获取（give-to-get）。毫不夸张地说：它将改变你把潜在客户变成客户的方式。你知道为什么有时很难为你的服务创造需求吗？好吧，在下一章我将向你展示这个拼图中缺失的部分。

Chapter 5

The Snowball System

将潜在客户变成客户：

正确使用给予并获取法则

通过稳定、持续地练习前一章中的工具，你的沟通和联系能力将会得到很大提高。在这一章中，我们首先讨论的是如何在第一时间吸引他人的注意。如果你只是一个人坐在房间里等电话铃响，那么对你来说，人际交往技巧没有任何用处。你的客户服务……不会有客户。

当个人或企业对你的服务感兴趣并留下联系信息时，你就获得了一个销售线索。即使你已经在行业中摸爬滚打多年，可能依旧会对新线索的来源感到迷惑。如果你不仔细跟踪潜在客户的开发工作，你可能会觉得新客户的出现是突然的、出乎意料且不可预测的——或者更糟，你根本没有新客户。许多“销售员－专家”认为销售线索的流动是无法控制的，就像股市或天气一样。

不管你的销售线索是突如其来的还是无法控制的，你都可以做得更好，尽管弄清楚其背后的原理并不那么容易。市面上很少有关于潜在客户开发的书籍文章。你能找到的都是十分老旧的方法：匿名电话销售或上门推销（冷营销）。也就是说，你要给很多你不认识的人打电话，然后留言让他们给你回电话。此后你发送一封电子邮件，询问他们是否收到你的语音留言。然后你每两天发一封电子邮件，询问他们是否收到你的电子邮件，或询问他们是否收到你的语音留言。“这是一个数字游戏”，销售专家们说，“只要坚持下去，如果你运气好的话，你就能达到 5% 的成功率。你可以做到的！”

我做不到。首先，5% 的成功率意味着我们在 95% 的人们眼里，就是一群为了生意满头乱撞的害虫（如果你开始打电话时还没有感到绝望，等你打完电话时就有了）。其次，如果我们要在电话上搞定某人，就不得不克服最初的负面印象。即使这种销售方式帮助一些企业维持了生计，但大部分人是不会这样做的。因为这种方式让人感觉不舒服，毫无真诚感。

我发现，大多数“销售员－专家”只是继承了导师、第一任老板或者自己去年的做法，而不管这种做法是否奏效：他们会在同一个会议上发言，在同一个博客上发帖等，而不去思考什么有用、什么没用。

现在，让我们改变一下。我会为你推荐一套适用于你的技巧。我在过去的十年中，将这套技巧传授给数千名来自各行各业的“销售员－专家”们。事实证明，这套技巧的作用非常好。好在哪里呢？它们都是有价值的，而不是通过乞讨来获得客户，没有让你感觉不真诚、不舒服或怪异的内容。

当你围绕“人们想要的、对他们有用的、只有你拥有的东西”来设计你的技巧时，你的潜在客户们肯定对你的到来感到高兴和兴奋。我们衡量这套技巧成功与否的标准是：你的潜在客户们是否会为了与你会面，而改变他们的日程表。

让我再大胆一点：你不会有太多的销售线索。这种说法或许能让人们更感兴趣一些。在内心深处，很多人都害怕拥有大量销售线索。因为这意味着大量的工作，大量的电子邮件，以及无穷尽的后续跟进：“我已经很忙了！如果还有更多的工作要做，我该怎么办？”

这就是你要做的：你会找到更多你喜欢的工作；你会拒绝那些价值较低、商品化程度较高的工作；你将进一步完善你的独特品牌；你会更快乐，因为你可以主动选择工作；你的工作效率会更高；你会赚更多的钱；你会雇佣别人来处理多余的事情，或者把多余的工作交给其他公司去做，雇佣人才会让你的团队壮大。把工作推荐给其他人，作为回报，他们也会将你想要的工作推荐给你。我有没有提到你的工作效率会提高？这里有什么是你不喜欢的吗？

最坏的情况是什么？一位真正重要的潜在客户来了，你却腾不出手来接受新业务？让我们继续看下去：你带着遗憾的心情把这位潜在客户推荐给了战略合作伙伴。这时，你已经成功了。这位战略伙伴已经欠下你很大一份人情。而这位潜在客户对你的第一印象是，你很忙、很受市场欢迎——我打赌，他们下次肯定还会想要和你合作。这些，就是拥有太多潜在客户的最坏情况。即使这样，结果也非常棒。

稳定的销售线索流可以使业务发展的其他各个方面“神奇地”变得更加容易，从理想潜在客户的确认到价格的协商，都是如此。当你觉得你的业务整个月、整个季度，甚至一整年都不依赖于任何单一潜在客户时，你的销售就会变得更轻松。稳定的销售线索流的好处会让你大吃一惊。但是，为了做到这一点，我们需要先打开水闸。

在我们开始为你和你的企业创建正确的潜在客户开发战略之前，你需要在业务发展工具箱里添加一件最厉害的工具，这件工具可以创造需求：给予并获取。

给予并获取

“如果你愿意投资我们，请表示你的诚意。做好你的功课，带上一份知识的礼物，或者一些能证明你珍惜我的时间、重视你我关系的东西。”

请注意这位《财富》100强公司首席高管的话，我与这位高管共事已经超过15年。经过多年的“销售努力”后，她对被出卖已经失去了耐心。她想要的是：有个人愿意为这段关系投资，给她的公司带来一些有价值的东西，帮助他们解决真正的问题。

一种常见错误是——第一次见面就试图达成交易，你千万不要犯这样的错。（这种“要么成交，要么散伙”的心态，其根源往往在于销售线索流不足。）大多数“销售员－专家”都坚持使用两步流程来完成交易：第一，抓住潜在客户；第二，达成交易。“我，泰山！你，客户！”（Me, Tarzan. You, client!）

无论这种强硬的方式在短期内是否有效，它都会给尚处在脆弱阶段的关系带来无法弥补的损害。我们不想让买家后悔，我们想要的是疯狂的粉丝。那么我们该怎么做呢？

当涉及真正的业务发展时，你需要在获取前给予。在我们的模型中，你先要为潜在客户提供一些有价值的东西，这是一种战略设计，可以让你们的关系迅速上升到可以达成交易的层级。试图立刻完成交易，这感觉就像强迫对方一样。一个好的销售过程，应该像球滚下山坡一样自然。

这一过程有四个步骤：

1. 介绍性会议

2. 给予并获取

3. 小项目

4. 大项目

让我们按顺序查看每一步。

介绍性会议

这是第一次以一对一或小组的形式进行介绍。可能某位潜在客户听了你在某次会议上的发言，会后给了你一张名片；也可能是某位客户将来自另一部门的同事介绍给你。

不管前因如何，这是你与潜在客户的第一次互动，也是这段关系的关键时刻。一个好的介绍性会议不应该让人觉得你是在进行业务发展；它应该感觉像是同事间一起坐下来解决问题。

你在介绍会上的目标不是达成交易，那是下一步的事情。通常，在第一次会面中，你所能做的就是帮助潜在客户看看彼此是否适合。当然，你已经知道你们之间很适合，因为你已经使用了理想客户的确认标准。但他们还不知道。所以，你要帮助他们看到问题，找出他们的需求所在，并用他们的语言和思维方式描述你的独特定位。你要寻找帮助他们的方法。

下一步是什么？“给予并获取”，我们会在后面详细解读。是的，有时候你可以跳过这一步直接进入小项目，甚至是大项目，但这通常是因为客户需求紧急，或者你有一位影响力超高的推荐人。这些情况非常罕见，但如果出现，必须立刻抓住。

即使这位潜在客户不太可能在短期内成为你的客户，你也要在此期间寻找服务他的方法。事情变化很快。需求随时会出现。有时事情的发展会让你惊讶无比。关键是，你要向客户展示你的工作，而不只是嘴上说说。

给予并获取

这是你为潜在客户提供的一项服务或产品，目的是帮助你获得小项目。“给予并获取”并不是象征性的礼物——它们代表了潜在客户的实际价值。它们让潜在客户提前体会到与你合作的感觉。为了成功，“给予并获取”必须：

（1）易于创建和执行；

（2）为潜在客户提供真正的价值；

（3）能引导至有偿工作。

“给予并获取”通常以“诊断”的形式出现，它会通过症状追溯问题根源，并进一步确定可以为客户增加价值的可行性方案——但并不是解决整个问题。记住：“给予并获取”的目标是进入下一步的有偿工作。脊椎指压医师会为客户提供一次医疗筛查，确定对方慢性疼痛的原因。管理顾问会为客户提供一次团队状况调查，确定阻碍协作和创新的人际关系瓶颈。在以上两种场景下，潜在客户都忍不住想知道：你能帮我解决这个问题吗？后面我们会深入了解如何设计高效的“给予并获取”。

小项目

这是你与客户的第一次小规模合作。客户愿意投资于你是因为：（1）你有他们想要的东西；（2）他们对你可以做的事情很好奇；（3）他们想在冒险投资大项目之前，先在一个小项目上体验你的服务。

想要获得体验，客户必须付给你钱。我们的许多客户把这称为“有偿的销售努力”，因为你实际上是在为发展关系而获得报酬。最重要的是心理方面：人们会关注自己花钱购买的东西。

而且，第一个项目可以让你作为供应商进入客户的系统，办理好法律要求的文件，清除物流障碍，等等，这些有助于减少未来的工作摩擦。客户的思想也会发生微妙的改变：你不再是卖给他们东西的人了，你是团队的一员。不管你怎么看，小项目有大影响。

大项目

这是你的最终目标，但你必须成功完成“给予并获取”以及小项目才能到达这里。

*

这一流程的关键是心理动力。每一步都只有一个目标：进入下一步。使用此模型可以为你的所有潜在客户创造心理动力，并快速提高你在同一客户身上获得的机会数量，进而提高你获得大型项目的机会。你可能有多个“给予并获取”以及小项目在同时进行，它们的目标都是“进入下一步”。

通往大项目有四步过程，但是在实践中，你和客户不断发展的关系看起来更像是大树的分枝。一些机会会减弱、消失，另一些则会获得超出你预期的成长。你需要不断地、有意识地推进你的“给予并获取”以及小项目，朝着体量更大的工作前进。

设计完美的“给予并获取”

“给予并获取”背后的科学让我惊讶。在过去的十年中，我们已经将这套技巧传授给数千名来自各行各业的学员。它十分有效。为什么？影响心理学。

罗伯特·西奥迪尼（Robert Cialdini）博士在这方面进行的工作比任何人都多。他的著作《影响力》（*Influence*）已售出300多万册，并被翻译成30多种语言。西奥迪尼将自己的研究与该领域内的最新发现结合，分离出了六个影响力的核心因素。据我所知，“给予并获取”是唯一使用了所有六种影响力核心因素的业务发展技巧。

互惠

人们收到恩惠就会想着回报。通过一份专业的礼物开始一段关系，会为你带来更多回报。你在“给予并获取”中的投资也会得到回报。

承诺和一致

人们倾向于沿着他们已经开始的道路继续前进。在没有合同障碍的情况下，让下一步变得更加容易实现，会让整件事进展更加顺利。“给予并获取”可以让你的客户更加快速地与你合作，并让他们习惯向你购买。

社会认同

人们倾向于去做其他人正在做的事，这会给他们带来安全感。邀请几位关键人物参加“给予并获取”会议，这可以帮助你在客户组织内部建立起“社会认同”。设计得当的“给予并获取”可以同时影响数位决策者。

权威

人们更倾向于相信专家。从“谈论你能做的事”转为“做你能做的事”，这可以为你的潜在客户提供重要的认知体验。“给予并获取”可以通过解决客户的问题，让你展示自己的专业技能，证明自己的价值。

喜好

人们会与喜欢的人做更多的生意。与客户合作解决他们的问题，可以让你了解彼此间更多的共同点，帮助你更好地建立关系。“给予并获取”可以帮助专家与客户间建立起私人联系。

稀缺

稀缺创造需求。你的时间很宝贵。你不能无休止地送出你的专长或产品。你应该明确地告诉客户你可以提供的“给予并获取”数量，这样客户才会明白这不是人人都可以享有的免费品。不管对他们还是对你来说，这都很重要。

*

毫无疑问，“给予并获取” 会产生巨大影响。但我最喜欢的部分是，无论“销售员－专家”还是潜在客户，对“给予并获取” 都十分满意。不久前，我与一家客户讨论了我们的业务发展方法。他们十分喜欢“给予并获取”这个概念。在电话会议快结束时，我提出，如果他们能派出至少两名关键决策者，并在会议结束后继续讨论下一步措施，我就让他们免费旁听我们的公共培训课程。

“嘿，这是‘给予并获取’吗？”

“是的！”我回答，“这样是不是感觉很棒？”

“没错！我们报名。”

罗斯•桑德斯（Ross Sanders）在安泰集团（Aetna’s National Accounts group）

领导着一个由400多名面向客户的专业人员组成的团队，他对“给予并获取”有一些了解。我和他谈论过他们的“给予并获取”方案，以下是他告诉我的话：

我们会为精心挑选的客户免费提供HBDI®评估会议，这与我们提供的三年战略计划定制服务是一体的。这些会议的目的不是推销我们的产品或服务，而是帮助客户制订一个长期的成功战略。

这一“给予并获取”方案提高了客户保留率，提升了我们的客户关系（包括与各大公司的首席领导者们），使我们能够更好地了解客户并为他们量身定制服务，促进了销售，还能让客户将我们推荐给其他潜在客户。在我们的竞争对手还在推销商品时，“给予并获取”已经通过价值提供和咨询服务让我们获得站在客户和潜在客户面前的机会。这使我们在市场上与众不同。

“给予并获取”是否有效，其标准非常简单：它是你很容易就能做到的，能够为潜在客户提供真正价值，并且会为你带来有偿工作。

那么，你要如何才能利用现有资源，为公司打造出一个有利的“给予并获取”呢？你要将顺序颠倒过来，根据你想要获得的项目来设计你的“给予并获取”，并且像往常一样，要配合潜在客户的思维偏好。遵循以下三步你就可以获得成功。

确定你想要的大项目

这一步通常很容易。关键是你的选择要有策略，不要固守在你已经做过的事情上。围绕你的定位，找出你想为客户做的事情。

设计一个可以带来大项目的小项目

对于广告公司来说，这可能是一个宣传活动的概念设计，以及相应时间表和步骤草案。对于一个平面设计师来说，这可能是一套新的图形标识设计准则，以及适配内容分析。请注意，这两个小项目都增加了很多价值，并且清楚地展示了执行大项目所需的大量工作和专业技能。一个小项目给了客户一个大项目的种子，并清楚地表明大项目的困难程度（工作量以及专业性上的）。最后一个专业提示：从决策者们可以轻松通过的、不需要繁琐审批过程的价格开始设计。围绕价格构建项目范围。

设计能够带来小项目的“给予并获取”

还是这些标准：你很容易做到，对客户有价值，能进入下一步。有时这一步十分简单：这个小项目最初几个小时的工作是什么？如果这最初几个小时的工作对客户来说有价值，那就分离出来送给客户。无论你要给予客户什么，你都要确保它符合所有四种思维偏好。当然，它可能更偏向其中一种，但你要确保其中的某些部分能够吸引所有四种偏好。

示例可以帮助你理解并实现你的“给予并获取”。以下内容可以让你获得启发。

关键议题的具体应用

我从这一类型的“给予并获取”开始讲起，是因为这是最常见，也是最有效的。“关键议题”是很多人都会感兴趣的内容。根据你专业领域的不同，它可能是一种与客户联系的新方式（营销）、一种新技术（软件、编程、外包）、一种新法规（法律）、一种新的业务方法（咨询），或者是一种保持健康方法（保健）的概述。它也可以是对现有流程的技术改进。任何客户感兴趣的东西都可以。

这一方法包含两部分：专家对该主题的介绍；关于客户如何应用该内容的讨论。第一部分应该有见地且简短。当专家将这些内容与客户的自身情况结合起来时，魔力就会产生。在第一步时，人们会心存成见——看我多聪明！——千万不要在这里和对方纠缠，应该快速进入讨论部分。

我们的一位客户开发了一套营销自动化软件。他们是这样提供“给予并获取”的：介绍营销自动化软件的最新功能；开展了一场活跃的互动会议，在会议中他们使用海报、便利贴、投票以及头脑风暴来引导他们的客户审视自身现有自动化流程，选出下一步要改进的地方。

这一过程融合了创新型（头脑风暴）和关系型（互动）思维方式，最后还留出时间让实用型思考者思索下一步行动。最后，他们加入了预算和标准，来激发理智型思考者的参与。这些会议的设计目的不仅是激发新的想法，而且还能与客户就未来工作的优先事项达成共识。

猜猜在每次会议结束时，潜在客户们都会询问什么问题？“你能帮助我们处理这些优先事项吗？”

战略规划会议

上面这些过程，也可以用来为客户团队开展一个战略规划会议。我们亲眼见证，哪怕上升到首席领导层，这一过程也非常有效。还是使用上面的流程，不过这一次先不要进入关键议题，而是从确定客户部门或者业务的优先级开始。

这个“给予并获取”应该与小项目——为该团队创建一个具体的战略规划——相一致。第一次会议你可以赠送给客户，后面的则要收费。这样做很有价值：你极大地帮助了你的客户，并了解了他们未来的发展方向——也是你努力的方向。

分析

这一方式非常适合大型软件部署、外包服务、医疗保健提供、咨询，以及任何在开始大型项目之前都需要商业论证的行业。

尽管它偏向于理智型思维，但最好也将其他三种思维模式融入其中。这一方式的关键，是要调整好分析的规模：你要的是一个可以推进整个流程的大略概述，并在关键时停止，让客户为更多具体细节付费。

像往常一样，你要从想获取的大项目开始进行这一步骤的设计。将整个顺序反过来思考，并询问自己：你需要在商业论证中展示什么，才能让人们赞同并接受呢？你在小项目（有偿的）中进行的分析。是什么让你获得了这份分析工作？是你的“给予并获取”。

我们的一位咨询公司客户将行业分析作为“给予并获取”，其中最关键的部分是对“行业领袖们进行实物资产投资的方式”的调查。这个行业里的公司数量太多了，而且大部分的资产目录都做得不好。这意味着，这个“给予并获取”具有相当大的价值，然后就引出了一个问题：我们要做什么？

答案通常是雇佣商业顾问来解决问题。于是他们获得了一个小项目：他们进行了一个主要资产的成本分析——以行业为基准（理智型）；一些简短的高管访谈，内容包括他们应该投资什么（关系型），他们当前的投资如何与他们的商业战略取得一致（创新型），并使用甘特图来确定下一步骤（实用型）。他们的客户喜欢这种分析。你能猜出接下来会发生什么吗?

项目规划

如果分析是为了确定项目是否值得去实施，那项目规划就是为了证明你是实施的不二人选。因为已经确定好优先级，所以这一步离实用型思维较远。

很多时候，你的客户已经有了一些计划，但是他们没有意识到他们需要相关专业技能，也没有意识到最终成功所需的资源与精力。在这些情况下，你要从访谈或数据请求入手。你要深入探寻客户的根本目的，以及这一目的如何与其商业战略相连接。随后，确定重要事件时间表、成本、涉及的团队以及预期的影响。要确保涵盖每一种思维方式。

然后，利用这些信息编写一份报告。报告要包括这几项步骤：（1）重申该项目对他们业务的重要性；（2）重复你所听到的，并添加你自己的观点；（3）展示各种数字以及投资回报率；（4）将项目准时完工以及拖延一天、一个礼拜、一个月对客户整体业务的影响进行比较，并展示你的假设；（5）列出做好这项工作所需的技术专长，然后再次强调项目按时或延期会造成的正面或负面影响；（6）引用项目相关者关于项目进展以及潜在问题的相关话语；（7）最后对时间线和具体步骤进行实用性说明，最好使用甘特图。

从创新型、关系型和理智型思维角度来看，你的报告完美说明了实施该项目的重要性。这是一种有价值的、完全合理的方式——证明你是这个项目不可或缺的一部分。

同行介绍

如果你大部分的客户都具有相同问题，那么他们在公司中的角色也会十分相似。进行同行介绍，会让你的“给予并获取”获得更大收益。

你要做的，就是主动向潜在客户提议，将他们介绍给他们的同行——那些身处相同角色或者处理过相同问题的人。当你将潜在客户与你的狂热粉丝联系在一起时，将会产生强大的影响。

你可以发起一个三人的电话会议，或者邀约他们共进午餐。这可以让你同时为双方增加价值。这种方法已经涵盖了关系型思维，你还可以在对话中融入其他三个思维象限的内容。同行介绍让你的潜在客户与你的最佳推荐人联系在一起，这会进一步增强你的声誉和信誉。一般来讲，这类会谈都是从潜在客户的询问开始的："那么，你是如何知道的？"做好准备，你的客户即将对你大吹大擂一番。

培训课程

培训课程到哪里都受欢迎。从与行业相关的新技术或立法，到最新的管理方法加上相关案例研究，课程主题可以是任何东西。

这种"给予并获取"可以让你在关键决策者面前展示你的专业和热情。通过精心设计，你可以吸引所有四种思维方式。当你帮助潜在客户学习时，你可以很好地影响他们处理这些信息的策略（可能也会包括你的小项目）。

这一步的关键是选择正确的主题（你没有被雇佣去做，但客户需要做的事情），以及合适的参与者（你无法经常联系的关键决策者）。不要局限于客户一开始提出的主题。

你可以寻找尽可能多的、与主题相关的潜在客户参加你的课程。你还可以将课程录制下来，在网络上分享。你对课程的投资是一次性的，但其成果可以反复利用。

*

对于"给予并获取"，我有两个重要的建议想要与你分享。

首先，获得客户肯定的最佳方式，是创建一个案例、报告、分析或计划的通用模板。在进行互动会议时，你要将以前会议的照片做成挂图展示给客户或潜在客户，照片上的客户要洋溢着满意的微笑。向客户展示“给予并获取”的过程和收获可以帮助你获得他们的认可。如果没有这些东西，客户不知道自己将要获得什么，那你的提议就会显得苍白无力。

第二，你可以让潜在客户做些相关工作。你可以让他们提交数据，或者要求特定高层人士参加会议或其他活动。我们稍后会讲到，人们会更加信赖那些他们自己帮忙创造的东西，这是有科学依据的。但是，如果你要求客户进行的工作过于简单，他们很可能不会买账。换言之，如果他们不愿意花一点时间去获得免费但却有价值的东西，那他们也不会购买。与其浪费每个人的时间却得不到成功的机会，还不如早点离开的好。

打造你的“给予并获取”工具包

我所推荐的几种“给予并获取”，只是在合适的精力和时间投资下，专家们能够帮助潜在客户的众多方式之一。你要一直寻找新的方法，尽可能使你的外部视角、专业网络、专业知识和经验对你的潜在客户有帮助，同时无需付出多过时间与精力。记住：这些人通常被困在一家公司的某个有利位置上，其时间和自主权都十分有限。

一些行业和类型的公司会更适合“给予并获取”的方式。以下是几个不同行业中“好的”“更好的”和“最好的”“给予并获取”选择，其可能性是无限的。

虽然“给予并获取”的三个标准简单易懂，但有时很难实施。就像国际象棋一样，你可以很快就理解游戏规则，但需要很长时间才会上手并精通。当开始“给予并获取”时，人们应该放弃错误的东西（那些无法让你进入下一步的东西）或太多的内容（不要连小项目也免费送出）。如果下面没有你所处的行业，也不要担心——这些不是重点。从这些示例中，你会看到“好”与“最好”之间的细微不同，进而不断改进你的“给予并获取”。

演讲培训

好的：一小时的概述，内容是如何创作出有意义的演讲稿。

更好的：与“好的”相同，但将概述缩短为30分钟，然后花30分钟讲解评论现有演讲稿。

最好的：与“更好的”相同，但调整时间表，留出最后10分钟讲述完善现有演讲稿的步骤及所需时间。

软件

好的：了解潜在客户对软件的技术性要求，然后进行软件演示，突出可以提高工作效率的部分。

更好的：与“好的”相同，但进一步展示了其他企业为了满足类似目标而进行的软件部署案例。

最好的：和“更好的”相同，但是对某软件的尖端功能进行了演示——该功能符合潜在客户的需求，且很少有人能看到。让与会者提前签署一份保密协议，在最后留出时间征求反馈，并描述新软件如何与他们的业务流程匹配。

营销代理

好的：通过为期半天的研讨会进行头脑风暴，讨论新产品的营销，包括三个标志性概念、企业风格及营销计划。

更好的：与“好的”相同，并在研讨会上向客户展示你找出的三个标志性概念以及营销计划的粗略框架。

最好的：与“更好的”相同，但在研讨会一周后打电话跟进，内容包括启动营销计划所需进行的大量工作及专业技能。

法律

好的：参加你与客户合作过的法律议题的继续法律教育（continuing legal education，CLE）会议。

更好的：与“好的”相同，不过会议主题是你没有做过但是很想去做的。

最好的：与“更好的”相同，但出现了新的、在当前法律议题上有需求及决策权的与会者。

大型服务或外包

好的：分析客户数据，评估额外服务带来的成本节约数量。每个人的分析需要 120 个小时，通报会议中使用静态打印数据。

更好的：与“好的”相同，但分析需要 80 个小时，通报会议使用动态 Excel 模型，客户可以随时调整数据并实时观察到结果，进而推动更多的交互和参与。

最好的：和“更好的”相同，但所有关键决策者全部出席了会议，包括以前很少与你合作的首席高管们。

“给予并获取”将成为你的业务发展工具箱里最重要的部分。不要以随意、即兴的方式来处理它，否则不仅会让你分散精力，还会让你做很多免费工作。相反，你要坚持重点：只有在可能发展成小项目的情况下才提供“给予并获取”，不要以一刀切的方式发展新的业务关系。

当你习惯了“给予并获取”的节奏并以此与潜在客户打交道时，你不仅获得了与他们做生意的机会，还教会了他们对你有偿工作的期望。我们之前讲到过，行为科学证明，频率和连续性可以让行为变成我们的习惯。它也适用于我们的关系——让你的潜在客户们迷上你。在客户关系刚刚开始时，数量和质量同样重要。这二者缺一不可，但是在最初几周内，你要重视与潜在客户的互动次数，这样你才能确保对方关注自己，舒适感和信任才会生长。你要将一个大信息拆分成多个小信息，少量多次传输给对方。增加价值，并让这一切成为习惯。

我们的许多客户已经把这个概念提升到了一个新的层次，建立了自己的“给予并获取”模式。这些模式可以应用在客户整个公司中。有时，你应该根据客户的特定需求定制“给予并获取”，但通常来讲它们都可以在已有模式上修改创建。这就需要进行更多的前期工作，但一旦完成，它们可以用在几十甚至数百位潜在客户身上。给你的“销售员 – 专家”一个可以反复使用的工具，他们可以在整个客户组织中创造需求。

现在，让我们为你的业务创建一个“给予并获取”方式吧。下载**给予并获取头脑风暴工作表**（Give-to-Get Brainstorming Worksheet），或找一张白纸，画出两个四象限。

在一个四象限中进行头脑风暴，写下你现在能为潜在客户提供的独特“给予并获取”，一定要突破你的思维偏好。你应该给予你已经拥有的或做过的事情，然后进行一点点加工润色，确保它可以多次使用。例如，你可以进行无需花费太多时间的分析性评估（理智型）或开展一个实操型的项目计划会议（实用型）。

在另一个四象限中，思考并写下你可以通过花费一点时间和精力创造出的“给予并获取”。你的思考过程应以潜在客户的需求为基础：他们希望得到什么样的“给予并获取”？什么东西能够很快获得他们的接受和肯定？这些可能是我们讨论过的内容，也可能是其他的什么东西。回顾第三章关于理想潜在客户定位的部分，可以帮助你更好的思考。

记住，最好的“给予并获取”能够贯穿所有四种思维方式。如果一个想法涵盖了所有四种思维方式，你大可以把它写在四个象限的中心；如果一个想法更偏重于某两种思维方式，那就让它离中心远一些。“给予并获取”不应该局限于一个思维象限——即使首席财务官关心的也不仅仅是报告财务状况。

现在，你有工作要做了。看看你现在手上那些活跃的潜在客户，将你能提供的“给予并获取”与他们的思维方式进行匹配。还是和以往一样，在为潜在客户选择和设计“给予并获取”时，要颠倒顺序，从后往前思考。从你想做的大项目开始，向前推导到小项目，然后再推导到可以触发整个流程的“给予并获取”。

现在，打个电话或开个会，为你的潜在客户提供“给予并获取”。看看进展如何。我发现，向对方提供“给予并获取”的最佳方式是说，“如果我们能……会有帮助吗？”我发现这比说“你希望我们做……吗？”更管用。使用第一种措辞，潜在客户的接受率会更高。因为，第一个听起来像是一个真正的提议，第二个听起来则像在抱怨对方要求太多。

一旦你提供了一个“给予并获取”，甚至把它变成了小项目，你对这种方法的实际工作模式就会更有感觉。这些经验将激发出新的、更好的、能突出你优势的“给予并获取”，这些给予对你来说轻而易举，对你的潜在客户来说则非常有价值。

“给予并获取”展示了你对这段关系的投资意愿。当然，这种关系需要双向发展：客户也应该在“给予并获取”过程中，展现出自己对投入时间和精力的意愿。所以，你要确保在整个计划和执行过程中都能让他们参与进来。

当你的“给予并获取”一直都无法让某位客户参与进来时，那它们就变成了（我的客户们称之为）“给予并给予（give-to-gives）”。这里有一条明确的标准：如果你发现对方无意将大项目交给你时，你就要离开，另寻客户。这是“给予并获取”帮助你减少时间和精力浪费的另一种方式。在权衡业务开发时间投入和其他工作时间投入时，你一定要将这些收益也计算其中，这很重要。

我们的大多数客户更喜欢以非正式方式向对方提议“给予并获取”，例如，午餐时。但是很多时候，以书面形式传达这一提议效果更好。当风险较高，或你需要在潜在客户面前表现得正式一些时，通过一页纸的概述表达你对帮助他们的承诺会更管用。你要通过独特的内容以及对他们面临问题的高针对性，来体现你的诚意。

这一页纸应该包括：

- 简要概述你的公司，这里要使用你的定位；
- 你愿意将时间和精力投入的领域，在这里你的专业技能和潜在客户的现有问题相匹配，并且有进行更大项目合作的可能；
- 一份你愿意提供的“给予并获取”列表。

编写好这份介绍后，你就可以将其作为介绍性会议的对话指南了。你一定要在会议上实地练习如何传达这些内容，如何展示你的“给予并获取”策略。

向客户提供真正的投入，并且在不收费的情况下提供一些东西，会让潜在客户觉得不寻常——也就是说，他们可能会下意识地拒绝你。当你描述为什么将有限的“给予并获得”机会送给他们时，一定要表现得真诚和真实；例如，解释他们的情况非常适合你的业务模型，记住一定要使用你在第三章中创造的目标确认标准。

让他们了解这就是你发展自己业务的方式。明确你愿意做什么，你如何通过他们的选择（比如说，三个“给予并获取”中的一个）来帮助他们，最后明确告知对方你对这一阶段成果（如果你做得好的话）的预期——也就是关系的下一阶段。

别忘了最后一部分。那才是你的“获取”。如果没有这部分，你提供给对方的就是完全不同的另一样东西：“给予并给予”。

*

还有一件事：机会的来临往往会出乎你的意料。当你遇到一位可能的潜在客户时，不可能随时都将那一页介绍拿出来。所以，你需要准备好一个想法创意魔法袋。这是一组可以展示你工作成果和专业技能的物品，它们可以是放在你包里的物品，也可以是一组电子文件——这样你就可以马上电邮给刚刚认识的人。以下是一组示例：

- 你为客户做的分析报告副本；
- 正在开发的新服务列表；
- 你进行过的小项目和大项目的示例；
- 与潜在客户和客户工作领域相关的主题文章。

如果对话中出现了和你魔法袋中某个物品一致的话题，那这就是你发展业务的大好机会。做好准备，好处多多。那么，关于想法创意魔法袋，你手头上有什么有用的东西？

设计你的潜在客户开发战略

对你服务的稳定需求始于一个可靠的计划，这个计划可以引起那些需要你帮助的人和企业的兴趣——如果他们知道的话。潜在客户开发是获得新客户的起点和核心。

潜在客户开发的任务是为你的服务创造吸引点。它会在你与可能感兴趣的客户间创建联系。一个设计精妙的潜在客户开发策略，可以将你的时间和精力集中在一个明确的范围内，就像第三章中定义的那样。

高质量的销售线索可以让你以最少的投入进入下一步。例如，当潜在客户已经对你的公司或服务感兴趣时，你会发现不管是介绍性会议还是流程推进，你遇到的阻力都要小得多。销售线索的数量也同样重要。即使某位专业人士拥有较少数量的高质量潜在客户群体，他也无法满足每一名客户。即使你做得再好，预算也会枯竭，优先级也会改变，项目也会在最后一分钟被取消。更多数量的销售线索会需要更多的过滤工作，但它也可以为你提供其他方式无法带来的优质潜在客户；当高质量销售线索无法有效转变为客户时，这种方法可以挽救你。我们需要一种质量和数量平衡的策略，以提高你的整体成功率。

下一章中的每一个潜在客户开发工具，都可以让你更好地在数量和质量之间进行权衡。有些工具倾向于获得一两个高质量的潜在客户；另一些则注重销售线索的流量。当然，不管单一依靠哪种方法都不够用，技巧多样化至关重要。在这里，我们将为你的业务打造一套最佳工具组合。我们的目标，是利用你的现有资源和时间建立起你需要的持续业务流。

获取销售线索的方法有很多种。但是所有这些方法，都应该被重点放在进入介绍性会议上，这样你才能进一步提供“给予并获取”。对你来说正确的方法，可能对他人来说并不管用。你的个人工具组合取决于以下因素：

- 你可以投入的时间；
- 你和你的团队拥有的技能；
- 获得成果前你可以等待的时间；
- 你在市场上的地位；
- 你需要的销售线索数量；
- 整个市场中潜在客户的数量；
- 是否可以通过现有关系网联系上这些潜在客户。

每个人的情况都是独一无二的。在一些极端的情况下，专注于一个行业的软件公司可能在全球也只有六到七个潜在企业客户。另一方面，税务争议律师每年可能会有数千名潜在客户，但他们不知道哪些纳税人要接受审计。这就是为什么简单地模仿其他企业（甚至表面上类似的企业）的潜在客户开发策略是一个坏主意。你需要考虑自己企业的独特需求，创造适合你自己的工具组合。

在下表中，本书中的潜在客户开发策略分为两个部分：范围和个人联系。

潜在客户开发战略			
	有针对性 专注于寻找特定组织 / 个人	**有针对性且广泛接触** 专注寻找特定组织 / 个人与广泛接触相结合的混合策略	**广泛接触** 专注于从广泛来源寻找多种类型的潜在客户
热 高流量通过率和一些个人的部分	将朋友变为客户	论坛	演讲
冷热参半	特别推荐	战略合作伙伴	网络研讨会
冷 低流量通过率和最低的个人联系	冷营销	大会参与者	写作

在下面的章节中，我将详细介绍每种潜在客户开发策略，以及它们如何适应不同规模和不同行业的企业。但在进入这些内容之前，先让我们看看大局。问问你自己：你每年愿意在潜在客户开发工作上投入的时间是多少？

如果你只是启动了你的业务，还没有让客户关系运转起来，那么这个数字可能会十分巨大。如果你需要大量的优质销售线索让你的业务高速发展起来，大约一周 20 小时或者一年 1000 个小时是完全合理的。相反，如果你的现有客户少量但稳定，而你已经很忙了，那么你可能每周只能抽出几个小时来获取新的业务，来取代那些因某种原因退出的客户。你的情况很可能介于两者之间，也就是介于一年 100 到 1000 小时之间。

一旦你对时间投资数量有了明确的认识，你就可以更好地在不同策略之间分配资源。你的目标是一个稳健、多元化的战略。例如，如果你每年只能花 100 个小时进行潜在客户开发，那么在推特上花费 30 小时是正确的吗？还是说，推特可以成为你的付费客户？如果你觉得这样的时间投入很糟糕，那就看看如何通过自动化或授权（或者只是删除你的账户）来减少你在推特上花费的时间，从而腾出更多时间来采用更划算的策略。

策略多样性也很重要，因为潜在客户开发不是一门精确科学。即使你从偶然的客户获取方法过渡到了系统性的客户获取方法，你对业务发展成功因素的理解仍不完善。所以，你应该进行风险对冲——不要把所有的精力都投入到单一的策略中。

现在，列出你目前从事的所有能带来潜在客户的行动，从社交媒体和博客到参加会议等。当你学习后面的潜在客户开发策略时，将那些适合你的加入到你的行动列表中。

接下来，根据你的业务需求和上面提到的标准（团队技能、可接受的等待时间等），选择三到五个对你来说最有用的策略。然后决定你计划在这些策略中投资的时间百分比，并计算出准确时间。下载**潜在客户开发工作表**（Lead Generation Worksheet），或者拿一张白纸进行计算。

例如，如果你每年有 250 个小时的时间用于潜在客户开发，并且决定将其中 20% 的时间分配给电子邮件营销，这意味着你有 50 个小时——或者说大约每周 1 个小时花费在邮件撰写和发送上。如果你没有足够的时间编写发送有价值的内容，那你能不能使用较少时间来做一些相关工作，比如每周收集一些对你的潜在客户有帮助的网页链接？你可不可以聘请一位外部专业写手，或指派一名团队成员来分担编辑内容的职责？

最后要记住的一点是：跟踪你的结果。如果你和大多数“销售员－专家”一样，那么你会将潜在客户开发视为“有时间”再去做的事情。尽管你很勤奋，甚至工作很积极，但一旦业务有了起色，你很可能会因为忙于具体工作而对潜在客户开发产生了松懈。正如本书开头所说的，这种“不是盛宴就是饥荒”的心态将迫使你在业务停滞时匆忙行事，同时也阻止了你对客户的有效选择。

从现在开始，你要把潜在客户开发视为对最宝贵资源的投资：时间。这意味着你需要时刻关注：哪些方法管用，哪些会更好。如果你能在未来一年中持续跟踪每种方法带来潜在客户的时间及结果，365 天以后你就可以创建一个更好的战略，以更少的时间投入产生更大的成果。现在，建立一个电子表格，开始跟踪。

买家、影响者和门卫

在对潜在客户进行过滤之前，你需要区分买家、影响者和门卫。买家拥有预算权限、职位权限，并且与你最终将要争取的大项目有直接联系。简而言之，他们才是真正打开绿灯的人。影响者可能与买方有着密切的联系。他们可能是买方的直接下属、项目团队成员、外部顾问等。门卫是那些能够访问或控制购买者和影响者日程安排的人，他们有时会通过管理员（肯定是众所周知的好人）来实现访问或控制。

一旦你用这三种分类看待潜在客户，许多与他们联系时的奇怪情景就会变得清晰起来。例如，一个寻求内部晋升的门卫可能会让你与买家保持一定距离，从而独占把你带进公司的功劳（现在你明白了，为什么客户承诺已久的电话从不响起）。这些不合格的销售线索很少会将你带入到流程的下一步中。

合格的销售线索可能意味着一些短期的延迟和失望，但随着时间的推移，它将为你节省无限的时间。带着对这些因素的考虑，让我们来看看过滤流程。你要用你的客户目标标准来确定哪些组织值得高度关注。然后使用下面助记法中的方式，在这些组织中寻找可以交流的正确人士。

有钱（$）在 ATM 里面吗？

钱（$）：你的客户有钱吗？或者能得到花费在这个项目上的钱吗？

权威（Authority）：你的客户有权决定这个项目现在及后续发展吗？你是在和真正的决策者说话吗？

时间（Timing）：你的客户是否认为现在是进行该项目的正确时间？你的客户是否有时间投入到项目中并给予充分的关注？

动机（Motivation）：考虑到他们忙碌的工作，客户是否真的有推进这个项目的心理动机？

你做的准备和计划越多，你的前期工作越有选择性，你的业务发展工作就会越高效和越有利润。很多人都会把商界奇才们想象成迈达斯国王（King Midas），可以把他们接触到的一切变成黄金。实际上，真正的商界奇才们非常挑剔。他们只会触摸金色的东西。

*

我们在这一章取得了重大进展。你需要做的，只是将“我，泰山。你，客户！”的方式转变为通往大项目的一步步步骤，进而在你和客户的互动上创造结构性转变。同时，“给予并获取”常常会让我们的培训学员们有“醍醐灌顶”的感觉。你不再需要无情地朝着第一个有偿业务前进——在这过程中你会做出伤害到客户关系的事情；相反，你现在已经在销售过程中创造了心理动力，为潜在客户和客户带来了真正的价值。仅仅这个工具本身，就有着极大改善双方感觉的潜力。

现在，你已学习了如何打造一个健康的、多元化和系统化的潜在客户开发策略，现在是时候深入研究特定战术了。每个企业的需求都会有所不同，但我相信你会在第六章中发现一套对你有用的潜在客户开发战术。此外还有很多与你未来成功相关的、能够为你带来合格潜在客户的先行指标。

Chapter 6

The Snowball System

正确开发潜在客户：

有选择地使用销售线索战术

这是每个人都会被卡住的地方。无论你是自由职业者还是高端投资银行家，你都无法拥有太多销售线索。更多的线索意味着更多的选择、更多的灵活性和更多的控制。

在接下来的几页中，我将向你介绍最强大的潜在客户开发战术。你要使用第五章中的方法，选择其中的一小部分来构成你的潜在客户开发战略。最后，你将获得一个适合你技能、时间和现有资源的具体行动计划。

对任何战术来说，计划和准备都是成功与否的先决条件。我们帮助一位专业人士对他在某大会上的表现进行了评估，他已经连续四年参加这个大会了。尽管大会中充满了他渴求的潜在客户，可是四年来一个好的销售线索他都未得到过。更糟的是，为了参加这个为期两天半的会议，他要花费 32 个小时在路上。我们没有让他放弃那一年的活动，而是让他在会前使用本章中的会议技巧进行了三个小时的准备。然后，嘭！他带回来了 12 份“给予并获取” 的委托书。同一个会议！正确的方法！高投资回报率！

有些技巧要求你走出舒适区。例如，你可能认为自己过于羞怯或自我意识太盛，不适合公开演讲，或者你觉得自己写的东西很吓人。但这些恐惧往往毫无根据。如果一项技术看起来很适合你的业务发展，那么你就要放轻松、试一试——当你看到优质的潜在客户纷至沓来时，你会发现自己的这些疑虑全部在不知不觉间消失了。为了更好地帮助你，你可以在 mobunnell.com/worksheets 上找到所有这些技巧的工作表。

打起精神。本章是本书中最具挑战性的一章，但你的收益也是最大的。有了正确的潜在客户开发战术，你就再也不需要猜测下一个客户会从哪里来了。

将朋友变为客户

你可能已经认识了一些潜在客户——以私人身份。通常来讲，这些朋友或熟人很快就会成为你的狂热粉丝。毕竟，他们了解你、你的品格和信誉。然而，他们可能并没有把你能做的和他们需要做的事情联系起来。这位朋友可能身处某家公司的决策职位，但他从没想过你的专业技能可以帮助他们跨越一个严峻障碍。

与销售和业务发展一样，大多数专业人士对与朋友一起工作感到无所适从。许多人错误地认为，他们需要在个人和商业关系之间建立一道屏障，尽管世界上有无数将二者结合的成功案例。当然，也可能是他们害怕提出这个问题。甚至有些人都不知道自己的朋友拥有自己所需要的专业技能。不管怎样，专家们在面对这个问题时都会犹豫不定，因为他们担心这会危及个人关系。

这种犹豫使我很不安。假设你开始和一位陌生的新客户合作，事情进展非常顺利，于是你们又合作进行了很多工作。在这个时候，我所培训过的大多数专业人士都想通过一些工作外的事情来加深这种关系，比如娱乐、家庭聚会等。换句话说，当我们开始工作的时候，我们试图把关系扩大到真正的友谊上。那么，为什么我们不能从我们已经喜欢的人开始，试着扩大到工作关系呢?

记住：你的目的是帮助别人。这就是你花时间进行学习的原因。当我们进入销售流程时，我们的想法是：我们要让别人购买，当然不会卖给朋友。但当我们把目的设定为“真诚地提供帮助”时，突然间，把朋友变成客户变成了世界上最自然的事。

如果你是一位一流的税务会计师，你的一个大学老朋友因为某些特殊情况陷入了税务问题，你会怎么做？告诉他上本地分类网站寻找会计师吗？或者说更糟，眼睁睁看着他付出多于正常税款几倍的金额，却默不作声？就因为你那错误的正直感？当然不是。如果你真的擅长你的工作，你会建议他和你合作，共同努力降低他的税务金额。

一旦你接受“销售就是服务”这个理念，你真正需要的只是一个简单的方法：把朋友变成客户的方法。当然，这是最容易实现的销售线索了——毕竟你已经建立了融洽的关系。只要你开始和朋友合作，他们就会迅速成为你的狂热粉丝，速度快得让你合不上嘴。如果你的关系网中有很多人符合你的客户标准，那么这就可以成为你的核心发展策略。

这项工作的关键，是正确的“给予并获取”。“给予并获取”是你合作邀约的最理想方式。你要针对名单上的每一位朋友，选择完美适合他们思维方式的“给予并获取”（因为你十分了解他们，所以这应该很容易）。如果你知道你的朋友是一个很强的理智型思考者，那么你就要把重点放在类似客户的成功及其标准，以及“给予并获取”具有高价值且绝对零成本的事实上。如果他是创新型思维方式，那就画一幅图来说明一起工作是多么富有创造力和乐趣。让我们一起头脑风暴吧！那么，你的朋友最有兴趣试一试的项目是什么？

现在，找出一张白纸画出四个象限，仔细地制作一份你愿意提供的“给予并获取”列表。写下能与所有的思维偏好产生共鸣的要点，同时确保你有一些能够吸引你朋友主要思维偏好的东西。然后把这些点发展成一个面。如果你为公司工作，在信息中你要明确指出，你是代表公司提供的“给予并获取”，这并不是你个人的投资。展开对话，超越私人关系。假设你在一家营销机构工作，而你一位朋友公司的新产品正在市场上卖得火热。你可以这样说：

我们应该多在一起吃饭。我喜欢将我们的优势结合起来这个想法。事实上，我正在思考一件事。作为公司的合伙人，我对公司的资源管理有着一定的影响力。我一直通过投资那些非常适合我们的公司来发展我们的业务，但这并不是说我们期望被这些公司雇佣。我们这样做，是因为我们的客户需要看到我们的工作来理解我们的价值有多高，他们需要看到我们的想法在某些现实问题中的应用。我们不能说——我们只能展示出来。我很想投资贵公司和你们的新产品。就像我说的，我们不期望任何回报。但我相信我们会有好的结果。如果你喜欢这个想法，我有一个会议形式的营销创意，可以大大提高产品的销售速度，这是经过我们实践证明的。这涉及了我们的专家……

即使你是一名单打独斗的独行侠，你也要充分利用“给予并获取”，迅速而无缝地超越个人关系，进入专业领域。像往常一样，你要提到稀缺性：真诚地让他们知道获得你提供的“给予并获取”有多难得。这会让你的朋友感到自己很特别。一旦提出建议，你会从朋友那里收到各种和其他潜在客户相同的问题与反对意见。你要准备好克服这些障碍，不要把它放在私交层面。毕竟，你发起的是一场职业对话——你应该从这一层面看待你们的交流。

你要将注意力集中在目标上：和你的朋友获得双赢。即使现在不是以有偿或无偿的方式帮助你朋友的合适时机，他们也会更多地了解如何在未来帮助你，你也会更多地了解如何帮助你的朋友。此外，他们也能使用你的方式，更好地将你介绍给他人。只要你做得对，就不会输。

特别推荐

依靠推荐获得客户的最佳方式就是：通过你的狂热粉丝。另外要记住，忠诚客户通常都已经准备好成为你的狂热粉丝。只要你要求他们帮你写一封推荐信或进行推荐，就可以完成这一转变。他们对你成功的渴望会出现在他们推荐给你的每一条销售线索上。这些客户想帮你赢。你所要做的就是告诉他们，怎么做对你的业务最有帮助。这意味着，你需要花时间和他们在一起，确保他们了解你的工作方式以及你希望的客户类型。你需要明确地请求他们的帮助。

你的狂热粉丝不会觉得你是给了他们一个任务，而是给了一份礼物。要求他人推荐自己，这听起来似乎并不太好，因为大多数人做的方式是错误的。你可能也亲身经历过。你的一位服务提供商对你说：“我是依靠推荐来发展业务的。如果你能告诉我五个人的名字，我感激不尽。”对我来说，这听起来像是“你必须给我五个人的名字。然后我会骚扰他们，用你的名字求他们与我见面，这个过程肯定让你颜面扫地。”这种方法的基础是乞讨，而不是价值。我们做的事情正好相反：为我们最好的客户提供真正的价值。现在，我要向你展示一个四步流程，可以让你在保护现有客户关系的同时获得高质量推荐。

首先，制作一份你的狂热粉丝（以及那些马上会成为的人）名单，将那些拥有最强大、最庞大关系网的人排在最前面。然后和名单上的第一个人见面或打电话。

为推荐制订框架

你在定义目标客户标准方面投入了大量的精力。不幸的是，你是唯一知道它们是什么的人。很多时候，我们的朋友和客户带着极大的热情给我们推荐了一堆远离我们客户标准的人。结果可能令人沮丧，但我们需要记住：这些人只是想帮助我们。

你需要帮助你的狂热粉丝们了解如何做才能最好地帮助你，这需要时间和精力。首先，你要解释一下你正在努力发展业务，而推荐是你发展战略的一个关键组成部分。询问他们是否愿意帮助你推荐他人。

关键要素如下：解释你的“给予并获取”策略，以及你愿意对合适的潜在客户的投资。当人们知道，他们推荐的人可以在掏钱之前看到交付的价值，那么他们会更愿意帮助你。你实际上是给了你的狂热粉丝一个礼物——给予并获取——让他们可以提供给他们认识的人。这是一件大事，你也应该如此定位。

如果你的客户热衷于帮助你，那么就与他们分享你在第三章中制订的目标客户标准，以及哪些类型不是你的目标客户。这可以有效避免时间及精力的浪费。

开放式提问

接下来，问一个开放式的问题，例如，“你知道有谁符合我的条件，有兴趣和我们公司讨论一下我们如何能帮助他们的吗？免费的。”这里的重点是会议和接受“给予并获取”，而不是“购买 x、y 或 z”或者“我可以把 A、B 或 C 卖给他。”你让狂热粉丝做的，就是将他们认识的人与你的标准匹配起来。给他们足够的时间思考这个问题，不要打断他们。这个开放式提问很重要，因为他们可能会提出你没想到的好方法。

具体提问

根据所在行业的规模和特质，你可以使用特定的提问跟进。向狂热粉丝展示你在第三章中创建的客户目标列表。这么做的目的，是看看他们与你的目标客户是否有联系。

一定要给他们充足的时间处理上面的开放式提问，然后再进行具体提问。开放式提问会激发创造性的联系和出乎意料的想法，多给他们一些时间，你可能会有意外的收获。这就是为什么我们要以这个顺序进行。

不过，具体的问题也很重要，因为你的狂热粉丝很可能并没有考虑到自己与目标客户间的一些明显联系。某人可能在你的具体提问下给出令你惊讶的答案：哦！那家公司的首席财务官是我的邻居。她很棒。我会在星期天拜访她并和她谈谈。

确定合作推荐流程

你们已经合作确定了被推荐人，现在是时候合作确定推荐流程了。这和与客户一起构建提案的方式非常相似，因为目标是相同的：创建一种合适的、能让客户从成果中获得利益的方法。为了让狂热的粉丝更加兴奋，你们要一起合作为新联系人创建一个有意义的“给予并获取”，记得，一定要满足对方最迫切的需求。

或许你已经知道什么是最佳方式，但一定要征求狂热粉丝的意见。因为他们了解你们双方。这样，你的客户会很兴奋，因为他们可以帮助他们的联系人获得有价值的东西。你还可以帮助你的客户编写介绍你的剧本，设计提出“给予并获取”的方式：

嘿，你得见见安迪。他是镇上最优秀的理财规划师之一，我认为他有些东西可以让你受益。他会对你的投资做一个全面的分析，并就如何在不动用存款的情况下增加你每月的现金流提出建议。没有费用，没有义务。每个季度，他只为两名潜在客户提供这种服务，我知道他这个季度还有一个空缺。这种类型的分析市场费用是2000美元，但通过我的话你可以免费获得。我已经体验过这一服务，我发现……

狂热的粉丝关系可以成为你创造新客户的重要渠道。这些人一直在寻找帮助你的方法。他们希望你成功，如果你不向他们寻求帮助他们反而会失望。狂热粉丝已经表现出了帮助你发展业务的愿望。把一个忠诚的客户转变成狂热粉丝的最快方法，就是要求他们帮你推荐（一定要通过上述方式）。

把推荐作为礼物送给你的客户。以合作的精神把所有事组织在一起，让这一过程变得有趣和愉快。这样做，你不仅可以获得更多的潜在客户，还可以加深你现有的客户关系。

冷营销

有时，你的关系网无法满足你的业务发展需求。如果你对一个市场比较陌生，或者没有明确的进入目标客户公司的途径，那么冷营销（Cold Marketing）就是唯一的可行方法。传统观点认为，这种方式的潜在客户开发效率低下，完全是在浪费时间。但这是错误的。虽然相比之下，依靠口碑或粉丝推荐更加容易。但如果做得正确，冷营销也能起到重要作用。在某些情况下，冷营销可以成为一种极为强大的潜在客户开发形式。

许多专业人士都成功地向他们从未见过的人推销了自己的服务。最好的冷营销都结合了个人风格。当人们经历了电子邮件和社交媒体上广告的狂轰滥炸后，打电话变成了一种非常私人和有效的联系方式。另一种充满个人风格的方法是手写笔记，附带一些对方可能感兴趣的材料，比如一本书或行业白皮书。通过适当的准备和研究，冷营销可以带来一种冲击，尤其是在与独特的营销方法结合时。

这可以适用于任何类型的业务。这里有个我自己的例子。那时，我们刚刚搬进亚特兰大市中心的一栋办公楼。我调查了大楼里的其他租户，看看我的邻居们是否与我的客户标准相匹配。我给每个匹配组织的负责人写了一封手写的信，并把它附在我们的一个培训活页夹上。我强调要和他们建立起个人联系，并开玩笑说，他们都聚在一起，这是我搭过的最轻松的便车了。

最重要的是，我告诉他们我们愿意投资他们，以及他们如何符合我们的完美客户标准。我为每位负责人都提供了一个具体的、根据他们情况定制的“给予并获取”。当我穿着西装打着领带走进每个办公室送包裹时，接待员一定会认为我是亚特兰大最有型的快递车手。几天之内，我收到了所有接受者的回信。他们都想和我开个见面会，一个人甚至要求立刻见面。

这就是正确的冷营销方式：更多时间的预先定制，以及更高的命中率。

做好准备工作

从你的目标列表开始。如果你的目标是一家公司，尽可能多地寻找出你的潜在进入点。你在寻找一个与你有很多共同点的人，他们符合上一章中的资格标准（“有钱在 ATM 里面吗”）。一旦你选定了要接触的联系人，先检查一下自己的社交媒体和联系人列表，看看你的关系网中有没有人能够推荐你给对方认识。如果没有共同认识的人，那么冷接触就是与对方取得联系的唯一方法。这时你要开始调查。冷营销需要信息来弥补信任和信誉缺乏带来的阻碍。

尽你所能去了解该公司的情况。找出所有你能找到的关于目标联系人的信息，包括职业史、所获奖项、会员资格和人际关系。在这些信息中寻找你们的连接点。也许你们上过同一所大学，或者在同一个会议上发言过。小的相似总比没有的好。这至少表明你在家庭作业上投入了时间和精力。

公司网站包含有大量信息。新闻稿可以为你提供该公司最新的发展情况。使用领英和其他工具可以帮助你查看对方的工作历史、专业兴趣、已发表的文章和其他关键信息。即使你们没有共同认识的人，你至少可以找出一些共同点。

送达方式

选择一件与你的服务和专业技能相关的物品，对它进行包装，让它看起来很有价值、很专业。然后，考虑一下你的送达方式。无疑，亲身送达是最重要、最值得考虑的。其次是隔夜送达快递服务，一般来讲人们会立刻打开这样的快件。最后，传统的（慢速）邮政系统，它的独特性比电子邮件（或许是效果最差的信息传递方式）高不了多少。送达包裹的方式会告诉接收人这个包裹有多重要。不管怎样，在打电话之前先发点东西。一张手写的便条和一个精心准备的包裹会给人留下很好的第一印象。

打电话

包裹到达后，在你拿起电话之前还有一个步骤：将你要说的话写下来，然后提炼缩短。没有人会看到这一切，这样做是为了让你的言语尽可能简洁明了。概述一下你的公司提供给对方的东西，以及你与潜在客户的共同点。在纸上写好要说的话，现在，你终于可以与对方通话了。经过这一系列费脑的选择和工作，你可能都不想拿起电话了。

但就现在，打电话。如果没有接通或没有联系到本人，一定要留下信息，询问对方是否已经收到包裹。之后，切换到电子邮件继续定期跟进。在每封电子邮件中，你都要共享有价值的信息或资产，并通过这种方式寻找增加价值的新方法。我给自己定的标准是七次电邮联系，但有时需要更多。你要有耐心，不断增加和提供更多的价值。一般来说，没有接到回电的主要原因是你没有提供足够多的价值。

如果你接通了对方的电话，一定要保持对话的简短和明确——最多几分钟。你的目标不是谈论你的整套服务；你的目标是提供“给予并获取”，并就此预定一次会议或通话。一定要将注意力放在进入下一步上。挂断后，立即发送电子邮件跟进，并在领英上添加对方为好友。

打电话给不认识的人需要一定自信。潜在客户开发工作会将我们带离舒适区。在心里，你要将这通电话作为赠予潜在客户的礼物，这可以给你很大的心理支持。如果你已经做好了准备工作，并且对自己能提供什么有了清晰的认识，那么情况就是这样。

冷营销的坏名声往往来自于那些不假思索、品行不端的推销者们。他们认识的人很少，也很少有人想认识他们。但是，你在这里所做的事情，是真实的、慷慨的。结果会说明一切问题。

论坛

价值是潜在客户开发的核心。你能为潜在客户提供的价值越大，他们就越愿意参加介绍性会议。现实体验比阅读营销材料或网站评价更能深刻地塑造我们的观点，因此，一种可以对潜在客户产生持久影响的方法是：举办论坛。论坛是理想的机遇，可以让你与他人联系，并同时深化多段关系。

论坛的重点不是自我营销——而是大规模传递价值。与其他的潜在客户开发技术相比，你可以在一个论坛上投入更多，因为它有机会让你与十几名优质潜在客户建立联系——仅仅一个晚上。

你可以邀请一位顶级演讲者就行业相关主题进行演讲，也可以选择一个与你的专业技能和你能帮助客户解决的问题相关的讨论主题。一个论坛可以是一本书的发布，一个研究的揭幕，或者你的潜在客户感兴趣的东西。你可以为与会者提供体验某产品或服务“测试版”的机会，并收集他们的反馈——创新型思考者十分喜欢这种方式。（别忘了让每个人都签一份保密协议。）你甚至可以使用免费小组培训的形式开展论坛。论坛可以让潜在客户们亲身体验与你合作的感觉。

论坛绝对不是交钥匙。为了获得应有效果，论坛需要有针对性的计划和真正的时间投资。作为回报，它们可以为潜在客户带来真正的价值，同时让你有机会与许多人建立联系。作为一个论坛的组织者，你也会在与会者以及相关人士的心中建立起信誉。通过让你的潜在客户与你及你的团队以一种难忘的方式互动，你建立了一种强大的情感纽带，为下一步关系的加强奠定了基础。和往常一样，会议后几周要跟进每一名与会者。

以下是你需要做的。

选定目标群体

写下你心中理想的目标群体。你想要特定职务角色的人吗，比如首席财务官？你想要特定地域的人吗？这些问题可以帮助你选择一个特定群体——进入这个群体的人们可以从彼此的关系网中受益，而以前从没有人将这些人聚集在一起过。找到一个有利于你的基础。

价值

即这个群体想要的特定事物。人际网络？不同视角？仔细考虑这些人最想要什么，然后围绕这个建立你的论坛。通过定位原则，找出三个可以让论坛与众不同的、独一无二的元素。然后在其他人身上测试这些概念是否吸引人。是否已经有人向目标群体提供了这一价值？

战略合作伙伴

还有谁会对你的目标群体感兴趣呢？寻找那些能够增加价值、非竞争关系的合作伙伴。理想情况下，他们会将自己的客户和潜在客户也带到活动中。你对合作伙伴的选择，将影响他人看待论坛的方式。所以你要明智、开放地选择：除了其他公司，你还应该考虑非营利组织、学校 / 大学，甚至州和地方政府。最后，你的合作伙伴不能超过三个——这个数量足够覆盖你的目标市场，并为论坛提供必需的不同视角。

基石客户

此步骤是关键：要建立心理动力，首先要让大客户先上船。这么做，是因为每名与会者都会问一个问题，而且往往是第一个问题："还会有谁去？"如果你获得了两位知名客户的参会承诺，那么你就可以大声回答这个问题了。确定了论坛的合作伙伴之后，你就要开始在自己的关系网中寻找基石客户。思考一下：目标群体中哪些客户对其他客户最具影响力？然后，先决定头三名与会者——他们的参与会对其他人产生很大的影响。为了让他们接受，你要让他们参与到论坛的计划过程中。让他们对论坛主题的概念、举办形式，甚至日期进行微调。他们甚至可能愿意承担主持工作，或者帮助你组织签到。

创建一页说明

这一页概述了目标群体、论坛的目的和其他细节。将这页说明发给所有潜在合作者和基石客户，让雪球滚起来。

计划和实施

制订论坛的活动步骤和时间表。请你所在组织的其他专家帮忙。如果可以的话，让它成为整个公司级别的活动。论坛提供了大量的销售线索和资源，所有相关人员都将从中受益。

根据不同的演讲类型，论坛规模可大可小，从一小时的快乐交流到全面的行业会议都有可能。无论是大型、中型还是小型论坛，重点都是要邀请合适的人，并为他们选择一个出色的价值锚点。对于那些不参加的人，活动的营销也会产生影响：我不能参加这次的论坛活动，但我能和你谈谈你的方法吗？吸引一群人并让他们惊叹不已，这样每个人回去后都会向他人讲述这段经历，为你的下一个活动建立更多信誉。

正如你看到的，论坛需要真正的投入才能做好。许多公司认为，只要将电子邀请函群发给邮件列表里的所有人，人们就会出现。醒醒吧，他们才不会呢。你需要为每名与会者进行工作。潜在客户需要对即将获得的网络价值有一个特定的认识，对他们来说这比演讲的实际价值还要重要。你要把价值带入到个人层面：我和简谈过了，她真的很期待在活动中见到你！通过对个人价值的传达，可以将取消参会的情况降至最低。

确保你的团队成员们有充分的时间提前拨打邀请电话，对于已经确认参加的人，几天后再拨打电话询问他们是否愿意被介绍给其他与会者。发送电子邮件、告诉人们即将开展的活动，这是件好事，但你还要靠一个又一个的电话才能让人们接受邀请并真正出席。

如果你有足够的资源和时间来开展一个高质量的活动，并亲自邀请和后续跟进所有与会者，那么论坛可能是你在潜在客户开发方面所做的最有价值的投资。它提供了一个无与伦比的机会，让你与众多潜在客户建立真正的联系。论坛的效果是惊人的——如果你不在乎繁琐准备工作的话。

非正式会面

根据你服务的性质和目标客户的不同，有时像这样正式的、精心策划的、分阶段的活动可能并不必要，甚至不合适。这里有一个轻松简单的替代方法：邀请一位重要专家到你的城市与你的重要客户和潜在客户会面，或者围绕专家已经做好的访问计划进行协调。

例如，如果一位知名作家带着一本与你行业相关的新书来到你的地区进行营销活动，你可以与该作者或该书的宣传团队联系，一起共进晚餐。对于那些想与商业领袖、企业家和影响者建立联系的作家来说，这些小型活动事件是很有价值的——其实，他们在履行完宣发活动后，往往会发现自己被困在一个陌生的城市无所事事。一旦你的邀请被接受，你要立刻给重要的潜在客户和客户发送电子邮件，说明作者将在某晚到达城镇并邀请他们一起讨论这本书。当然，这种方法也可以让你与任何相关专家进行合作，甚至是你组织内的某人。

这样，你不必进行论坛的准备工作，就可以通过与专家的合作建立起自己的信誉。而且，像这样的活动，其响应率是非常高的。最棒的地方在哪儿呢？人们会看到你人脉很广，因此认为你很有价值。

战略合作伙伴

不管你的工作性质如何，几乎可以肯定的是，有许多从业者和公司在与你的客户合作，并且他们提供的服务与你的服务是互补关系。与这些公司合作可以创造巨大的双赢。

战略合作伙伴希望认识你认识的人，反之亦然。你们甚至可以建立一个正式协议，一起获得销售线索——比如论坛——也可以简单地相互介绍自己认识的人。一位人才顾问和一位薪酬顾问可能会拜访同一位人力资源主管。如果他们将各自的资源集中起来，他们就可以举办一场规模更大、更令人印象深刻的潜在客户开发活动。他们也可以相互介绍自己的客户和其他合作伙伴。每个人都可以为合作伙伴持续提供高质量的销售线索。战略合作伙伴就是你的推荐年金（精算师喜欢年金）。

你最好把战略伙伴看作是媒人。他们的责任会随着转介的完成而结束——通往狂热粉丝的道路仍得你自己去走。所以你必须对合作关系有现实的认识和合理的期待。你是否有意愿、资源和关系进行这样的推荐？这就是成为一个高效战略伙伴所需要的。

你可以与个人或组织合作。先展示他们将如何从这段关系中获益。通过提供比你获得的更多的价值来保持主动。有些伙伴关系非常重要，所以最好达成正式协议，甚至可以包括佣金。你甚至可以创建绩效目标——介绍的数量、售出的工作量等。我通常建议开始时慢一点，每一方都进行 2 到 3 次的介绍说明。

和新员工一样，有些合作伙伴关系效果非常好，有些则不行。你要把重点放在最有价值的合作关系上，并对其进行投资。经常与你的合作伙伴见面，确保双方沟通良好。让他们了解你公司的新动向，并听取他们的意见。这些战术对话将激发种种创意，为你们带来新的客户和项目。

建立战略合作关系时，你可以使用与 Protemoi 名单相同的方式：写下所有你能想到的潜在合作伙伴，然后简单地将“交易”变成“推荐”——这就是你将潜在的合作伙伴变成活跃的合作伙伴的时刻。现在，像对待其他重要业务关系一样，努力加强你们之间的合作，直到所有战略合作伙伴都成了你的狂热粉丝。

这是我最喜欢的获得销售线索的方法之一。我的 Protemoi 名单上有许多战略合作伙伴——其中一些为我带来了无以计数的销售线索和价值，对我们的业务而言，他们比许多付费客户还重要。

出席活动

大型的一次性活动或年度活动（如小组会议、公司年会等）代表了潜在客户开发的机会，但正确利用这些活动需要你遵守一些原则。当你带着业务发展的念头参加会议时，你应该将所有注意力都放在如何发展关系网络上。仅仅是出现，参加一些必需的会议，然后躲在角落里回复电子邮件或与你认识的人聊天——这样做，除了你的拇指和下颌肌肉外，其他任何东西都不会有发展。

但是，在许多不认识的人中间发展关系网——许多专业人士都被这一想法吓倒。没关系，通过使用下列 4C 原则，你可以以一种专注、有趣的方式实现关系网的发展。你还需要打开一个电子表格或类似的应用程序来跟踪你希望遇到的潜在客户和随后的结果。下面是我说的 4C 原则。

明确（Clarify）

你的会议目标是什么？最重要的是，你想见到谁？列出对你的业务最有价值的人、公司和职位。将这些名字写下来。

接触（Connect）

不要等待。思考一个创新方法提前接触每一名潜在客户。你们之间有没有共同认识的人愿意通过电子邮件介绍你们双方认识，好让你们约在活动中见面？你的战略伙伴能帮忙吗？你们是不是恰巧在推特上互相关注？在你到达会场之前，尽最大努力与潜在客户建立联系，如果无法做到，那么就要在活动中发挥你的创造力。

交谈（Converse）

事先准备好你打算向潜在客户提出的问题。在这里，你要使用我们将在第七章中学到的 Gravitas 模型。你如何才能顺利地建立相互联系？每次谈话都要准备好多个可能的联系点，这可以帮助你大大减轻这一过程的压力，把可能会冷的东西变成热的东西。

承诺（Commit）

为每个潜在客户选择一个有价值的“给予并获取”。记住要反向思考：你想为这名潜在客户进行哪些大项目？以此为起点，反过来推导出一个对你来说相对容易的、对潜在客户有价值的、可以帮助你获得大项目的“给予并获取”。另外，提前考虑一下，看看是否有合适的时间来安排后续会议。或许你很快就会去到他们的城市，或者参加另一个双方都感兴趣的活动。即使没有这样的机会也没关系，你要做的就是给他们打个电话，记住这句神奇的话：“如果……会有帮助吗？”

最后一步是必需的。康奈尔大学和加拿大西部大学的一项研究发现，面对相同的要求，面对面交谈的成功率是使用电子邮件的 34 倍。你是否有过这样的经历：在某次会议上和某人进行了愉快的交谈，但是你的后续跟进邮件却没有收到任何回复？原因就是：当面要求。

演讲

这里的关键是如何走出你的舒适区。据说有人对公开演讲的害怕多于对死亡的害怕。不管这是否为真，如果你想要进行专业化的演讲，就必须培养自己的演讲技能。当一大群合格的潜在客户站在你面前时，你最不想做的就是错过他们。

如果你已经具备了相关技能，那就太好了。如果你不具备演讲技能，并且承认这对你的潜在客户开发具有重要影响，那是时候培养这一技能了。你要做的，是找一个演讲方面的好教练。购买公共演讲的优秀书籍和课程。最最重要的是，站在人群前面。国际演讲会（Toastmasters）是一个在世界各地定期举行会议的组织。它提供了一个非常棒的机会，让你在一群志同道合的人面前就各种话题展开和发表演讲，以此来磨炼自己的演讲技巧。如果这不适合你，你可以和你的平辈们一起创建一个内部演讲小组。

一旦你知道如何有效地进行演讲，下一个问题是：哪里？外面有成千上万的演讲机会，其中许多都在大型会议之外。通常来讲，围绕职位角色或发展主题的小团体会定期会面。团体成员可以是任何人——顶级广告代理公司的高管、人力资源专业人士、初创企业的创始人等。

如果这些团体包含有大量符合你要求的潜在客户，那么这将是你的一个好机会。当然，大型会议也会很有帮助。有时候你需要花钱才能演讲，有时候你可以免费演讲，有时候他们甚至会付钱给你演讲。

我们的一位客户就是通过大型会议获得大部分销售线索的。他们会通过几个特定的大型会议获得客户。他们希望被视为市场领导者，所以他们愿意花钱在这些活动中演讲。他们会精心挑选会议并仔细跟踪结果，以确保他们投入的是投资回报率最高的活动。他们那些最大客户的获得，可以追溯到多年前在演讲会上与他们的会面。

以下是你制订这一战略的步骤。

目标客户和会议

从你想认识的人开始。查看你的目标客户标准，找出哪些职位角色是你进入该组织的理想切入点。调查研究这些人参加的会议。通常来讲，大型会议只会吸引到那些比你想认识的低一到两级的人，所以你要集中注意力。你可以考虑一下小团体和细分领域的会议，在那里你遇到合适潜在客户的概率更大。我们发现与会者的职位角色是你成功的关键。

选择一个有价值的话题

对独特主题进行头脑风暴，这适合你选择的所有会议。这最好以小组形式进行——与你的同行和客户们一起集思广益，讨论行业和市场中最能引起共鸣的话题。

寻求合作

如果你与一位顶级客户合作，你的主题会更有价值吗？让正确的客户待在你的身边，你可以获得更多成果、建立更好的信誉，这是一个让这名客户变为狂热粉丝的好方法。当你一个人发言时，与会者会期待的是演讲。当你与客户交谈时，与会者会期待的是价值。

计划和实施

在某些场合讲话可能会麻烦一些。你需要提交一份正式的演讲提案，还是只需要和组织者做一个简短介绍？记录每一个会议活动需要的不同步骤。

提供价值

好的演讲对于品牌知名度来说很重要，但是它不会让你获得销售线索——销售线索是通过一对一对话获得的。你要给与会者一个请求与你对话的理由。向那些给你名片的人提供一个独特的资产。向那些符合你客户标准的人提供一个“给予并获取”。这是最重要的一步，但是很多演讲者都忽略了。

网络研讨会

这一工具的组成元素与演讲和论坛相同。向全世界的潜在客户提供高质量的互动展示——网络让这一想法变得异常容易。网络研讨会大多是一次性活动，但你可以每年举办好几次。与类似工具一样，网络研讨会的成功关键在于：为受众提供巨大的价值，并以特定的行动号召作为结束。

紧迫感对你很有帮助。选择一个时间性很强的主题。也许一项新的立法会对你的客户产生广泛的影响，又或者你有一些刚完成的新研究可以分享，比如典型的成功案例研究或者简短的培训模块。你可以自己举办网络研讨会，也可以邀请一位客户共同参与。

一旦你选定主题（并且可能找到了一名协作者），就要进行行动号召。通常来讲，网络研讨会结束时会提供“给予并获取”或小项目。许多专家错过了这一步，浪费了宝贵的机会。要记住的是，网络研讨会通常对公众开放，因此要降低你在“给予并获取” 上的承诺。在提供任何实质性的东西之前，你需要对这些潜在客户进行评估。你可以提供一页的评估，半小时的电话来进一步解释研究主题，等等。将最初提供的“给予并获取”处理好后，你可以决定是否为一个高质量的潜在客户提供更多价值：例如，为期半天的专题讨论会。想要在网络研讨会上示爱成功，请遵循以下步骤。

制订目标、设立指标

从网络研讨会的目标开始设计。你是想把合适的人送到特定的服务中吗？如果是，选择有助于实现此目标的指标。决定你想要获取的销售线索的具体数量（一定是可实现的）。要转化出这一数量的合格潜在客户，需要多少名与会者？（主持过几次网络研讨会后，你就知道如何计算了。）连续性是网络研讨会的特点之一，所以你要从第一次会议开始跟踪优化你的流程。

营销策划

现在是时候对你的服务和专业技能进行包装，让它们可以吸引更多观众了。仔细思考如何传播你的网络研讨会信息——回想一下你已经学到的定位知识。你能拿出什么有趣的、相关的、足够紧急的、可以吸引大量观众参与的内容？

选择主讲者

既然你的目标和定位已经明确，现在让我们为你的会议选择一个理想的主讲者。当然，网络研讨会上的每个人都需要很强的演讲技巧。最理想的主讲者，是那些在行业内拥有广泛知名度的人。这就是与狂热粉丝客户合作的好处——这些客户很高兴有机会能展现自己的工作成果。同时，客户或客户公司的知名度，将会对会议的参与人数产生巨大影响。你的潜在客户会根据你所在的公司来评判你——如果他们在你的网络研讨会上看到了真正的行业大拿，那他们对你和你的公司的看法将大有改观。

计划和实施

网络研讨会的机会与现场活动类似，但还有一些额外的技术需求。除了确定时间表，包括与内部团队进行计划会议、与潜在的合作伙伴进行会议等，你还需要选择一个合适的演示平台。有很多因素需要你考虑，例如实时投票功能、平台的易用性和可靠性等。

提供价值

与演讲一样，你需要主动从一对多的谈话转变为一对一的谈话。没有一对一的谈话，你的确也在营销，但却不会获得销售线索。为需要你服务的人提供“给予并获取”，并以此保持联系。这就是你成功的关键。如果你担心有太多人向你询问，你也可以制造稀缺。向与会者表明，你只能提供一定数量的“给予并获取”，前 x 名联系你的人将获得体验资格（当然，你可以为优质潜在客户提供例外）。

写作

是的，他们居然还在造纸。但是，即使人们阅读的都是你文章的电子版，传统的纸质期刊依旧会为你带来大量销售线索。很少有什么技巧可以像写作那样建立信誉。然而，仅仅一年写几篇文章并不能为你带来大批理想的潜在客户。专家们通常会将这些文章发表在同行阅读的刊物上，而不是客户阅读的刊物上。

让写作成为潜在客户开发策略的一部分，其成功的关键是编写能够激发潜在客户参与的、有价值的文章，并在合适的刊物上发表。从整体上看，单一一名读者转变为你客户的概率并不高，因此，你要选择该行业或领域中拥有最大读者群的刊物，这可以将你的成功概率最大化。

另外，不要混淆“通过写作建立信誉”和“通过写作获得销售线索”。虽然二者有些重叠，但是每一种写作都要带着目的进行。

那么，如何进行正确的写作呢？从研究开始。你的客户经常阅读哪些期刊或网站？如果可以的话，和你的客户聊聊他们的阅读习惯。你可以询问最近有哪些期刊或博客引起他们的关注，甚至以某种方式让他们立刻开始行动。这些轶事可以很好地说明问题。

如果你无法和客户交谈，那就寻找可以在行业中引起共鸣的主题。你可以把你的主题放在某个特定的思维偏好上。这种方法可以让你作出一篇主题更集中、更令人难忘的文章。例如，一篇带有深入分析和大量图标的、介绍你如何帮助某客户公司减少 12.3% 开销的文章，要比一篇关于咨询业务如何获得成功的文章更令人信服。这篇文章可能不是每个人都喜欢的，但是如果你理想的潜在客户是理智型首席财务官，那么它可能大有影响。同时，在文章中重点介绍新的六步管理程序对减少开销的帮助，可以进一步吸引实用型的首席运营官们。

我们的一位客户是税务争议律师。他写了一篇关于如何应对国税局审查的文章，并把它发表在了一份会计师们（他的主要推荐来源）经常阅读的期刊上（他自己阅读的是律师们的期刊）。然后他将文章转发给了会计师们，同时还提供了一份“给予并获取”：为他们的合作伙伴就这个主题开展一次“午餐讨论会”。这一行动，让他成功地获得了不少销售线索。

大多数专业人士都把发表文章看作是行动的终点，但我却将其视为行动的起点。其不同之处在于，你和其他人会带着真诚的帮助之心转发文章。这一行动不仅为你建立了信誉，同时还将文章与一个强大的“给予并获取”结合起来。这里是完整的步骤顺序。

确定出版刊物

像往常一样，回到你的客户目标列表。但这次，你要确定的不仅有理想的潜在客户类型，还要有具体职位角色。你想吸引的是财务主管，还是公司的首席财务官？一旦你定义了这一点，就可以更容易地找到合适的出版物来接触到这些读者。

共情

你能提供什么样的独特见解来帮助他们？他们最关心的话题是什么？他们需要提高哪些技能？在他们的行业或市场中，有什么即将发生的大事？仔细考虑他们的问题，你可以更好地为他们提供帮助和服务。

找好技术角度

你如何将自己的专业技能与文章主题相结合，展现出一个具体的、令人信服的观点？你可以提供哪些基于自己独特视角的深入见解？你可以提供哪些有用的案例研究？你能带来怎样的结果？

计划和实施

现在，为撰写文章和投稿制订计划步骤。内容可能包括与刊物编辑初次会面并作出介绍，接触客户寻找合著者，研究并提交文章大纲等。

提供价值

注意到本章中出现的一个关键点吗？你得想办法从一对多转变为一对一。我们现在使用的方法，是将你在刊物上发表的文章送到特定目标的办公桌上，并附带一个"给予并获取"。这篇文章会为你建立信誉。如果你身处一个较大的组织，你可以让你的合作伙伴或者客户经理帮助你转发文章。他们可以帮你说好话（比你自己说更管用）并向客户提供"给予并获取"。

采访

通过写作获得销售线索，会为你带来另一种类型的机会：人们喜欢接受采访。当然，采访必须是真实的——文章、白皮书或博客网文只是创造真实的媒介。与合适的人进行交谈，可以为你的文章带来新的视角和观点，让整篇文章更加鲜活。

同时，采访、初稿审阅以及文章的最终出版，这一系列过程会带来多重机遇，每一步都让采访对象离成为你的狂热粉丝更近一些。这是与那些有影响力的人、重要的潜在客户及客户建立关系的好方法。

*

销售线索会产生成功。你无法拥有太多的销售线索，但丰富的线索会让一切变得更加容易，让雪球滚向你的目标。当潜在客户过少时，所有一切都必须是完美的——你没有错误的余地。而这会产生压力，压力会导致“销售”——糟糕方式的“销售”。

现在，销售线索已经出现，或者很快出现，现在是时候考虑如何有效地将这些销售线索转化为快乐的客户了。

Chapter 7

The Snowball System

将销售线索变成真正的客户：系统性地管理潜在客户

祝贺你！你已经成功地打开了水龙头。线索在流动，生活是美好的。

现在，你有了足够多的潜在客户，企业兴盛应该就在眼前。那买艘新游艇开心玩玩吧——我打赌你会给他们的销售团队一些很好的业务发展建议。

抱歉，我是在开玩笑。

无论你获得了一个销售线索还是一百个，下一步都至关重要。相信我，我看过太多了。人们处理或错误处理新机会的方式，会让你目瞪口呆。一些“销售员－专家”通常只能将百分之一的销售线索转换为客户，随着与潜在客户交流时间的增加，转化率还会进一步下降。但有极少极少的人，能在只有极少销售线索时却达成几乎所有交易，并随着时间推移进一步提高这种转化率。如何解释这种差异呢？

我一直听到这样的问题：“莫，你能帮菲尔抓住这次机会吗？他已经错过几十个、数百个这样的机会了。他只是在达成交易时有点困难。”哦，菲尔，我自己想了又想。现在可以告诉你，在交易达成之前你就已经毁了这些机会。

如何处理每一条销售线索，是你获胜的关键；是你成功或失败的最终地方；是你对销售产生喜爱或憎恨的地方；是你接到回电后欢快起舞的地方，或者几个礼拜没有对方回信，不由心生疑虑的地方——我到底做错了什么？

让我们从正确的方法开始。与潜在客户的交谈应该是高效的、对工作有帮助的，不管是对他还是对你来说。它应该既轻松又令人兴奋，每个人都应该这样进行对话。如果潜在客户愿意把他们宝贵的时间花在你身上，那你就需要有一个可以点燃兴趣的小小火花。就这样，去做吧。让谈话变得有趣。与潜在客户交谈不应是疲累的例行程序——虽然你应该严守谈话流程，但你也要让自己表现得有创意，反应积极。与你对话的是潜在客户，一个真真正正的人，而不是谈话流程。

它应该和广告中的情景一样：当某人买到某东西时，开心得就像在过生日。

这也是我们业务发展变得有趣的地方。我们可以用解决问题来取代销售，让我们的思维迸发出光芒，贡献出我们辛辛苦苦积累多年的专业知识和经验，让对方拥有美好充实的一天。

在这一章中，我们将学习如何以高效的、有趣的、可持续的方式来管理销售线索。与业务发展的其他元素一样，这一步骤的基础也是系统性方法。

创建循序渐进的流程

商界奇才们都会遵循循序渐进的发展流程。他们必须这样做。任何有一点点小运气的人都可以让闪电劈中——因为闪电肯定会落在某个地方。只需要几英亩[1]的避雷针，你就可以一直获得闪电的光临。如果某人能够持续稳定地带来合格的潜在客户，并把他们变成客户及狂热粉丝，那他一定遵循着某一流程。

问题是：将潜在客户转变为长期客户和狂热粉丝的最有效流程是什么？在流行文化作品中，赢得潜在客户是件非常简单的事。带他们去一家高级餐厅——昂贵到奢华，座椅全部是真皮的那种，上几瓶好酒，讲一些有趣的故事，然后递给他们一支昂贵的名牌钢笔，这样他们就会在合同上签字了。成交。

在现实生活中，这种方法通常会以失败告终。没有人喜欢被别人推着前行。即使你以这种方式获得了有偿项目，这也是以损害长期关系为代价的。

那些行之有效的方法都是线性的、联系的，这意味着它每次都以相同的顺序经历相同的阶段。有时节奏快慢不同，有时你会在某个阶段重复。有时你有多种方法可以进行同一步骤。重要的是，你要从买方的角度来看待这一过程。站在潜在客户的角度而不是你的角度——你想要什么以及你需要什么——来看待整个购买流程，下一步的正确行动就会变得清晰起来。

但是，大多数组织都会坚持自己的观点，他们拒绝站在买家的角度去看待整个流程。以下做法是成功将潜在客户转变为长期客户的雷区。

---

1. 英亩，英美制面积单位，1 英亩 =0.004047 平方千米 =4046.9 平方米。

经常谈论你自己。使用PPT强调这有多么无趣乏味。每一张幻灯片上都要写着“使命和价值观”，因为宣扬自己正直诚实的最佳方法就是大声宣读。哦，你能在幻灯片上放上一张满是像素噪点的客户logo吗，因为你是在会议前一小时未经获准就从对方官网上下载的。此外，请确保一定要忘记更改页脚，这样它会显示出上个潜在客户的名字。

制造无聊。使用很多行话术语，这样你才能在人群中毫不显眼。不要问关于自己的问题。你可能会喜欢谈论自己或者自己需要解决的问题，但客户并不想这样做。如果你非要问关于自己的问题，请使用最一般的问题，这样客户就知道你来之前没有做任何功课。比如“什么会让你晚上睡不着？”我还从没听过有人问这个问题。

提出建议。你可能会提出一个建议，目的只是为了让客户离开。这是个再普通不过的建议，这样客户就知道你对他毫不重要，很明显你也不应该提出任何更改建议。你唯一能增加价值的方法就是在客户不容更改的工作方法中挑骨头。

无休止地折磨客户。不停发送同一邮件。“莫，你有没有收到我发出的七封邮件以及三条短信？我在那里面写了一堆你不喜欢的建议。莫？莫？莫？”对不起，莫现在不在。他已经搬到了圣胡安群岛，然后无意中把手机掉进了一头虎鲸的嘴里。

我上面的表达有些夸张，但我作为一名买家参加了许多会议——这些会议都完美地避开了交易的达成。不管你是否经历过这样的磨难，我希望你能明白我的观点：买方的经验是第一位的。集中精力，你就不会误入歧途。

下面的四个步骤可以帮助你做正确的事。

倾听并了解（Listen and learn）。给客户和潜在客户足够多的机会谈论他们自己，以及他们面临的问题。以你的研究为基础提出深层次的问题，在建立你专业形象的同时培养亲和力。

创造好奇心（Create curiosity）。将聚光灯打在自己身上——特别是在解释如何帮助客户或潜在客户解决这些问题时。你要使用他们的语言来反映他们的处境，不要使用通用行业术语。为对方提供帮助，并提议进行更深入的互动。

整合流程（Build everything together）。在设计流程时，要让潜在客户能够轻松加入到合作中。这四步过程与四种思维方式一一对应：（1）制订目标；（2）制订计划；（3）选择团队；（4）就条款达成一致。这一顺序会让买家感觉很好，可以更轻松地进入下一步。根据具体情况的不同，这四个步骤可以在几个月内完成，也可以在一次会议中全部完成。

达成交易（Gain approval）。感谢这一过程背后的心理学原理，最后的签约应该是最容易、最快的一步。毕竟这一路走下来，你已经获得了足够多的赞同，“达成”了几十项共识。这只是最后一个。你可以要求在星期五之前签署合同，以满足商定的时间表。如果这一阶段的进展不顺利，可能是之前跳过了某个步骤——这意味着没有获得买家的真正同意——也可能是客户方的某些情况发生了变化。有时是新的决策者半途介入，也可能是预算收紧。这些事情时常发生。放心，我们会讲到如何处理这些情况。

每个步骤都要对客户有帮助，以客户的最大利益为出发点，协调行动、推动流程的深入。不要试图一次推进太远或太快。失败通常是因为人们行事匆忙或跳过了某个步骤，比如在客户还没有同意各种交易细节时，就要求签订合同。对客户来说，这意味着压力。所以你每次只要求深入到下一步骤，并向对方明确表示这一步骤会如何帮助他们，客户自然会接受。

我将在本章中深入讲解前两个步骤，其他的放在后面章节。你面前的每一个机会都在这些步骤中。每一步的主要目标都是进入下一步。通过这种方式，你可以以一种易于跟踪和维持的方式管理你的业务发展工作。没有这些步骤，动力就会停止。

机会列表

让我们从今天开始，把这一工具应用到你的工作中。现在，创建你的第一个机会列表——你可以下载**机会列表工作表**（Opportunity List Worksheet），使用项目管理软件，当然也可以使用白纸。向前进，你需要跟踪所有能够将你推进到下一步的情况和事项。这可以是一份你正在进行谈判的合同，一个在行业会议上发言的机会，或者一个与一位高影响力推荐人的见面。试图达成交易不仅仅意味着获得客户的雇佣和工作。

写下你负责项目的现处阶段及下一阶段。如果你刚刚与一位潜在客户建立了联系，并且双方进行了初步通话，那么你就在倾听并了解阶段。如果你在等待一位潜在客户签署一份合约，你就在达成交易阶段。对每段进行中的业务关系进行分类。

一旦完成这一工作，你就可以清楚地看到：你自己现处的位置，以及你前面要经历的步骤。了解你的下一步行动——从客户的角度——是你成功的关键。随着工作的推进，你要及时更新这个列表，这样你就可以一目了然地看到你的业务发展现状，以及你宝贵时间应该投资在哪里。

以下是现实中某人的机会列表，里面包含了现处阶段及下一阶段。

与新决策者乔西初次会面（倾听并了解）。电话告知乔西，贝基的日程安排已经改变，她现在准备进城了。如果只有我们俩见面并进行概述会议，这样有帮助吗？我认为这有助于她更好地适应这个角色——如果她同意见面的话，时间需要安排在5月12日。

在行业大会上发言（创造好奇心）。就我们选定的三个话题编写三份概述，将它们发送给比尔，并请他回复改进意见，包括：电话沟通，选定一个他最喜欢的话题，并进一步充实细节。

当前状态分析（达成交易）。加比刚刚发表了一篇总结自己工作方法的文章，将这篇文章发送给吉姆，并询问他是否还想要董事会会议的结果，如果想要的话，需要在星期二之前签署合同！

为斯潘塞制订解决方案（整合流程）。给斯潘塞发电子邮件，告诉他项目设计会议的议程——目标、计划、团队、大致预算数字。向他征求改进意见，并询问他还要邀请哪些人。将我们飞去参加会议的日期发送给他。

注意以下原则：从客户的角度出发，逐步向前推进，为客户提供帮助。

现在，让我们深入研究四个步骤中的前两个。我们将在下一章介绍其他内容。

倾听并了解

分享并不能减轻多少负担。仔细而耐心地倾听，是我们能够相互给予的最基础的专业素养。不管事情有多糟，仅仅是安慰前的安静与体谅，就可以让你放下心中的一些负担。

然而，尽管静坐倾听很简单，但很少有人能做好。一旦有人开始说话，我们就禁不住要做出反应。如果有人有问题，我们会告诉他我们遇到过更大问题。如果有人成功了，我们会寻找自己能与之匹敌的荣誉，或者揭穿对方的不实言论。这就是我们和朋友在一起的现实情景。

想想看，当你和别人谈论让你烦恼的问题，或分享让你激动的事物时，对方却总想超过你，这是多么的令人沮丧。我们喜欢被人听到，所以我们珍惜那些有能力紧闭双唇、让我们把话说完的人。然而，但轮到我们倾听时，我们仍然会张开大嘴。

我们对朋友和家人的反应，在商业关系上会双倍反映出来。“销售员－专家”们在这一阶段的失败最多最严重，这很讽刺，因为我们会向重要客户们提供门票、餐费和其他一系列津贴，但提供耳朵这种最实惠也最受欢迎的礼物我们却做不到。每次，专家们都急匆匆地将话题直接转移到交易上（并避免令人不安的沉默），他们滔滔不绝地谈论着：他们知道什么，他们取得了什么成就，他们与谁合作过，他们能做什么。与此同时，潜在客户开始默默思考是否能由内部人员解决这个问题，或者干脆直接忽略。

记得，要让你的客户成为焦点。普林斯顿的心理学教授黛安娜·塔米尔（Diana Tamir）发现，分享你的个人观点会激活大脑的愉悦中心。没错：谈论你自己的想法和信念，与吃一顿丰盛的大餐会点亮大脑中相同的区域，或者——我只是引用研究结果——做爱。

这意味着你只需给客户一个说话的舞台，就可以让他们嗨到爆。你可以请他们分享对业务或整个行业的看法。询问他们对解决这些问题的意见。通过这些对话，你可以更好地了解他们的情况，他们也会更加喜欢你。

“倾听并了解”步骤除了让你的客户和潜在客户更喜欢你，它还对业务发展有着其他的重要作用。没错：了解。

通常，我们太急于进行推销，只从客户那里听取最简单的问题描述。如果我们愿意接受一点点的不适，让客户把话都说出来，不管这一过程多么缓慢、婉转，我们都会有更深的参与感。与其回答问题，不如提出问题。把情况彻彻底底弄清楚。然后找到问题的真相。不停询问，不停挖掘。有时，摆在面前的问题只是更大的未知问题的外在症状。能够倾听并回应更深层次的问题，这是最令人信服的专业技能的证明。如果你忙于证明自己有多聪明，那这些就都不会发生。

很好，你可能在想。这项技术是免费的，可以让客户喜欢我，并转化为更大的、利润更高的业务。从现在起，我要开始倾听客户，了解他们的所见所想。不要那么快。让客户在谈论自己，说起来很容易，但在实践中却很难做到。毕竟，我们也想通过谈论自己来达到高潮。更糟糕的是，芝加哥洛约拉大学心理学教授维克托•奥塔蒂（Victor Ottati）博士的研究表明，在越涉及自己的专业领域时，专家们的大脑就会越封闭。这意味着我们会下意识地减少提问，因为我们知道所讨论主题的“一切”。

最重要的是，专家们有一个根深蒂固的坏习惯，那就是依靠他们的嘴来说服他人购买。事实上，从小学开始，“无所不知”常常给我们带来不少好处。我们喜欢这种感觉。要完全养成倾听的习惯需要几个月甚至几年的刻意练习，特别是时间紧迫和强压力下的倾听。专家们渴望聚光灯——你要对抗这种渴望。你要让客户站在聚光灯下。让他们有过生日的感觉。在接下来的两个步骤中，你将有机会展示自己在帮助潜在客户解决问题上获得的进步。

倾听并了解的实践

这一步骤的方法很简单：拿出一张便利贴，写上“倾听并了解”。现在把它贴在你的显示器上。（如果你是那种整张桌子都贴满便利贴的人，你可以将其他便利贴都扔掉，或者放在抽屉里。现在只专注于这一件事。）

从现在开始，每当你和潜在客户或者客户（配偶、朋友，以及其他任何人）

通话时，看看那张便利贴，深吸一口气，慢慢吐出来。然后倾听。真正的倾听，没有什么议程，直到对方把话说完。如果你觉得有很多想法冒出来，那就先把它们记下来。然后向对方提问一些能反映你真的倾听的、让话题更加深入的问题。无论你觉得这个问题是重要还是有些关联，都要像向警察报告偷窃案件一样给予高度关注。（别担心，夏洛克。你做得到的，只要保持共情和好奇心就可以。）最后结果肯定会让你感到惊讶。

这一方式不仅仅适用于电话通话。每次和人交流之前你都要好好看看这张便利贴，比如和客户共进午餐或参加社交活动。让“倾听并了解”成为你的成功魔咒。

除此之外，还有许多其他策略能够共同推动潜在客户进入下一步骤、创造好奇心。

主动向客户提供有价值的东西。你要理解，很多人并没有意识到：（1）他们的问题有解决方案；（2）你有解决问题的相关专业技能；（3）他们没有能力和时间自己解决。了解这些可以让你的销售更加舒服。为了倾听，你需要让人们交谈，这意味着你要积极地提供有价值的、可能会激发他们好奇心的想法和信息。不要害羞，不管你面对的是陌生的新客户，还是有一段时间没有联系的老客户。

在每个互动中增加价值。在这个过程的第一阶段，寻找各种方法来为每一封电子邮件、每一条即时消息、每一个电话、每一次会议增加价值。记住：我们这一步的主要目标是进入下一步，创造好奇心。我们没有时间浪费。即使是一封日程安排邮件，也要带上一个可行的建议或一个相关的网页链接。当人们意识到与你交流是多么有帮助时，他们的回应会更加迅速。增加价值的方法其实不难，最简单的方法就是乐观和幽默。它们会将人们吸引到你身边。

信息定制。让对方感觉自己不受重视的最好方法之一，就是使用死板的机械化交流方式。如果一封手打的电子邮件不包含任何细节，那它读起来和垃圾邮件也没什么分别。为什么要浪费宝贵的交流机会呢？我们听的越多，与对方的交流就会越顺畅。这适用于所有信息：从潜在客户的公司因为合并而忙得不可开交，到记住塞缪尔喜欢山姆一同出行，再到询问客户的女儿是否找到了走丢的仓鼠。使用电子邮件中的 P.S.（备注、附录）是很好的信息定制方法。每个人都读会 P.S.。

倾听需求和兴趣。面对最大、最有潜力的业务时，全力以赴的最佳方式是：竖起你的耳朵，将四种思维方式结合起来。你不仅要注意言谈中明确表述的问题，还要注意潜在客户在谈话中暗示的其他一切问题。本章后面的 Gravitas 模型可以为你提供帮助，寻找到有关客户未来愿景的创新型思维信息，以及有关客户收入和其他指标的理智型思维信息等。如果你做得好，你会发现不少其他的机会。

不同的信息传递方式。如果你觉得自己的交流太过呆板，你可以试试新的方式。如果你一直使用电子邮件，那就换成打电话试试。你也可以选择复古一些的方式：使用传统邮政服务寄出一篇纸质文章，附加一份手写便签——这可以让人感觉很特别。如果你们要去相同的地方，就顺道请他们喝杯咖啡。不同的信息传递方式，可以避免客户将你视为自动化的、每个月第三个星期四自动发送 TED 演讲链接邮件的机器人。

监控交互的频率和时间。不要让交流的过程顺其自然。如果你没有建立一个定期跟进的系统，那么你很容易就失去对情况的掌握。向客户传达完消息后，一定要提醒自己跟进确认，并及时作出回应。这一点至关重要，尤其是在关系的最初几周里。一开始你可能会觉得这么做很机械，但很快你就会好奇它为何如此有用。

针对客户喜欢的想法提出一些挑衅性问题。人们为专家的专业技能付钱。如果他们已经知道你所知道的，他们就不会和你说话了。让客户引导谈话，这可以被视为礼貌，但也可以被理解为被动或无知。如果你真的很关注这个问题，如果你真的是这个问题的专家，那你应该能提出一些有针对性的问题，这些问题甚至可以公然挑衅客户的假设和信仰。不要退缩，因为很少有事情能像正确的问题一样，让你证明自己的专长。

正如你所看到的，倾听很重要，但这只是开始。在阅读这篇文章时，对自己过去在潜在客户那里碰到的麻烦，你可能已经有了一些新的见解。作为客户本身，我们也期待被这样对待并将之视为理所当然，但正如你看到的，这需要专家们给予一定的关注和准备。而不是机械的自动化反应。当然，其带来的结果远远超出了你的付出。你需要先倾听，然后才能让自己被他人听到。

系统中的许多工具在流程的第一步都起到了一定作用。我们将在本章后面介绍另一种工具，即“Gravitas 模型”。但现在，我们先进入第二步。

创造好奇心

根据业务范围的不同，“倾听并了解”步骤可能会短至一个电话的时间，也可能在电话、电子邮件和会议之间持续数周甚至数月。为了了解问题全貌，你可能需要与客户组织中的多名领导甚至多个团队会面，让他们了解你是谁以及你来自哪里。

然而，最终目标始终是达成这一步：创造好奇心。让潜在客户对你能为他们做什么感到兴奋。现在，你应该清楚，为什么说不先倾听就无法有效创造好奇心了。倾听之后，你要将你了解到的表现出来。一旦客户看到你真的深入理解了他们的问题，他们会急切地想听到你的想法。

和往常一样，“创造好奇心”的目标是将流程推进到下一步。实现这一目标的时刻是：客户停顿一下，然后说，“很好，那我们如何进行下一步合作呢？”当你听到这句话时，你知道你已经准备好“整合流程”了。

那么，我们如何从倾听转变为组织呢？

创造好奇心的实践

我们经常会出现这种情况。你一直在忙碌着、警惕着，突然，有什么东西吸引了你的眼球，你马上就想了解关于这个东西的更多信息。有没有过这种情况：你和朋友们在酒吧里玩耍，这时，一个人说了一件事（一个事实），另一个人立马提出反对意见。“1968 年，鲍勃•吉布森（Bob Gibson）的 ERA（平均自责失分，棒球术语）不可能低于 1.20！”“威尔•法瑞尔（Will Ferrell）在《圣诞精灵》（*Elf*）里的恋人是谁？”好奇心迫使我们拿出手机寻找答案，同时将一轮啤酒赌在“1.12”或者“佐伊•丹斯切尔”（Zooey Deschanel）这样的答案上。

我们所有人都经历过这种好奇心，但只有少数人知道如何把它传递给他人，并让他们坚持自己说的每一个字。这是讲故事高手们的天赋——或者说很多人认为的天赋。对这种说法你应该已经见怪不怪了——没有人生来就会讲故事。在他人身上创造好奇心不是什么天赋，这是一项可以学习的技能。

哥伦比亚大学神经学教授杰奎琳•戈特利布（Jacqueline Gottlieb）的研究表明，好奇心是我们最强大的内在动力之一。如果你能引起客户的好奇心，他们就会一次又一次地约你见面。加利福尼亚大学戴维斯分校的马蒂亚斯•格鲁伯（Matthias Gruber）博士的另一项研究发现，当人们对手头的课题感到好奇时，他们会记住更多的信息。

激发好奇心的艺术在于谨慎使用悬念。一位优秀的推理小说家不会在第三章就告诉你“是谁干的”，好奇心需要时间和空间来生长。研究表明，好奇心不是什么引人上钩的“花招“——实际上，它很有趣，能帮助人们学习。

在与潜在客户交谈时，创造好奇心非常简单。例如，你可以大概回答一下客户的问题，然后建议他与你的同事见面——这位同事恰好是问题的重要专家。现在这位潜在客户很想见见这位专家——他上钩了。

问题是，我们经常感到要快速行动的压力：“我需要达成这笔交易才能升职”或者“我需要这次会议顺利达成我的目标”。然而，发展客户关系的最快方法就是放慢速度，让故事有时间展开。

运用你讲故事的技巧，把所有的角色、地点、道具和关键情节（你在前一步中倾听到的所有东西）组合成一个引人入胜的故事，一个对未来的全脑（whole-brained）愿景。你客户的未来：这就是和我一起工作的感觉。你讲这个故事的效率越高，潜在客户越想在现实生活中体验到它。

那我们该怎么做呢？当然，这是一个过程。

当好的想法出现时，你要专注于创造好奇心，而不是逼迫客户。你要抵制住心理冲动，不要太快地告诉客户他们应该雇佣你干什么。相反，你要提供一些与潜在客户的思维偏好一致的“给予并获取”选项，以此引起对方的兴趣：我对这个问题了解得不少，但我们有名工程专家斯特拉，对于贵公司的问题，我相信她肯定有一些有趣的见解，因为她刚刚结束了一些非常有趣的相关研究。

关于这些研究的报道刚刚出炉——我还没来得及看呢。我们应该和她约个电话会议吗？你不需要知道所有的答案，但是你可以让其他专家提供给他们，或者你有时间时再自行寻找。

提议召开一次会议，讨论这个概念是如何运作的。成功地激发起客户的好奇心后，你要提议召开会议讨论“给予并获取”的实施。有时你都不需要“给予并获取”。这时，你可以建议开个会议讨论一下该以什么样的方式一起工作。无论下一步是什么，都要询问：如果我们召开一个两小时的互动会议，目的是让我们的合作起步更轻松，这样有帮助吗？这个会议最后会以一个完美的变革工作计划结束。它可以在极短时间内让客户们迅速启动。我们很乐意向贵方免费提供这一会议，这样我们可以向你介绍我们的变革管理项目领导者和我们的全套流程。

让选择日期变得非常容易。不要在这个关键点上产生摩擦。你要提出多个可选择日期，并以清晰的形式呈现，这样潜在客户团队就可以轻松地进行内部协调。当然，还要给你的团队留出足够的准备时间。让我们现在都把手机拿出来，选择一个暂定日期如何？我发现面对面达成一致，比发邮件协调 11 个人的时间容易得多，不是吗？它节省了时间和我们的大脑。

带出你公司最好的资源。如果可以请你公司的高层领导者出席会议，那不要犹豫。这可以表明你对这段关系的重视。如果你要谈论一个不属于自己领域的话题，一定要确保会议室里有专家可以回答问题。我们有几名专门负责这个话题的专家，但我会尽力请到最好的那位，艾丽沙。她必须从达拉斯的办公室飞过来参加会议，但我相信她会很乐意的。我们不会无缘无故地称她为“了不起的艾丽沙”。

花足够的时间进行准备。使用全脑思维做好你的功课，从每个可能的角度出发预测可能出现的问题和想法。一位关系型思维的潜在客户可能会拿出一份由理智型团队成员编写的关注点列表。

一旦你以周全的准备让客户刮目相看，你就会怀疑自己以前是怎么使用那些老旧、匆忙、粗糙的方式获得新客户的。对一个三岁的孩子来说，把意大利面扔到墙上看着它们黏住是件有趣的事，但对于一个需要自己清理烂摊子的“销售员 – 专家”来说，这可就没那么有趣了。

现在，你不需要再拖着客户达成交易，反而是你的潜在客户急切地拉着你签订合同、开始工作。随着好奇心种子的萌发，他们想立刻进入你描绘的那个新世界，越快越好。

在潜在客户心中植入强烈的好奇心，最终会让他们主动要求与你合作——当然是有偿的。此时，你已准备好进入下一步：把一切组织在一起。我将在下一章讨论这个问题。在我们到达那里之前，我要向你介绍一个重要工具，它可以扩大和加深你在每一步骤都十分需要的沟通和联系能力。

使用 Gravitas 扩大你的舒适区

没错，就是那个被大书特书的“舒适区”。当人们对自己该做的事情感到紧张时，这个术语就会被反复提及。“我不确定我是否能做到，那有点超出我的舒适区。”当我们提到这个神秘的“地方”时，我们的大脑在想象什么？对我来说，可能是我那张有些断裂的伊姆斯椅。大约一年一次，我们会喝光冰箱里的红牛，然后我会在那张椅子上睡个超赞的午觉。这是一个舒适区。

每个人都有一个舒适区，它定义了自己最放松的行为、情绪和环境。这是一种无焦虑的活动状态，是在无风险状态和有限行为下的稳定表现。但实际上，舒适区一点也不舒适。在某种程度上，你被困在了那里。你知道该做什么，你知道你应该去做，但你做不到，因为这超出了你的范围。你的舒适区不是一张舒适的躺椅，而是一个有衬垫的牢房。

每个人的舒适区都是不同的，这取决于他们的生活经历、思维偏好、外向或内向的程度等。一个人可能会非常兴奋地面对一大群人发表演讲，但面对亲密的面对面交流却感到非常不适。另一人可能只想坐在办公桌前摆弄电子表格，他会抵制工作的几乎所有其他内容，特别是涉及与其他人的沟通。

作为一名“销售员-专家”，你是通过培养发展自己的专业技能才达到今天的水平。你拿起这本书或许是因为这是你第一次获得自己的客户，又或许是因为你根本没有获得。一些专家负责自己的客户渠道多年，但却极端抗拒某些业务发展活动，直到情况逼得他们不得不做。你有没有因为社交焦虑而逃避社交活动，或者在大会互动交流阶段悄悄躲在角落然后逃回酒店房间？我有很多电子邮件要回复，你这样对自己说。事实上，我们的工作并不仅仅局限于我们的专业技能——职位角色还可能要求我们在一大群人面前演讲，甚至与一位首席领导者交谈。

我们所有人都有舒适区外的工作。要在业务发展中取得成功并成为真正的商业奇才，你需要通过这些不舒适区域。此外，他人也希望你能够在专业领域之外帮忙推动业务的发展。专家之所以成为专家，是因为他们对“不知道所有答案”的恐惧。没有什么比把他们扔入陌生的水中更让他们恐惧的了。然而，从你公司的成功以及你个人和职业发展的角度来看，回避不适的工作其后果是巨大的。

举个例子：

由于乔在保险诉讼中某个领域的杰出专长，他被提升为公司的合伙人。他比业内任何人都更了解这个领域。作为合伙人，他负责将公司业务扩展到29个其他职业领域。但除了基本知识，乔对这些领域知之甚少。

这让他很不舒服，所以他将所有时间都花在了拓展诉讼业务上。他想为即将到来的合作伙伴评估增添辉煌的一笔，所以他没有兴趣在这个关键时刻尝试新的东西。通过遵循以往的成功经验和行为，他降低了风险，但同时也使得他对其他执业领域一无所知。他从未与其他领域的合作伙伴们进行合作，而他对自己公司的影响——以及自己职业生涯的影响——也从未增长。

没有人是所有事的专家。而且，正如本章前面奥塔蒂博士的研究显示，更多的专业知识会导致更加封闭的思想。商界奇才们在陌生环境中也会如鱼得水。实现这一点的最有效方法之一就是：通过 Gravitas 。

创造 Gravitas

Gravitas 是物体的质量，人格的深度，是古罗马每一位公民所期望的美德之一，与责任、尊严和正义并列。不过，你不必身穿长袍就能认出它：拥有 Gravitas 的人，有能力影响讨论的进程，或改变房间里的气氛；在谈话结束后很长一段时间里，他会持续与你沟通，提出最有启发性的问题，并做出大胆、有见地的评论；他能为每一次谈话增加价值，在看似无关的话题之间建立联系，帮助他人发现他们不知道的问题。

这就是 Gravitas 的作用。这种能力可以深入到与物质对话，在任何话题上增加价值，鼓励他人让你帮助他们。有时候，它也是直言不讳的能力，就像帕特里克·兰西奥尼所说的那样，"让它裸体"（getting naked）。他的同名书（*Getting Naked*，《示人以真：如何让生意追着你跑》）对我产生了巨大影响。他建议你坚持提问，即使那些其他人都害怕的"愚蠢"问题也不例外。有时候，最有力的问题，就是那些挑战已被广泛接受或答案"显而易见"的问题。

你可能无法完全解决某人的问题，但你可以聘请专家、进行分析，或采取其他措施将业务发展推进到下一步骤。在"倾听并了解"及"创造好奇心"时，一定要记住使用下面的 Gravitas 模型。

Gravitas 模型

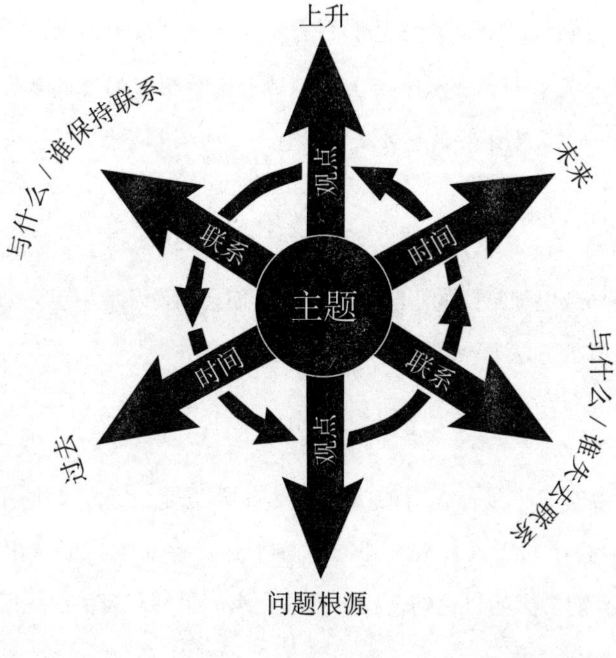

为了培养 Gravitas，你要进行一个或多个思维象限的转换。当你说话的时候，通过以下坐标轴进行思考，建立出乎意料的联系，提出尖锐的问题，并开拓新的思路。接下来，让我们详细探讨每个坐标轴。

时间。回顾过去，思考你为当前和未来决策进行的投入：让你身居现有职位、角色的最重要经历是什么？你认为前任领导为什么重视这个领域？你会有什么不同的做法？你认为我们可以使用哪些历史数据来衡量我们正在讨论的潜在改进？

展望未来，这会激发创造性思维：如果我们工作顺利，你认为会成为什么样子？你未来对此有什么计划？你认为这个过程需要如何改变？你认为这个行业一年后会怎么样？

时间轴

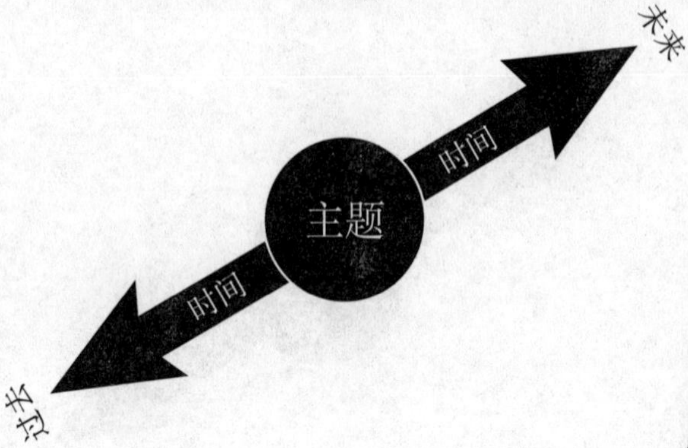

观点轴

观点。有时你只见树木不见森林。在坐标轴的上升端，你可以站在一万英尺（约 3048 米）的高空来看待问题：你的首席执行官认为这与你的总体战略适应性如何？什么是最重要的绩效指标，这个问题会如何影响这些指标？

与此同时，泛泛之论往往会遗漏关键的细节。要挖掘问题的根源，要有条理：你认为你的客户会对你目前的合作流程如何评价？为了让这个问题有效解决，你是否花费了正确数量的金钱？你的员工真正关心的步骤是什么？你怎么知道这是否有效？

联系。现在是时候从整体上探讨这个问题了。在坐标轴的一端，你要找到已经与主题相关的人员和活动：谁是你团队中最关键的人？他们需要提高哪些技能？还有谁已经参与其中？ 他们还在做什么项目，他们会怎么评价他们的优先事项？

在另一端，你要探索尚未建立的连接：还有谁应该参与这个项目？还有谁应该对我们的决定发表意见？还有什么其他数据会有帮助？我们遗漏了哪些事实？我们应采取哪些额外步骤？

联系轴

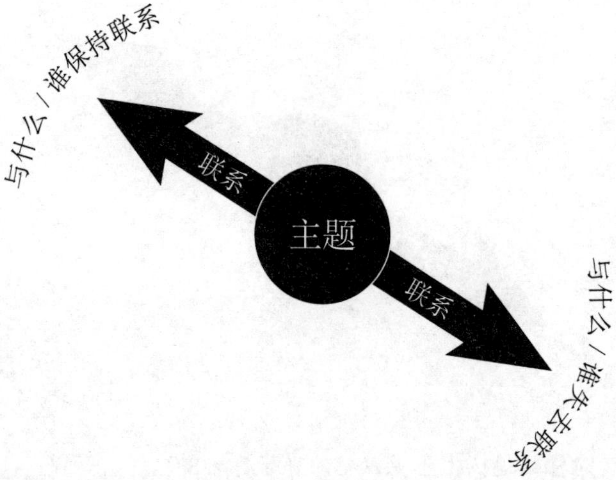

正如你所看到的，这些问题都不需要特定专业知识就能回答。更好的是，它们可以点亮客户的大脑。这些问题的答案你无法从客户公司官网上找到——它们深藏在客户自有的观点和优先顺序中。即使客户没有提到这些信息，你也要通过提问来帮助他们。你在帮他们观察死角。

通过系统性地使用，Gravitas 模型会以一种立即被注意到的方式扩大和深入对话。通常我们只习惯于沿着这些坐标轴中的一个或两个进行交谈。其结果是，我们的谈话一成不变，毫无新意。一旦你学会了将Gravitas模型融入每一次互动中，你的交流就会变得更加丰富和更有价值。

这是我最喜欢的工具之一。它给了我一种冲劲来照亮我的潜在客户，并让我对面对的问题有了更深的了解。这些问题的深度展示了我的专业性，并让我顺利引起客户的好奇心。例如，我最近刚和一家医疗保健公司的首席执行官共进早餐。巧合的是，当他第一次搬入这个城镇时，我们曾做过一年左右的邻居。

那是亚特兰大一个罕见的雪天，我们在他家门口见过面，那年晚些时候，我们有了一个里程碑式的关系促进事件。我和两个小女儿在院子里练习垒球。突然，她们的嘴张得大大的，脸色通红，随后她们默不出声地指向我的身后。我从捕手位置上站起来，转过身来，我看到我邻居的两个儿子，一个两岁，一个四岁，正站在我身后的落地窗后，一丝不挂。我还没来得及做出反应，情况就更糟了。他们开始跳舞。30秒后，我的朋友和他的妻子终于赶来，但为时已晚。我的两个女儿已经用垒球手套遮住了眼睛。

（帕特里克•兰西奥尼，如果你在看的话，这个故事可让“让他裸体”上升到新的高度。）

十年来，我们一直保持着联系。最近，他意识到他的公司在销售和客户管理方面需要帮助，于是他联系了我。我们一起吃了早餐，重温旧事，然后开始做生意。我们聊了一个多小时，然后才谈到我公司能够为他提供的具体服务。我们深入研究了如何实现他们的目标。哪些事情可以迅速改变，哪些还需要时间；哪些进程正在运行，哪些进程已经被破坏；哪些快速成功他可以做到，哪些东西则不能触碰。

然后我们深入研究了他的战略规划流程，包括现处位置及下一步计划。为了激发他的好奇心，我提到我们已经使用这些独特工具解决了不少类似问题，而且我们可以为他的团队定制一套工作行为。当我们的食物被清理干净，咖啡重新倒满时，他已经向我提了十几个问题。通过让他主导谈话，我让他按照自己的感觉为事情安排优先顺序。同时，我以他的战略规划为基础，回答他的问题。美妙的一餐过后，邦内尔创意集团开始正式为他的公司解决问题。

使用 Gravitas 模型，通过增加实质内容及确认机会，帮助潜在客户和客户深度参与其中，同时将你的业务发展流程推进到下一步。当你第一次与新客户见面时，当你为客户解决棘手的问题时，或者仅仅是为无聊的谈话注入活力时，它都非常有用。沉闷意味着我们没有点亮对方的快感中心！

当然，如果你负责一家大公司的多领域的业务发展时，你不能只依靠 Gravitas。你要对该公司提供的主要解决方案有一定的了解。白皮书、一页介绍、午餐会、内部网络、员工会议，甚至公司网站都是了解该公司其他部门最新情况的有用方法。对于你的专业领域，你几乎可以知道所有事情的答案。对于其他领域，不要给自己太多压力：仅仅通过客户的牛角面包和咖啡所知道的信息，就已经够多了。

将 Gravitas 和“给予并获取”结合起来，扩展到你的舒适区外

现在是时候把两个关键概念结合起来了。你已经看到“给予并获取”的强大力量。你也知道如何利用 Gravitas 在那些你不擅长的地方为客户增加价值。同时使用这两种技术，你可以在舒适区之外快速发展业务。一旦你与潜在客户或客户建立了信任，你所需要做的就是倾听并主动提议一个有价值的、涉及该领域专家的“给予并获取”。当所有人都汇聚在同一间会议室时，你可以成为客户问题和专家解决方案之间的桥梁。你就是这里成功的关键。Gravitas 可以让你控制对话的形式，确保会议是有价值的，理想情况下，它还能引导出一个“给予并获取”，甚至是一个小项目。无论你做什么，都不要让自己逃离舒适区外的会议与活动——在发展客户关系的过程中，许多重要工作都在舒适区之外。人们经常告诉我他们“太忙了”，没时间以这种方式进行扩展。也许他们正忙于其他客户的工作——他们没有时间向“他们的”客户介绍新朋友。如果你已经在超负荷工作，为什么你不能把组织里的其他人介绍给客户呢？如果你无暇接受客户的工作，这会不会让你看起来更重要？如果你真的很忙，客户会不会更加看重你的努力？你在忙碌时将客户介绍给其他客户，比你在忙着找客户时这样做其影响要大得多。

你可以这样看：如果你在接下来的六个月里努力为你最好的客户和公司其

他领域的专家安排了一个强有力的“给予并获取”，那么最糟糕的情况是什么?你将极大地发展你公司的业务。你将通过提供价值来加深与客户的关系，让他们在成为狂热粉丝的路上更进一步。你的客户会开始把你看作为战略顾问，而不仅仅是某个领域的服务提供商。你可以通过与专家进行对话来了解不熟悉的领域。你的公司会开始把你看作为一名商界奇才。还不值得冒这个险吗?

商界奇才不只是在自己的头上有一块小小的雨云，他们能让整个组织和他们的社交网络都在下雨。商界奇才是一台永不停顿的缘分涡轮机，为自己认识的每一个人创造价值。

*

现在，你可以看到一个系统的、循序渐进的方法是如何高效地为潜在客户带来满意的购买体验。你知道如何利用机会列表让你面前所有机会都获得成功。你已经了解了流程的前两个步骤——“倾听并了解”和“创造好奇心”——以及如何将 Gravitas 模型应用在最具挑战性的互动中。

现在是时候了解这个神秘而关键的事件的内部运作了：达成交易。

Chapter 8

The Snowball System

促成最终交易：

通过合作式的、渐进的工作方法达成交易

“太好了。那么，我们一起工作会是什么样子的呢？”

对于辛勤的“销售员－专家”来说，没有比这再贴心的句子了。现在，你已经看到，在正确获得销售线索、从中筛选出理想潜在客户、从头开始逐步建立关系，这一系列行为需要你极其仔细地计划和不懈地努力。这些奇妙的词汇是你努力的体现，并最终会变为实际的、活生生的项目。现在是时候去做你该做的事了。这很令人兴奋，对吧？对这种感觉我永远不会厌倦。

一路走到这里，你倾听并了解，还创造了好奇心。潜在客户已经准备好，甚至渴望与你一起工作，来解决他们的问题。交易即将达成。这是最容易的部分，不是吗？毕竟，你已经用你的业务发展新技能把所有的东西都安排好了。

你能相信即使人们一路走到这里，他们依然有办法将板上钉钉的事搞砸吗？在我们看过那么多稀奇古怪的失败案例后，我敢说：你也有这个可能。

当然，我也有过这样的经历。在我职业生涯的早期，当我刚被提升为翰威特的管理顾问时，我接到了一个电话：一家十分重要的客户向我寻求帮助。我们为这家客户——全美最大的连锁医院之一——做过很多工作，而这通电话会将我们双方带入一个全新的、具有重要战略意义的领域。他们希望为首席运营官建立一个人才培养计划，包括个人评估、能力培养、轮岗计划、参与度监控和培训。

这可是件大事。我很兴奋。这正是我们在人才和组织发展领域积极寻求的项目。我们的人际沟通项目也可能会涉及其中。于是我召集队伍并领导开展了十几次内部会议。预计这个项目耗资超过100万美元，几位项目主管和我们的办公室经理都十分关注此事。我们至少花了100个小时来准备你能想象到的最长、最漂亮的提案。在此过程中，我们甚至打破了翰威特的图形一致性准则。没错，我是个叛逆者！

我突然觉得我在关系建设上的投入都得到了回报。人们不停地问我，我是如何找到这么大的机会的。我通过电子邮件将提议发送给客户，并附上我的日程表，希望几天后能与他们的决策者进行沟通。

然后，什么都没有发生。没有人打电话给我。我和他们的人才主管关系很好，但他没给我打电话。我也经常和人才主管的老板——人力资源部主管待在一起交流工作和感情，但他也不给我回电话。几天过去了，几周过去了。公司里的人都在问我什么时候可以开始工作。对一支全明星团队以及一个杀手级提案来说，胜利是理所当然的。

几周后，在这家客户其他项目的电话会议结束时，我找到机会和人力资源部主管说上了话。我询问他是否可以和他通话。得到肯定的答复后，我挂断会议电话然后直接拨给了他，此时我紧张得汗流浃背。一阵犹豫后，我向他询问这个大提案的进展如何，他团队的想法如何。他听上去有点震惊，好像已经把这一切都忘了似的。哦，那个！伙计，你们受了什么刺激？100 万美元？我们想的是 3 万美元，大概这个数字。我们只是想要一些设计上的帮助。我们看到了你的建议，觉得你根本不明白我们想要什么，所以我们自己做了。

我甚至记不得我回答了些什么。但我一定是道歉着挂断了电话。我一头撞在桌子上，现在还会时不时地头晕。

在没有客户任何意见的情况下创建提案是完全错误的。这是一个我永远不会忘记的教训。我以为我在为他们节省时间，我以为我知道他们想要什么，我以为我知道他们需要什么。我想错了，并且浪费了所有人的时间，损害了我们与客户的关系。我亲自带领团队制造了这一混乱，一次又一次的内部会议都过于乐观。这件事已经过去 20 年了，我仍然为此感到心痛。

好消息是：你不必重复我的错误。这一章将向你展示如何达成交易。

当上个时代的销售专家告诉你达成交易时，通常意味着他要拿出一支笔，并通过戏剧性的沉默迫使潜在客户签下自己的名字。以这样的方式达成交易，无疑会破坏你精心培养起来的客户关系，到现在也是如此。如果你想卖掉佛罗里达一片毫无价值的沼泽地，那也没问题，但是对于一个“销售员－专家”来说，最最重要的是客户关系，而不是某笔生意。

关系才是你的生意。你能想象一个工厂老板会这么说吗：“好吧，我们破坏了所有的设备，但重要的是我们达到了这个月的生产配额。”一笔交易既不会让你成功，也不会让你破产，但一段处置得当的粉丝关系可以改变你的整个职业生涯。我们希望客户对与我们合作感到兴奋，就像中了彩票一样。以沉默和钢笔达成交易，并不会产生这种感觉。

但我们确实需要在合同上签名。那么，我们如何才能以一种真实（authentic）、平衡（balanced）的方式达到这一目标呢？这种方式既能培养双方的信心（confidence），又能激发我们克服障碍、帮助客户的愿望（desire）？A-B-C-D，这些才是商界奇才们的特征。

在前一章中，我阐述了销售流程的四个阶段，并解释了前两个阶段。你可能已经注意到，在倾听并了解与创造好奇心之后的阶段，并不是达成交易，而是把一切都组织在一起。虽然没有这一步，你可能依旧会获得相同的结果，但意义却大有不同。

整合流程

如果你请“销售员 – 专家”说出他们工作中最令人沮丧的部分，他们很可能会说：“在合同上签名太花时间了。”几乎所有行业、所有服务的业务发展都是如此。虽然“整合流程”增加了工作步骤，但通过合作式的、渐进的工作方法达成交易，反而会为你节省很多时间，让你的成功率达到最高。

这意味着你要与潜在客户一起工作，在每一步都进行合作。你与潜在客户走得越近，交易达成的速度越快。你的目标是让潜在客户积极参与进来，这样他们就可以像你一样积极投入到交易的完成中。

付费项目的提出太容易破坏一段关系了。我们常常表现得像读心大师。在心急火燎地提出建议和达成交易这一系列过程中，我们对潜在客户对我们服务的理解、他们的承诺、他们对我们服务的期望等做出了各种假设。我们自唱自跳，吸引他们的注意力、激发他们的好奇心，然后一个礼拜后带着详细计划回来。但他们的反应则充满了惊讶，甚至困惑。

我们发现，在最初的对话和提案的提出之间，理解的鸿沟会悄然出现并不断扩大。就像摩西的石板一样，我们直接将提议的最终版放在客户面前，这一举动让鸿沟直接显现在双方面前，不管是客户还是销售者都会为此感到极度不安，双方关系的发展也受到了极大影响。即使你想办法让事情回到了正轨，造成的伤害也无法弥补。

在这一步，我们还有另一种方法：为了加快速度，而放慢速度。

迈克尔·诺顿（Michael Norton）、丹尼尔·莫琼（Daniel Mochon）和丹·艾瑞里（Dan Ariely）以瑞典家具巨头的名字命名了他们的“宜家效应”（IKEA effect）。这是我最喜欢的研究发现之一，他们的研究表明：与那些购买已组装好家具的人相比，自己动手组装宜家家具的人转让家具时会要求更高的价格。人们情不自禁地将更多的价值附加到自己精心组装的马尔姆梳妆台或毕利书架上。

在客户未参与的情况下进行提案的设计和编写，这种“让客户更轻松”的方式似乎很符合逻辑。毕竟，忙碌的客户更看重便捷。然而，所有这些工作都无法有效转化为付费项目。如果你递给客户一份已经打印好的合同，那他们能增加价值的方法只有一种：发现合同中的错误。

人们重视自己参与创造的东西。然而，当我提出让客户参与提案创建时，经常能听到这样的反驳意见：“我们的客户没有时间帮我们写提案。如果让他们这么做，他们会发疯的。”

我明白了。但还有一种方法可以让他们在获得轻松的同时，确保他们的投入和双赢。下面是这种方法的四个简单步骤，你可以轻松使用。

目标。根据你在“倾听并了解”步骤了解到的内容，为项目拟定目标。告诉客户，这个目标只有 60% 到 80% 的正确性，并请他们进行修订。因为，即使你问了所有的正确问题，你也无法理解所有的细微差别。在这里，一定要融入你的独特定位。如果你不是独一无二的，那么你就只是商品而已。在继续下一步之前，先获得客户的肯定。如果无法在这里取得一致，你就不知道对方想要的是快而省，还是豪华套餐。（或者，我应该说，是 3 万美元还是 100 万美元？还有，那种失败的痛真的难以释怀！）

流程。就目标达成一致后，你就可以创建流程了。在这里你要写下谁来做，以及什么时候做。要从后往前倒推，例如，从董事会希望看到的结果开始。将他们已经与团队进行的面对面会议也体现出来。甚至包括完成合同过程所需的时间。最后，让他们知道这是一个草案，并让他们提出意见。在进入下一步之前，最好能将流程敲定。

团队。你已经在目标和流程上与对方达成一致，现在你可以提议组建一个团队了，这个团队可以是你的也可以是他们的。谁来领导？谁会支持？谁需要发言？谁可以从中学习？前面的两个步骤可以告诉你他们是否需要你的顶级团队支持，还是说你可以使用更低级别的资源。一定要确定好团队，因为它会对事情发展产生很大的影响。

条款。在确定了前面三个步骤之后，你可以开始制订价格和其他条款。这样的工作顺序好处是，你可以避免客户“先定价后谈工作”的行为，在确立并完善工作价值的同时，将自己定位为客户的最佳选择。这有助于客户理解你的定价，并帮助你避免不必要的谈判。

现在，让我们回过头来解决最初的问题：你的客户没有时间参与提案的创建。实际工作中，这个问题的关键在于你如何构建提案。你要向客户明确表示，这一过程将节省双方的时间与精力，并确保他们将会得到他们所需要的服务——不多也不少。你不必回到办公室完成一个只有 50% 正确性的提案，你完全可以引导他们完成以上四个基本步骤。你要做的就是坐在他们旁边记录并稍加修改，在关键问题上迅速与他们达成一致，最后亲密却正式地形成提案。大功告成。我的客户们表示，这种方法为他们带来了巨大的成功。

你可能会觉得向最忙、最重要的客户推荐这个多步骤的流程有些不太合适，但这些客户往往最欣赏第一次就能把事情做好的流程。这是我几年前经历的一个例子。当时，我们和我们一位战略合作伙伴正努力争取一个大项目——他们会做一些组织设计工作，而我们则负责培训和其他具体服务。我们的客户是一家大型上市公司，在世界各地都设有办事处，我们都希望能够获得这份报酬丰厚的工作。

与客户最高管理层的初次会议进行得很顺利，尽管他们一再明确表示时间至关重要，董事会也给了他们很多压力，但我依然建议合作创建提案。我们会使用一页纸总结目标、流程和团队构建，在得到他们的反馈后，我们根据工作范围和价值对这个项目进行定价。

在去机场的路上，合伙人公司的领导人还对我说："你不可能让他们和你一起编辑提案。这些人太忙了。"

不管忙不忙，最终他们做到了。实际上，做得还很好。他们后来告诉我们，他们在内部举行了多次会议，仔细斟酌每一个词——甚至是要点的顺序。如果问题很重要，如果他们有理由留住你，客户就会参与进来。首席执行官也会腾出时间，开心地在对话前对事情进行甄选分类，而不是在会后开展沉重的调整工作。

最后一点想法：这个过程还可以帮助你处理那些不参与的潜在客户。当客户说"给我一个关于这个问题的提案"时，你不知道他们是否是认真的。你可能需要 50 个小时来召集团队、制订计划、给它定价，并形成最终提案。在某些其他业务中，可能需要 200 小时或更长时间。你打算把这些努力投入到潜在客户三心二意的奇想中去吗？为了衡量潜在客户是否真的感兴趣，你得让他们做点什么。

获得潜在客户对"目标"的投入，这是你要做的第一步，它将极大地帮助你。这可以通过电子邮件轻松完成，你只需将拟定好的目标写在邮件的正文即可。因为你已经经历了倾听并了解的阶段，所以这封邮件只需要 15 分钟。如果他们回信并对目标进行了修改，那就太好了！他们已经参与其中。你要做的，是回信感谢他们，并开始创建流程。如果他们不理不睬，一直不回复你的邮件，那也太好了！你只花了 15 分钟，而不是 200 个小时，就从中脱身了。

每当你的潜在客户同意做某件事时，你要把它看作是达成了一系列交易中的某个小交易。通过这种方式，你会不断达成，直到最大的那个交易。潜在客户对小请求的同意越多，就越有可能对大请求表示同意。

"整合流程"可以确保在达成交易过程中不会出现意外，确保你的潜在客户会帮助你推进整件事的前进。所有人都是赢家。

在哪里以及如何“整合流程”

你可以从一开始就把所有的东西整合在一起。为介绍性会议一起创建议程。请客户邀请其他关键利益相关者；通过邀请他人，你的潜在客户在为你背书。同样地，当你和潜在客户一起工作来确定总目标和各阶段目标时，“给予并获取”可以给你极大的帮助。

通过这种方式，当你准备好争取小型和大型项目时，潜在客户会觉得自己更像是你的合作者，而不是一个被迫购买东西的客户。只要可能，就要与客户一起前行。

面对投入比较少的简单参与时，你可以通过一通电话或面对面会谈进行这四步骤。对于更加复杂的情况，你可能需要站在白板前花上几个小时，或者通过一系列电话会议完成这四个步骤。我们甚至看到有些客户使用在线会议软件与世界另一端的客户合作，他们让对方在 WebEx（思科网讯）上写下对四个步骤的回答，然后他们再编辑成“销售员 - 专家”视角的提案。

此外，混合方案也很不错。我们的一位客户会先提议一个 30 分钟的面对面会议，双方就目标达成一致，并收集高层管理者对流程和团队的预计投入。然后他们回到自己的办公室，使用甘特图软件来填写细节，并与客户在线交流，每个细小的修改都由两个团队共同确认。接下来是对价格费用的口头讨论，然后一切就都完成了。每个人都很兴奋，他们已经准备好前进。

在经过我们的培训后，一位专业人士——迈克，在自己工作中应用了这一方法。作为一名主要与客户公司财务主管打交道的顾问，迈克早已习惯面对无穷无尽的定价压力。这一次，在短短一周内，他与《财富》50 强公司的一位重要客户“整合流程”，并约好第二天早上 7 点在客户办公室会面，签署合同。

当迈克手拿咖啡杯走进客户的办公室时，他已经准备好被拒绝。这种方法不可能这么管用的，他想到。毕竟，这是一份与超重量级客户签订的七位数合同，而且是在一周内完成的。令他意外的是，客户没有反对，反而说道：“迈克，这是我看过的最好的合同！”迈克回答说：“你的确应该喜欢它，毕竟有一半是你自己写的！”

客户快乐。顾问快乐。我也快乐。

所以回到这一章最开始潜在客户的问题。“太好了。我们一起工作会是什么样子的呢？”你的答案是：“让我们一起来看看。我有一个流程可以节省你的时间并制订完美的计划。这是我的建议……”

解决异议

障碍会在业务发展周期的任何时间出现。最好的专业人士能够积极面对障碍。他们能预见到问题，并尽其所能在问题阻碍进程之前消除或克服它们。

商界奇才们关注的是解决方案，而不是障碍。根据多年实践经验，他们发现大多数在达成交易过程中出现的障碍看上去要比实际情况更大或更难。所以，一些基本的解决问题的方法足以让你解决任何问题。

在与客户达成交易的过程中，你可以通过要求潜在客户投入来寻找前进道路上的障碍。这可以将异议消灭在萌芽之中。你可以使用马歇尔·戈德史密斯（Marshall Goldsmith）的“前馈”（Feed-Forward）概念：为了成功进入下一步骤，我们要做的第一件事是什么？很少有人会问这样的问题，所以潜在客户方一直会有一种不对劲的感觉，直至问题真正出现。记住：倾听并了解。闭上你的嘴唇，给他们时间好好想想。

让我们假设，一个你没有预见到的反对意见突然出现。没问题，这是常有的事。但有两件事要记住。第一，要有正确的心态。你最不能想的就是：哦不，现在不会有人会再提起我们的价格了。你的潜在客户会立刻感觉到这种挫败感。你要做的恰恰相反，接受他们的反对，学会去爱他们，感谢潜在客户提出这个问题。如果潜在客户不想和你合作，或者不重视你的关系，他们会避开谈论这个问题，他们会躲起来；如果他们提出反对意见，他们中至少有一部分人想找到与你合作的方法。感谢他们提出问题。反对意见可以让问题更轻松地被解决。

第二件要记住的事情是什么呢？惊喜，惊喜：这也有一个流程……

解决异议流程

一旦你具备了预测并解决异议的能力，你会注意到一些异议出现的模式。尽管有些反对意见极其巨大，但你只需要找到解决方法就可以一劳永逸了。毕竟，特定行业特定服务的购买者往往具有相同的顾虑。

你不需要每次都重新设计解决方案，而是使用**解决异议工作表**（Resolving Objections List Worksheet），或者在白纸上划出四列：反对意见、疑问、潜在问题和解决方案。从现在起，每当你解决了一个新的反对意见，把细节加到这个列表上。其中最重要的是，你为了解决问题而发出的疑问。随着时间的推移，你将建立一个有用的发出疑问和解决方案组。

下面我们来说说它的实践应用。假设潜在客户指出，你提出的价格“看上去有些高”。参考你的解决异议工作表，你会发现与反对意见对应的疑问是：“你能告诉我你期望的成本金额吗？”用疑问回答反对意见可以让你做到以下几点：它让你从“防卫模式”转换到了“问题解决模式”，给了你思考的时间，而且重要的是，它向客户展示了与其合作的样子。

潜在问题和解决方案都取决于思维偏好，因此你需要将它们全部分成四个部分，以正确的角度做好准备。例如，如果潜在客户以理智型思维方式回应：“你的费用比排名第二竞争对手高 13.2%。”你也可以以理智型思维方式进行回应：“让我们看看是否能找到一种方法来改变我们的流程和团队组合，这样我们的费用就能降到你的预期水平，这样做如何？你的目标成本是多少？”

或许，潜在客户会以创新型思维方式回答：“我只是不知道这么高的价格能否带来相应回报，也不知道它将如何成为我们战略上的优先事项。”参考解决方案一栏，你可能会回答：“什么价格会使这个项目成为优先事项？或者说，这个项目中是否具有成为优先事项的元素？”

潜在客户往往不愿意分享他们的真正反对意见。因为人们不想成为坏消息的信使；或者对他们来说问题很明显，只是你没察觉到而已。不管什么原因，他们都不会一次性跟你说透。正如我们所看到的，相同的障碍——“你的价格看上去有些高”——可能具有不同的潜在含义，可能是项目价值问题，也可能是因为错误的价格比较导致潜在客户不敢将这一价格报告给老板。你要做的就是问问题。你要寻找到问题的根源，而不是浪费时间解决问题表象。

想象一下，在整个团队中共享一个精心记录的解决异议列表，其影响将有多么巨大。对于我们培训过的许多团队来说，这是达成交易的魔法棒，也是新员工最重要的入门工具。

要求下一步

我相信这是加快进程的第一途径。作为一名精算师，我不会轻易地对事物排名。但没错，第一！第一只能有一个。

我们都听说过一些所谓的研究列出了销售代表与潜在客户达成交易所需的确切互动次数。许多销售者把这些数字当作真理，这让我很困惑。根据专家的技能、行业、代言的力度、需求的强度、新客户的预算权限以及许多其他因素，所需的互动数量会有所不同。

据说，这些数字在某种意义上确实有所帮助。我听过五、七，甚至十四等数字，典型的销售人员只需要两次。不管他们说的“正确”数字是几，反正不可能是两次。

我们能做的任何事情都有助于加快进程。通过要求下一步和收集小的承诺，我们加快了进程的速度。

在一项关于承诺的开创性研究中，斯坦福大学的乔纳森•弗里德曼（Jonathan Freedman）和斯科特•弗雷泽（Scott Fraser）发现，人们在同意与大承诺方向一致的小承诺后，更倾向于对大承诺说“是”。与此相关的是，俄亥俄州立大学的安东尼•格林沃尔德（Anthony Greenwald）和他的研究团队发现，人们更有可能跟进他们告诉别人自己打算做的事情。

方法很重要。如前所述，研究人员发现面对面的提问比通过电子邮件得到“是”的可能性高出 34 倍。（有趣的是，通过电话询问似乎比通过电子邮件更接近于面对面的结果。）

小小的要求会造成很大的不同。以下是来自我自己业务的例子。不久前，我们有一个季度业绩下滑。回顾过去，造成这种状况有很多原因，但是当我回顾我的先行指标和滞后指标时，我很生气：这是怎么发生的？我们已经有了坚实的客户基础和成千上万的狂热粉丝。不知怎么的，我的飞轮减速了。

经过深思熟虑，我意识到我需要一个新的焦点。我以前从来没有想过“要求下一步”。为什么不这么做呢？毕竟，它们完全在我的控制之下。它们看起来像是能让我的飞轮再次飞转起来的完美指标。

那一周，我至少做了六次“要求下一步”。我坚持要把它做到底。在每周的计划会议上，我想了十几种方法来要求下一步——当然，我总是以客户的最佳利益为出发点。在某些情况下，我会要求一些具体的东西，比如签署工作说明书，或者安排一个会议把一切都组织起来。其他情况下，我要求得就比较模糊，比如我会在邮件结束时写道：“我们还能做些什么来帮助你们呢？”

结果让我大吃一惊。我真不敢相信曾经有多少机会在我的沉默下溜走。接下来的一周我“要求”了26次，下下周是27次，然后是14、31、20、29。我能感觉到飞轮又开始转起来了。

接着，我们在周一晚上发表了一篇重要的文章。我决定花点时间将这篇文章通过电子邮件发送给我的客户和潜在客户，并为每一个客户量身编写一个阅读说明，指出他们可以从中获得价值的地方。在每封邮件的末尾，我都根据对方情况“要求下一步”。

工作很辛苦，但感觉很好。那个星期三晚间，我给我的首席运营官达拉发了一个激动人心的消息。我本周已经要求了32次！我的大脑已经麻木。是时候庆祝胜利了。当我离开办公桌时，达拉回了信：“为什么你不要求50次呢？今天才星期三，你还有两天时间达成这个目标。”

50次？她不明白这有多难吗？她没看见我在每一次外联中都汗透衣衫吗？

那天晚上，经过和我妻子贝基的讨论，我决定冲击50次。像往常一样，达拉给了我明智的建议，尽管这不是我一开始想听到的。达拉是对的。我能做到。（顺便说一下，如果你的生活中没有像达拉这样的人，那就开始找吧。）

那个星期五下午 5 点钟左右，我发出了我的第 51 个请求。就像第一次跨过终点线的马拉松运动员一样，这一周我既疲惫又快乐。

最好的部分还在后面。在两个月内，我们的销售渠道增加了一倍多。我的新先行指标“要求下一步”，原来与我最重要的滞后指标完美一致。机会开始纷至沓来。

提出要求可以有多种形式。但一致的要求是：（1）始终围绕着潜在客户的价值构建提问方法；（2）使用能与潜在客户产生共鸣的语言。

以下是一些示例：

- 我们应该通个电话来计划会议吗?
- 不如我和团队一起合作制订三个方案来解决这个问题？我们发现，当客户看到三个范围广泛的选项时，正确道路很快就会出现。
- 你有没有时间审查这个提案？我们需要在星期五之前签好名，才能以划算的价格订到机票。
- 接下来我们一起做什么？

这里的总体原则是：把达成交易的步骤分割成小块，然后单独处理。每一个“下一步”的完成都是胜利。主动提出要求，达成交易的进程也会加快。

我们的客户从他们的客户那里听到的最重要的事情之一就是希望他们积极主动。“要求下一步”可以很好地帮助你和你的客户。

购买流程的最后一个阶段是获得批准。正如你所看到的，当你习惯于要求前进的每一步时，这个一度逼近的障碍会突然感觉就只是另一个普通要求而已，和其他的没什么不同。

七大定价原则

价格通常是达成交易阶段的障碍。毕竟，这就是生意。

在我们谈论金钱之前，我们先谈谈如何谈论金钱。大多数人都会回避这个话题。也许他们从小被教导讨论金钱是不礼貌的。也许，在内心深处，他们担心自己配不上自己的要价。也许他们在谈论金钱上有过不好的经历。如果你也是这样，请克服它，就现在。金钱对话是所有健康客户关系的一部分。

麦克·达菲（Mike Duffy）是与客户谈论金钱的顶尖专家之一。他曾是King & Spalding——最顶尖的全球律师事务所——的定价部门主管。衡量律师事务所成功的主要指标之一是盈利增长。King & Spalding在过去十年中迅速成长，并在2015年打破了10亿美元的收入壁垒。麦克的内部培训及外部客户讨论，是他们获得成功的很大一部分原因。他也是安永（EY）——最大的会计和咨询公司之一——的长期合作伙伴。在顶级会计和法律公司之间，他用了20多年的时间来指导合伙人定价。

“许多专业人士都是他们客户的伟大拥护者，但不是为了他们自己或公司”，麦克告诉我，“忽视或推迟对金钱的讨论会损害双方的关系。最重要的是将费用谈判与所提供价值的讨论结合起来，通常从价值开始。这些对话对双方关系极为重要，如果做得好，将极大地加强双方关系，双方都会取得最好的结果。”

麦克补充说：“我经常就我们没能赢的事情与客户进行损失汇报。在内部，很容易说出我们在价格上的损失。但是，根据我的经验，我们95%的时间损失与价格关系不大。你要关注你的价值，以及他们为什么应该雇佣你，但要尽早、经常地提出价格问题。你要让潜在客户更容易看到你的价值，感受到与你合作起来很轻松，看到雇佣你也会很轻松。你的竞争对手可能会避免谈论金钱。如果你让谈话的这一部分变得简单，这可能是一个巨大的优势，一个非常有意义的补充。”

通常情况下，对价格的反对与金钱关系不大，更多是心理层面上的：双方谈论金钱的方式。最后，你的潜在客户希望对他们所支付的费用感觉良好。他们希望那是“正确的”数额。

迈阿密大学的玛丽亚·克罗利（Maria Cronley）与罗切斯特大学和辛辛那提大学的其他四名研究人员的合作研究发现，人们严重依赖价格作为质量的预测因素，这种关系对采购决策有很大影响。研究显示，价格很重要。对于复杂的采购来说，当采购十分重要且时间紧迫时，价格更为重要。这三个要素越突出，价格就越重要。

你是这样做的吗？

以下七个定价原则将帮助你和你的客户确定正确的价格。

接受定价，不要自我谈判

商界奇才们不会因为价格讨论而退缩。他们认为金钱是对项目工作范围和所需团队水平的量化，仅此而已。它代表客户对所获服务价值的感知。

为什么这很重要？你的目标是让关于钱的对话像购买过程的其他部分一样简单、轻松、愉快。摆脱金钱讨论的沉重负担。开玩笑，放松语气。研究表明，当使用玩笑作为价格对话的开场时，双方的谈判气氛将会明显降低。想一想这对客户的帮助——他们可能也害怕关于金钱的对话。如果你能轻松地谈论钱，甚至有趣地谈论，他们也不会落后的。记住：这只是服务和建立关系的又一步骤而已。

你应该什么时候提出价格？及早且经常。如有必要，开始时应放宽范围。这样你就不会把自己关在盒子里了。如果客户觉得你很贵，那就太好了！及早发现这一点并把潜在客户推荐给更便宜的人。你为自己及你的客户节省了很多时间和精力。如果客户觉得你的定价合适，那就太好了！随着你了解的增多，可以进一步调整你的价格。最坏的情况是：你把定价放在最后，但双方无法就价格达成一致，最后不欢而散，留下的只有对双方时间和精力的浪费。抵制自我谈判的冲动。别再事后评论你的价格了。

我为一家全球咨询公司培训管理人员时，来自现实工作中的自我谈判干扰了我们的培训。当我们休息时，一位高层领导者喊道：“等等，大家！我刚收到一位顾问发来的电子邮件。邮件里面说，‘我认为我们应该把这个项目的价格从 75000 美元降到 49000 美元，工作内容不变。她不可能付 75000 美元的。’”他补充说：“我保证我们并没有询问客户是否能支付 75000 美元。我们在进行自我谈判！”（然后他开玩笑地问我自我谈判培训班是否有市场。他认为他们在这方面很在行，可以教别人。）

以下是避免这种情况的方法：从潜在客户开始。你要尽早确定你的费用，让潜在客户知道“我们有时比其他人贵一点，但我们值得”。这会让人产生一种感觉，即较高的费用与你将交付的服务价值相匹配。然后使用这些词："你打算花多少钱？"别问他们的预算是多少。预算编制过程中充满了痛苦。没有理由把这一点带到谈话中。此外，他们可能还没有预算，或者可能会得到更多。从他们想要花的钱开始。如果需要的话，预算会在适当的情况下提上来。

如果客户的回答比你预期的要高，告诉他们你可能会收取更少的钱。他们会很高兴的。如果他们感兴趣的话，你也可以提供额外的服务来弥补差额。如果答案低于你的预期，你要向他们解释较低金额能获得的具体服务有什么，以此来重置他们的预期金额。在确定这个数字之前，你要向他们展示价格带来的具体影响。

价值锚定

下面是锚定的简单演示：选择一个数字，任何一个数字，比如 5、6 或 7。选好了吗？太棒了！

我已经在数百个小组中进行过这个小游戏。当我询问学员们的选择时，答案都是 6 或者 7，偶尔有个 8，每次几乎都一样。很少有超过 10 的情况。从来不会出现类似 1、5、6、9、2、3 或者 4 这样的数字。尽管一开始我下达了一个完全开放的指令，学员们可以选择宇宙中存在的任何数字，但 99% 的答案都围绕着我提到的那几个数字。这就是锚定的力量。一旦一个数字出现在某人的脑海中，他们所想到的每一个后续数字都将与这个锚相关。

锚定是最强大的行为科学原理之一，影响从决策到谈判的一系列思维过程。

那么，什么数字对你的潜在客户最有帮助呢？你服务的价值。例如，我们可以询问潜在客户，我们双方的合作可以对他们产生多大的影响。让他们自己提出假设。对我的业务来说，如果我们能通过培训员工为一家 10 亿美元的公司增加 1% 的收入，那就是 1000 万美元的价值。相比之下，我们的收费显得就不那么高了。你如何量化你的价值？

如果你曾和客户谈论过，你的工作可以帮助他们每年节省 50 万美元，那就以这个数字锚定。定价讨论中提到的每一笔支出都应该与这个数字放在一起：

（1）你只需要花费 X 就可以节省 50 万美元；

（2）在接下来的五年里，你的投资回报率将会提高 X 倍；

（3）仅对第一年来说，你节省下的花销就是你额外花费的 X 倍。

不要让你的潜在客户来计算你的价值。他们中有的知道如何计算，但大多数不会。他们更倾向于将你与其他选择进行比较。如果你不给潜在客户一个锚定数字，他们会使用任何东西作为标准来判断，不管这个标准物有多差。锚定从一开始就建立了服务的内在价值。无论是单项分析收费 5 万美元（第一年节省资金的 1%）还是整体项目收费 50 万美元（第一年节省资金的 10 倍），你的数据都有明确的基础。一旦你建立了一个符合逻辑的价值锚定，你的价格会突然变得更加合理。

不要打折。如果你在谈判期间降低费用，这表明初始价格的制订是随意的，潜在客户会想知道还有多少可协商的空间。这就是为什么我强烈鼓励所有客户采用标准定价。我们几年前就换为了这一模式，虽然开始时很困难，但现在感觉已经非常棒了。接受我们建议、采纳这一定价方式的客户也都有这种感觉。

根据哥伦比亚大学的玛丽亚·梅森和她的团队的研究，具体的价格数字比四舍五入后的整数价格更容易被接受。服务提供商们通常会先计算具体价格，然后将其四舍五入得到一个整数数字，讽刺的是，这会让潜在客户更加抗拒，因为整数给人感觉很随意。坚持更准确的原始数字，客户为价格谈判的次数也会变少。

更贵的东西更有价值

如果你没有体验过某样东西，你很难去估算它的价值，所以大脑走了一条捷径：东西更贵，价值更高。因为我们的大脑发现这是在大部分情况下都成立的事实，所以会将其作为我们价值估算的起始点。

你和你的未婚夫 / 未婚妻一起去买戒指。一块宝石是 3500 美元，另一块是 7000 美元。

现在，在你深入研究之前：你认为哪一块质量更好？老实说。这就是每个人的起始点。

我们都认为在花钱方面我们是完全理性的，但在压力之下进行大规模购买时，是本能在起主导作用。

服务比产品更难衡量，因为产品大多已经有了详细的标准和规范。大多数人会说，服务的价格取决于提供商的背景、经验、资历、接受过的培训、成功和失败的典型案例、与客户的关系、推荐人、双方以前是否合作过，等等。这其中的大部分都是无形的。不管你认为取决于哪些因素，服务的价格是需要精心设计的。钻石戒指的价格至少在某种程度上取决于钻石和黄金的价格，但服务的价格大多来自于无形。如何比较两种服务？这比产品比较困难得多。买家能够获得的唯一具体数据是：价格。

更高价格并不意味着客户希望支付更多或者总是愿意支付，但毫无疑问，更高的价格会产生更大的价值感觉。如果咨询师 A 每小时收费 675 美元，咨询师 B 每小时收费 200 美元，那么客户就会认为咨询师 A 有更多的经验、知识、技能等。仅价格差异这一项，就会让潜在客户认为顾问 A 的价值更高。即使潜在客户决定继续与顾问 B 合作，也会对顾问 A 能够提供怎样的服务感到好奇。

当然，更便宜的服务可能会更好——但要克服“便宜没好货”的偏见还需要很多其他证据。

这仅仅是定价混乱的表现之一，但已使得“销售员 - 专家”和潜在客户们都头疼不已。

记住这一点：你在第三章学到的定位是关键。如果你在客户心目中被认为是独一无二的，你就可以要求更多的报酬。如果你被视为一种平平无奇的商品，那迎接你的就是底部竞争。

每件事都要有回报

你已经把一切都组织在一起，此时价格应该反映出每一个重大价值的变化。记住：金钱只是工作范围、团队付出和客户对你价值的感知的量化。如果工作范围发生变化，价格也必须发生变化。否则的话，你会将自己的感知价值降到最低，甚至破坏已有的客户关系。

假设，你的客户来电：“吉姆，我很喜欢我们一直在讨论的这个项目。但你们的价格比另一组高 7%。你能在工作不变的情况下把价格降低 7% 吗？”你默许并挂断电话，认为自己取悦了对方。真的是这样吗？他挂断电话后开始想，吉姆这家伙居然想向我多收 7% 的费用！也许我应该要求降价 10%！

当你不要求回报时，你会给自己制造更多的麻烦。客户已经在考虑如何提出更多要求，看看你的底价在哪里。是你训练他们再次要求打折的。这可一点也不好。

价格变动只应作为某种获得的回报。你可以以更低的价格换取更大的交易量、更快的支付速度或更长的服务周期。无形资产（以下）也是很好的折扣交换物，尤其是那些能够为你获得更多客户以及长期稳定增长的。以下是一些无形资产的例子，你可以让客户用这些来换取你的折扣：

（1）为领导层、其他业务部门、特定个人、行业团体等安排介绍性会议；

（2）共同制作新闻稿并发表；

（3）让客户提供给你一份可以放在官网或者领英账号上的推荐书。

面对客户的折扣要求，你可以通过要求有形或无形的回报来改变整个对话。像这样：

“吉姆，我很喜欢我们一直在讨论的这个项目。但你们的价格比另一组高 7%。你能在工作不变的情况下降低 7% 吗？”

“菲尔，我也很想做这个项目，但是我们现在非常忙，而且我很难在不牺牲质量的情况下降低我们的价格，况且这个价格比较方还是一个不了解你行业的团队。我们确实预料到你可能会要求按现在的石油价格打折。你看这样如何，如果你们能做到下面两件事，作为回报我们会将价格降低 3%：首先，让你的团队处理步骤 2a，从而简化流程，为我们节省一些时间；第二，如果项目如我们预料的一样顺利，带我和你的首席财务官共进午餐以表庆祝。与她会面对我们来说很有价值，她可以为我们介绍适合我们业务的其他领域。当然，我们会让你看起来像个英雄。你觉得这笔交易怎么样？对你来说很容易，对我们来说很有价值，而且可以节省你 3% 的资金。”

谈话结果完全不同。当菲尔同意并挂断电话时，他会觉得自己在和一个超级好的人一起工作——嗯，还十分忙碌！——而且他还做了一笔对每个人都很好的交易。所有事都需要有代价。只有这样，事情才有意义。

把一切组织在一起，寻找共同的胜利

当你和客户合作时，寻找对双方都有帮助的交易。对你来说更容易给予并且对客户有巨大价值的交易，才是最好的交易。

继续问问题。继续观察你的交易是否与客户产生共鸣。如果目标、流程或团队发生了变化，请对定价进行适当的更改，并清楚地标出：我们更改了X价格，因为Y发生了变化。我们发现对交易进行标注有助于另一方更清楚地看到变化。

这一原则的关键是心态。不要以“人质谈判专家”的心态来对待交易；相反，你只需要积极主动地帮助对方解决问题。你在做的是展示你的心态，也就是你在达成交易后会以怎样的方式与他们进行合作。

让金钱对话变得更轻松。

多买点更划算

多买应该永远是明智的选择。如果你把你的寿险、车险和房主保险捆绑在一起，保险费用就会更便宜。如果你将互联网、电视和VOIP电话[1]捆绑购买，有线电视费用就会更便宜。同样，购买大量同一产品也符合这种心理捷径。一次购买一大盒麦片，其中每小盒麦片的价格也会相应变低。好市多（Costco）通过批量采购形成了一个完整的商业模式：看！我买了五十支牙刷的大包装，太划算了！较大的购买量可以降低单品的价格。这很有道理。

捆绑服务可以帮助你扩大交易的规模。其中一种方法是，为对方提供三个选项：好，更好，以及最好。这可以向潜在客户展示：在你身上花费越多，获得

---

1. VOIP即网络电话，Voice over Internet Protocol，通过IP数据包发送实现的语音业务，通俗来讲也就是互联网电话或IP电话。

价值也越高。它可以在帮助你（减少购买流程）的同时，也帮助他们（更好的交易）。可以得到双赢，而且很有帮助性。

愿意在最后一件事上让步

最后一件事就是在谈判结束时总会出现的最后一件事。你要提前计划好最后的要求（而不是一时冲动），即为了达成交易你心甘情愿做出的让步的回报。这种奇怪情景其实很常见，它也有自己的原则。

具体如下：最后的让步不应在价格上。在最后一分钟提供折扣——没有比这再糟糕的事情了。所以，你要再思考一个你可以做出的、有价值的、非金钱的让步，这会让客户在交易结束时获得微小但心满意足的胜利。你要把它准备好，在听到那句咒语——“最后一件事”——时，气定神闲地拿出。

这一让步可以是工作的执行地点、交货进度的加快、客户审查频率的增加，或者任何对你的潜在客户有价值的其他调整。考虑到客户可能会继续要求降价，你要准备好最后一个作为降价回报的要求。轻松一点，但不变的是：每件事都要有回报。没有免费的赠品，即使在最后一刻也是如此。

做好准备面对“最后一件事”。不伤和气地达成交易、开始项目，这已经成为很多专家的心理负担。不过，使用以上方法可以避免买家的懊悔，让他们有一种安心的感觉，即让他们认为他们以正确的价格购买了正确的东西。

*

现在，你明白了如何整合流程：从要求下一步，到以双方满意的价格达成交易。很好！仅仅一句话，包含了一整章的内容。本章要点如下：如果你做了本章中所说的事情，达成交易是非常轻松的。按正确的方式进行工作，你的客户会主动要求你把合同寄过去。

如果你在达成交易方面遇到困难，说明你走得太快，客户还没跟上。所以你要转回头，看看自己所处的位置真正在哪里，然后从那里重新开始。

对于一名“销售员－专家”来说，所有交易都要排在关系之后。随着时间的推移，发展充分的客户关系会带来远超定价选择或定位描述的价值。在下一章中，我们将学习如何将新客户变为狂热粉丝。

Chapter 9

The Snowball System

制订客户计划：

发挥每段客户关系的最大潜力

现在是时候进入客户互动计划了。你的成功取决于两个方面：单独的客户会议以及目标客户计划。短期和长期——下礼拜和下一年。这两个框架就是你采取行动、塑造未来的地方。

首先，会议。人们在会议上做出决定。会议推进行动。电子邮件和语音邮件也在沟通中拥有一席之地，但是人们只在面对面交谈时才会做出重大决定。重大进展都是在谈话中产生的。

你对这些客户会议的计划方式，决定了你在会议中的表现。就像运动员一样，场下训练有多好，运动场上的表现就有多好。如果你不进行充分的准备，那结果只能看运气了。我将向你展示如何为客户会议做准备，如何让与会者充满参与感和活力，最后以具体后续步骤结束。

第二，客户计划。良好的业务发展习惯可以全面提高你的业绩，但最终你的成功要建立在一位位客户和一段段关系上。对成功的会议来说，计划和准备同样重要——它们也同样经常被忽视掉。

客户计划很难。“客户关系”可能由许多纵横交错的线组成，这些线将你团队中的不同成员和客户组织里的不同成员联系在一起。不管它看起来是什么样子，客户和服务提供商之间的联系要么管用，要么不管用；要么在收缩，要么在增长。你如何才能发挥每一段客户关系的最大潜力？

这些障碍影响巨大。还记得锚定有多强大吗？客户的锚，是过去从你那里购买的东西，而不是他们未来雇佣你的原因。同时，你和你的团队常常认为客户会在你需要的时候给你打电话，可能他们是通过心灵感应知道自己为什么要打电话给你的。“工作做得好，电话自然会响起”，这种方法可能偶尔会奏效，但它无法像你希望的那样迅速发展关系。

许多专业人士让每一段客户关系都在森林中徘徊——没有方向，进展缓慢。客户计划就是地图。它能精确定位你当前的位置，你寻找的目的地，以及二者之间的路径。

准备一场有活力的会议

我花了几年时间来指导我两个女儿所在的垒球队——红辣椒队。我们一直都很开心，尽管我们没有赢得所有的联赛冠军，但我们一直在进步。

早些时候，我会对一些小事睁一只眼闭一只眼。以防守地滚球为例。对于刚刚学习这项运动的孩子来说，球运动得不是很快，一个糟糕的外野手仍然可以接到 80% 的球。她们双脚并拢，站直，慢慢弯下腰，然后接到以龟速向她们双腿滚来的球。一开始，我想纠正她们的动作。然后我想到，嘿，她们还在学习中，放手让她们去做好了。（问题在于丢球的那 20%——每次都是球以古怪的角度弹跳或者比预期高度低了一点点。如果女孩们没有采用合理的姿势，她们就会错过球。）

在我执教的第一场正式比赛中，事情变得很糟糕。当时我们处于防守方，在最后一局中领先一分，满垒。我们只需要让对方一人出局就可赢得胜利。我们的对手打出了一个二垒滚地球。轻松出局，我想。然而，我们的二垒手松松垮垮地弯下了腰，展现出她在刻苦训练中形成的糟糕姿势。球在她面前跳了一小步，用尽它剩下的所有能量向右弹出几英寸，然后再几英尺外停住。对手得两分。我们输了。输赢对我来说并不重要，但对女孩们来说却很重要。她们感到无比沮丧，尤其是可怜的二垒手。但这不是她的错，是我的错。

训练场上表现得有多好，比赛场上就会表现得多好。

之后事情发生了变化。我开始努力教授正确的垒球知识。我会为教授的每一个技巧建模：守球，投球，击球。我编了一些押韵的短语来帮助孩子们记住正确的击球方法，比如锁住（lock）、装载（load）、爆炸（explode）！我们甚至让女孩们互相评论防守姿态，并持续记录正确与错误站姿的次数。我们围绕每项技能编制了一个游戏，在训练中轮番进行。我最喜欢的是一年一度的运动大会，在那天我们会对女孩们的每项基本技能进行评测和计分，并奖励得分最多的女孩。她们无法控制自己的身高体重，但她们可以控制自己的基本技巧。

这种深耕细节的做法开始奏效。不仅球队取得了巨大进步，女孩们也非常有冲劲。有些女孩现在已经上了大学。当我遇到她们时，她们还会大声呼喊我们的口号：

我们是辣椒！

我们是辣椒！

我们是辣椒！

我们很红！很红！很红！

客户会议也是一样，练习有多好，表现就有多好。许多学员告诉我，他们根本不准备——他们只是在出租车里和同事们聊天想想办法。当我们的客户说他们会花时间进行计划时（在参加我们培训课程前），他们根本不知道要从头到尾都进行计划。他们花费了数小时时间制作 PPT，然后花费剩余的时间练习会议内容，低声叙述一个又一个无聊的图表："以下是实施此新方法后第四季度的成果。"

我们说过：要给客户过生日般的体验。那么，你会在生日聚会上请人给你讲解 30 张幻灯片吗？

相反，我们要创建一个充满活力的互动式会议，推动一个人人都为之兴奋的目标的发展。因为我们如何练习就会如何表现，所以让我们按照我们希望的方式进行会议练习：明确定义的目标，交互性，做好准备应对任何情况。

我这里有个客户会议的六步计划，可以帮助你做到这些。

目标。写下会议的目标。交付会议可能有十几个目标，但业务发展会议应该只有一个。这段客户关系的下一步行动是什么？牢记这个目标，它可以让你更加灵活地安排会议。你可以通过自然的谈话将主题引导向你的目标。围绕目标的实现进行示例展示，这会让潜在客户对我们精心设计的"给予并获取"更感兴趣，并为将它介绍给自己老板而感到兴奋。

框架。框架是你在会议开始时向客户解释会议目标的方式。你有没有参加过这样的会议：你坐在那里，却不明白你为什么要坐在那里，对会议的目的全无头绪？这种情况令人发狂，不是吗？你甚至听不到别人在讲什么，因为你一心只想着弄清这些谜团：我为什么在这里？我们到底要做什么？专业人士在交付会议中很少犯这种错误，但在业务开发会议中却经常这样。所以，你要一开始就让潜在客户弄清楚：你们到底在干什么。他们只有知道努力的目标是什么，才能帮助你实现它。别忘了，你们是一个团队，聚在一起是为了达成特定目标，即使在业务发展阶段也是如此。没有人愿意在一个没有成效的会议上浪费时间。如果潜在客户一开始就接受了你的框架，那太棒了！如果他们想调整，那也太棒了！不管怎样，你都需要明确方向。如果你的目标是让潜在客户就“给予并获取”签署同意书，那你的框架可以是这样：“今天，我们将要讨论如何投资我们的关系。我们可以免费为你们提供一个为期两小时的研讨会。我们对这个计划真的感觉很兴奋。但我认为这个设想最多只有60%的正确性，而且还需要你们的投入。这次会议最初的20分钟里，我们会详细讲解所有的三个概念，这将成为你们投入的基础。在最后的10分钟里，我们会让你们对下一步工作有更深层次的思考，结束时我们会安排好电话跟进时间，计划研讨会的时间、地点和参与人员。这些听起来怎么样？”

变化。业务发展会议的持续时间比交付会议要长。但有时会议会被人为缩短：“对不起，我迟到了15分钟。我还得提前5分钟离场去接个重要电话。在这10分钟里我们可以做些什么？”有时会议会延时很长时间：“这真的很有趣。介意我邀请杰夫和克雷格加入我们一起讨论吗？”思考一下，如果你得到预计的一半时间或两倍时间，你会怎么做？提前思考是一种简单有效的方法，可以让你应对随时出现的会议变化。还有，如果与会者发生了变化呢？思考一下你要如何处理这些情况。

问题。你如何练习，就会如何表现。如果你练习长篇独白，你会进行长篇独白，而你的客户则会无声地进入梦乡。所以，你要练习提问。回顾一下Gravitas模型，思考一下你要询问的问题——这些问题会让你扫清对客户需求的盲点，同时展示你丰富的经验和专业技能。让客户的快感中心亮起来！此外，你也要思考他们可能会问你的问题；利用你在“解决异议”上学到的内容，这可以很好地帮助你。准备好面对他们可能提出的任何问题，思考你可以反问哪些问题、找出他们反对意见的真正根源。练习询问问题以及应对对方问题，这可以帮助你创造一个有活力的互动会议。

个性化。回顾四种思维偏好并询问自己：我如何将这个思维偏好的语言与实际情况结合起来？你可以把这一思考看成是对已做准备的审查。你带入新的想法和策略了吗？数据和分析呢？故事？流程和下一步？你有展示或建立更多共同点的方法吗？仔细思考与会者可能具有哪些思维偏好。在向与会者可能的思维方式倾斜的同时，也要保持覆盖到所有四种思维方式。

接下来，添加你可以添加的所有个性化内容。你有共同的朋友吗？有什么有趣的故事吗？尽你所能使会议变得愉快而有趣。科学研究表明，我们不仅喜欢让我们开怀大笑的会议，还会在这样的会议中完成更多事情。

议程和材料。可悲的是，大多数人都会直接从这一步开始，把漂亮的PPT再润色一遍就完工了。但大部分情况下，你根本不需要PPT。我们要不惜一切代价中止这种无用的行为。实现目标真正需要哪些材料？一旦你仔细考虑了前面的步骤，这一步就会变得十分清晰。

我们所有工作表中使用率最高的一个要数**活力会议准备工作表**（Dynamic Meeting Prep Worksheet）了，赶快去下载。会议经常出现，高效会议会推动进一步行动。明智地进行会议准备，你就会一直进步。

战略性加强现有关系

获得会议级别成功的原则同样适用于长期客户增长，只是过程有些曲折。当然，有目标很重要，但实现目标的执行过程则更为复杂。业务发展会议的时间可能是30分钟，也可能是1小时，而客户计划的时间范围则是一年或更长。这需要更多的前期规划工作和更详细的执行计划。客户计划的工作范围不是一个单独的会议，而是一个完整的关系。

在客户公司，与你一起工作的人可能要比你真正想认识的人低两级。客户可能会从你的组织购买一些东西，但他们绝不会以最佳方式来使用你的服务。你可能在为某个不太需要你的业务部门提供服务，而那些需要你帮助的部门你又无法进入。你如何在加强现有关系的同时开拓客户公司的其他领域呢？

这就是客户计划的切入点。对于大的机遇来说（如大型公司或跨国组织），在你开始第一次付费项目的时候，你就需要为新客户制订一个长期计划，这一点十分重要。在这一过程中，你会清楚地认识到该客户的长期潜在价值，明确工作优先级及合理的投资时间等所有后续决策。

对于完全符合你目标客户标准的现有客户，你也可以每年进行一次高级战略分析。这个客户计划可以让你看到自己需要做什么——更重要的是，不需要做什么，来加速客户关系的发展。在客户计划中，你可以深入到日常工作中的细节，这样你的日常工作与业务发展战略就取得高度一致了。

如果你是位独立从业者，那这点很重要，因为它可以帮助你摆脱困境。如果你有一个大团队的话，那就更重要了。这一过程将会帮助你的整个团队保持一致，帮助每名团队成员都了解总体战略以及自己在其中的作用。

从客户的角度来看，我们面临着锚定效应——这个主题我们已经讨论过了。一旦客户为了获取某项服务而雇佣你，那么在他们心里你就只是做这项服务的。

我们的面前有两个偏见。加利福尼亚大学戴维斯分校和伯克利分校的研究人员理查德·罗宾斯（Jennifer Beer）和珍妮弗·贝尔（Jennifer Beer）的研究发现，我们人类通常会高估我们的现状。在我的工作中，当我与客户合作制订客户计划时，我往往看到他们也饱受这种观点之害。我们已经为这位客户服务了，这已经很棒了。为什么还要费力争取更多？但我认为第二种偏见影响更为巨大。正如我们前面几次谈到过的，“销售员 - 专家”更倾向于去做工作，而不是发展业务。

因此，客户一旦说起我们，首先想到的就是过去在我们这里购买的服务，这也是他们对我们一直保有的印象。从我们的角度来看，我们一直认为事情很好并做着同样的老工作。这就是正确的客户计划如此重要的原因。没有它，事情就会是一潭死水，永远保持不变。

当前状态

整个过程都在**客户计划工作表**（Client Planning Worksheet）上，下载它，或者用笔把一张白纸分成四个象限。现在，从这四种思维方式出发，依次写下你对这段客户关系的真实评价。你可以参考下面图表中每个象限的示例问题。

当前状态	
A. 理智型	D. 创新型
去年我们给这位客户开了多少账单？ 我们的利润是多少？	对这位客户来说，他们试图解决的——并且需要我们帮助的——大问题有哪些？ 对客户来说，我们的品牌是什么？他们认为我们最知名的是什么？
B. 实用型	C. 关系型
外部：面对这位客户，我们的业务发展流程效率有多高（例如：我们在创造需求、让客户更加轻松地雇佣我们的工作上做得有多好？） 内部：作为一个团队，我们在分享信息、制订策略、执行计划、评估业务发展成果等内部工作上的效率如何？	在客户公司中，能够决定购买我们服务的最高层级人员是谁？ 我们如何通过七个步骤将这些人变为我们的狂热粉丝？

* 此表在全脑模型基础上制作而成，©2018 HERRMANN GLOBAL LLC。

我们刚刚说人们会对现状抱有积极的错觉，但如果你身处一个团队，你会很自然地低估你的工作价值。同时，我也看到过无数人回避谈论问题，因为这可能意味着会让办公室里的某人难堪。但现在，你要诚实回答这些问题，坦诚面对自己。

一方面，你要庆祝成功并从中吸取教训。如果你已经很好地处理了与客户的沟通，那就给自己一些鼓励；更重要的是，回顾一下你为实现这一目标所进行的一个个步骤。同样，诚实面对自己的缺点。也许你需要与合适的、有影响力的人加强关系。也许你还没有与客户公司中购买潜力最大的职能部门合作。也许你的关系已经陷入了大宗采购的真实水平之下。不管阻碍业务发展的问题是什么，你都要说出来。

花点时间仔细进行这一练习。

你是和一群人一起做的吗？这里有个好方法可以让整个团队以最快速度完成这一步：让某人提前填写一份，然后发送给其他人。确保每个人都阅读完后，再召开小组会议讨论如何进行改变。这个练习的重点是创建一个未来计划，而不仅仅是思考过去。所以，当你们进行会议时，设置一个对当前状态的讨论时限。20 分钟就足够了。我们发现，如果你不限制时间，会议小组会花费远远超过必要的大量时间来讨论过去并以此获得心理安慰。你每沉浸在过去一分钟，就浪费了未来的一分钟。

未来愿景

现在回到工作表，或者拿出第二张白纸，将其分成四个象限。一年后，你想和这位客户的关系到达哪种程度？你要将机遇和关系结合起来，考虑这个问题。这个组织在哪里需要帮助？钱从哪里来里？谁是最有影响力的决策者？你的内部和外部流程看起来应该怎样？

我们在这里做的，是为你创造一个努力的目标，一个可以驶达的终点线。先别关心其他更重要的事情。先从这里开始。这里有一些问题可以帮助你起航。

<table>
<tr><th colspan="2">未来愿景</th></tr>
<tr><td>A. 理智型</td><td>D. 创新型</td></tr>
<tr><td>以日程中的项目以及预期增长领域为基础，下一年我们在这家客户公司的收入增长有多大？

下一年我们希望获得多少利润？

考虑跟踪的指标示例：
• 能引导至小项目的“给予并获取”的百分比
• 小项目的金钱价值
• “给予并获取”的金钱价值
• 送出的“给予并获取”数量
• 为了达成交易进行的战略会议数量
• 投入资金占实现收入的百分比
• 我们项目中客户的平均投资回报率</td><td>他们将来会在哪里为我们的服务分配大笔预算？

我们希望客户如何看待我们的品牌？

考虑跟踪的指标示例：
• 雇佣我们的客户购买领域的数量以及能够雇佣我们的购买领域的数量
• 为其他客户或行业完成的、但能帮助到当前客户的项目
• 为当前客户完成的、但可以帮助到其他客户的项目
• 与客户就双方合作获得的创新性解决方案进行汇报演讲</td></tr>
<tr><td>B. 实用型</td><td>C. 关系型</td></tr>
<tr><td>外部：我们如何通过让我们的业务发展流程更加高效，进而帮助我们的客户——包括创造需求，使用“给予并获取”/ 小项目，积极解决异议，等等。

内部：下一年，我们要如何更好地整合内部资源，进而促进我们的业务发展并帮助客户？</td><td>对于当前状态下的关键客户，我们希望与他们的关系处于哪一步（例如：在我们的 Protemoi 名单上，我们在这家客户里的客户联系人们都处于狂热粉丝七阶段的哪一阶段）？

考虑跟踪的指标示例：
• Protemoi 名单上的人数
• 狂热粉丝人数</td></tr>
</table>

未来愿景	
B. 实用型	C. 关系型
考虑跟踪的指标示例： • 重复业务占整体业务的百分比是多少 • 从最初的会议到获得收入的平均时间有多长 • 可以帮助我们获得项目的业务发展会议占比是多少	• 我们在客户公司里有直接联系的人数 • 将我们介绍给这家客户的战略伙伴数量 • 客户公司里我们认识的首席领导者数量 • 客户对我们服务的满意度评分 • 为我们说话的介绍人数量

* 此表在全脑模型基础上制作而成，©2018 HERRMANN GLOBAL LLC。

当你展望未来的时候，一定要把目标锁定在客户组织中那些真正会投资于你的产品或服务的部门 / 领域，而不仅仅是那些你现有关系所在的部门 / 领域。

当你完成这一部分时，优先考虑最重要的想法，并最终确定你的愿景。

战略主题

你已经知道你在哪里，你想和这个客户到达哪里，现在你可以为下一年制订一到三个战略主题。不要超过三个——这可以让你更加集中精力。打开工作表，或者找张白纸，在上面写上三个主题。

这些主题的目标应该直接来自于你的当前状态和未来愿景。看看你想要弥补的业务发展领域，这三个中哪一个最有意义？如果你和客户公司的沟通出现了问题，威胁到你们之间的关系，那么能否在未来一年解决这些问题可能会决定你是否还拥有与他们合作进行更大项目的机会。你的第一个战略目标可能是："客户沟通：创建反馈系统，确保我们能在 24 小时内回应所有客户问题并每周主动联系更新。" 要实现这一目标，需要采取许多较小的步骤，但现在确立这一目标，可以让你将注意力集中在如何计划并在几个月内解决这一问题上。

这只是一个例子。每个客户计划都取决于你当前状态和未来愿景，以及你能够承受多大的攻击、资金花在哪里等等。要有创造力，将注意力放在重要而有意义的机会上，而不是那些可以轻松达成的机会上。你如何才能在今年内最大限度地发展这段客户关系？

当你确定好主题后，使用我们在第三章中所学的定位技巧来强化你的表述。这将使你的战略主题更加难忘，为你自己或整个团队创造一个口号。以下是我从客户那里看到的一些例子。

主动、采购和流程（Proactive, procurement and process）。首先，该团队决定积极主动地为客户提供更多帮助；二是与采购（采购部）人员建立关系；第三，建立更好的内部业务发展流程，包括决定哪些人拥有哪些客户关系、向客户提供哪些“给予并获取”，同时加强团队内部的交流沟通。

除草、育种和培养（Weed, seed and feed）。这个客户团队希望结束一些服务，与客户开拓新领域，并继续培养重要的当前关系。没有比这再简练有力的表述了。

解决、基础和未来（Fix, foundation and future）。这个外包团队在客户交付上有些问题。他们决定专注于解决现存问题，修复他们最重要关系的基础，并通过引进新的团队成员来关注未来。当现有团队成员专注于解决问题时，新的团队成员可以在整个客户组织中建立新的关系。

没有一个主题是完美的，对未来有一个粗略的展望总比一点都不做要好。在这个过程中不要思考太多；你只需决定通过做什么来改善你的客户关系，并专注于三件可能获得最大影响的事情就行了。随着时间的推移，你会在行动中不断改善这些战略的。

90天战术策略

确定了战略主题，现在让我来制订一个90天战术策略，这个策略将在前三个月内推动你和你的团队的行动。你可能无法在这个期限内完全实现目标，但至少你可以制造一些积极的心理动力。从一开始就有了正确的战术策略，明年的现状评估将与今年大不相同。

制订战术策略的最简单方法是创建一个包含下列问题的简单表格，或者下载使用工作表。

为什么？描述这一行动与战略主题之间的联系。

什么？描述需要进行的下一个正确步骤。

什么时候？为下一个正确步骤设置截止日期。

谁？选择一个人负责监督。

回顾你的每一个战略目标，为当前客户创建一个 90 天的行动步骤。确保每个战略主题至少包含有一个行动。

创建完你能想到的每一个行动后，将这份列表精简为在 90 天内可以做到但又有一定挑战性的事情。你会发现你能做得比当时想象的还要多。90 天结束后，你可以再创建一个 90 天的行动计划并实施。

上面提出“主动、采购和流程”的客户团队，他们的初始行动可以像这样：

为什么	什么	什么时候	谁
主动	制作客户关系地图，并指派专人负责每段客户关系	8 月 15 日	约翰
采购	联系采购部的贝特，邀请她开会讨论我们之间的关系	8 月 14 日	海伦
流程	为正在进行的 90 天客户计划执行会议发送邀请	8 月 18 日	特纳

执行计划

我们几乎都经历过以下的客户计划流程：

团队中有人说，“我们需要跟这个客户见个面！”大家纷纷表示赞同并一致认为应该加快这段客户关系的发展速度。

客户发展团队中的全部九个人都坐在会议桌旁。每个人轮流谈论他们对该客户的了解，不经意地透露出自己对客户的了解有多全面或深入。他们不断说出“他们需要我们时自然会联系我们”以及“我还没有联系克里斯，因为这段时间他过得很不好”之类的话。在决定做出之前，会议时间已经结束。那下次会议继续好了。

第二次会议召开。因为“工作上的紧急情况”，这次只有五个人参会。他们讨论的内容和上次会议一模一样。不过这次有了些新的信息。还有希望。下次会议继续好了。

第三次会议召开。这次只有两个人参加。所有时间他们都在谈论足球。自此之后的会议全部取消。

两年后，他们还在起始阶段。

这并不夸张。如果没有流程，发生这种情况也很正常。

那么你应该如何执行你的计划呢？每个业务发展过程都需要协调。如果你是一位独立从业者，你要持续回顾每一个客户计划，最好是在你设定的业务发展时间内。查看哪些行动正按计划进行，哪些行动已经落后。如果一个行动已经完成，那就继续确定下一个正确行动，直至这一战略主题彻底实现。如果你已经实现了一个战略主题，并且还有额外的时间与精力，你可以回到你的未来愿景，找出下一个最重要的客户关系目标以及相应的战术策略。

如果你负责一个团队的运行，那就创建一个定期会议，与团队成员共同回顾客户计划。在制订 90 天战术策略时，每个行动只安排一人负责，利益相关者则要持续追踪团队的上一步骤成果，并根据情况庆祝胜利，或礼貌且坦诚地公布负面或意外结果（下一章，在深入探讨高绩效团队的运作方式时，我们将详细介绍这一点）。

不管是谁领导客户团队，都应该时刻记录每个人的进展，更新评分，并在下次会议前将评分发送给每个人。通过电子邮件发送这些回顾性评论，可以让面对面会议更有成效。如果需要，你可以指派某人负责数据收集、评分更新以及信息发送。这个人可以是项目团队内的成员，也可以是团队外成员。基本上讲，这个人应该具有高度实用型思维偏好，喜欢回顾任务列表并推动项目前进。

当他在幕后进行这些工作时，团队成员就可以将注意力放在未来愿景上。

开始会议时，先设定好计时器。团队领导要对回顾性评论的讨论设置时限，尤其是团队成员们已经通过电邮收到这些评论时。如果会议时间预定1小时，那么10分钟应该足够庆祝过去的成功、感谢团队成员们的辛勤工作，并交流哪些人没有完成其工作并需要帮助。

一旦计时器响起，团队领导要立刻将会议转换为头脑风暴模式，所有人共同探讨在未来一段时间内最有价值的行动。最后，对下一行动进行总结回顾，并就总体计划达成一致，会议结束。这里的关键是将会议的大部分时间都花在展望未来上。

一旦获得某一行动的成功或阶段性的胜利，就要立刻庆祝，这可以营造出胜利者心态。对未来的关注会让大家充满活力和激情。当你做这些事情的时候，其他人会保持忙碌。哦，你可以给那些说自己做不到的人分配一些额外的任务。这很有帮助。

重要的客户策略

对专家来说，业务发展战术策略与日常工作的策略是分开的。起初，面对从当前状态转移到未来愿景这一过程，你还不十分清楚哪些具体事物可以帮助你。当你运用各种战术策略并观察它们对战略主题的影响时，你会发现有些策略会更加强大。

在这里，我要向你介绍一些最强大的客户增长策略。无论行业或服务的性质如何，这些战术策略都有很好的效果，它们以最有效的方式为接受我们培训的专业人士们建立了更牢固、更深入的客户关系。如果你不确定从哪里开始发展客户关系，或者现有的策略没有达到你的预期，请考虑采取以下策略。

征求建议

加深客户关系——以及其他所有关系——的最好方法之一就是寻求帮助。正如亚当·格兰特的研究发现那样，获得帮助与提供帮助都可以加强与他人之间的关系。这就是征求意见这个技巧拥有强大影响力的原因。

最重要的是，如果我们能坦诚地接受它，那么这个建议将具有很大的价值。从其他角度看待事物永远都是好事，客户的角度和建议会对你的服务和业务发展十分有用。没有其他人能从这个角度看待你，所以仔细倾听。

当你的客户向你提供建议时，他们也会更多地了解你的业务和目标客户标准。这反过来会让他们深受启发，他们将开始为你提供更好、更合适的想法，并向你推荐他们关系网中能从你服务中受益的人或组织。你一定要给予他们足够的重视。

不要只花 5 分钟时间寻求一些泛泛的建议；相反，你要请客户专门调配出一些时间来帮助你，而且你们的会面谈话只围绕这个主题开展。这样做可以提高客户对谈话的重视。如果你是在谈及其他事情时附带请求建议，那它看起来就那么不重要了，客户也不会那么深入地与你探讨。安排一次会议，只为征求客户对你业务发展的建议。你会惊讶有多少客户会乐意帮你忙。

你要给客户一个简短但具体的总结，说明你计划在未来一年内将业务发展到什么地步，并解释为什么你要获取他们的建议和支持。当你得到建议时，特别是获得销售线索时，你一定要确认下一步行动，以确保每位潜在新客户有人跟进，并随时与给你建议的客户沟通进展情况。接受并根据客户的反馈进行行动，这一点至关重要。征求客户建议，然后却将对方反馈置之脑后，这样会让情况变得更糟。如果你做得好，你就在建立新关系的同时加强了现有关系。

简单的幻灯片或简短的书面文档可以很好地帮助你。

当前状态。与前面的客户计划一样，这需要从四种思维方式概述你当前的业务状况。市场对你反响如何？为什么你的服务重要而独特？你对什么不满意？

行业状态。行业其他公司及服务情况如何？相比之下你的服务如何？总结：你的服务有何独特之处？如果你能用一个简单的图表来表达这种差异，那就更好了。

你的策略。使用所有四种思维方式对你要做的事情进行简洁的定义。“我们试图通过（实用型步骤）对（关系型目标市场）进行（创新型行动）以获得（理智型结果）。”

什么不管用。列出你不做的和不适合你做的事情。这可以让你对自己了解得更透彻，并帮助你与竞争对手区分开。

我们的专业技能。描述一下你真正擅长做的事情。同样，使用图形显示效果最好，这种以流程为导向的方法可以帮助你解释如何以一种竞争对手无法做到的方式提供服务。

目标。包含你在未来一年努力实现的财务目标和理智型结果。这是你所讲述内容的数字版本，是为你听众中的理智型思维者准备的。你的目标可能是某个或某些目标客户，可能是你想得到的介绍人数量，或者你想提供的“给予并获取”数量。

我们需要什么。以这个问题结束幻灯片，可以达到最佳效果。在此你要展示一个两列的表格：在哪里我们需要帮助；对新关系的好处。如果你需要帮助的是“测试我们新产品的五个机会”，好处是可以免费提供给客户试用。如果你需要帮忙的是“在案例研究中要展示的三个客户成功案例”，对客户的好处可能是通过案例研究的出版或传播提高知名度。

这些幻灯片清晰地展示了你的业务发展方向，从直接关联者那里寻求建议和反馈，可以让客户对他们目前尚未使用的服务感兴趣，并给你的忠实客户和狂热粉丝更多帮助你的机会。记住：你要做的只是询问——他们已经迫不及待地想帮助你了！

如果你编写了一个文档，就专门安排一次午餐或会议来讨论它，至少要花费一个小时来讨论你的战略以及对方对此的建议。这对双方来讲，都很重要、很有价值。我的一位客户为业务发展制订了一个年度策略，然后减去一些专有细节，将其编写成一个优雅的、可供客户查看的文档。然后，他会去找六七位忠诚客户和狂热粉丝，请他们吃一顿美味的午餐，同时分享自己的计划，征询他们的意见。

他告诉我说，每次午餐会后，他都会获得一些很棒的业务发展建议以及几个很棒的销售线索。他还说，这样的午餐会没有一次让他失望过。“征求建议”这个策略的好处在于，你根本不必要求客户提供销售线索。你只需要简单地列出你在未来一年里想要完成的事情，并诚实地征求建议，你的客户就会主动向你提供帮助。

价值小组

我最喜欢的加强关系的方法之一就是价值小组。价值小组有点像一次性论坛（如第六章所述），但它会定期召开。一个论坛的价值大部分来自于它所提供的内容，这意味着同行间的会议价值不大；但价值小组反而十分重视同行的参与，内容反而放在了第二位。

我们有一家大型医疗保健提供商的客户。他们通过第三方顾问和经纪人进行销售。他们创建了一个地区医疗保健项目领导者价值小组，成员涵盖了他们专职顾问以及经纪人。虽然每次会议的演讲都很有趣，但对与会者来说，参会的最大价值在于能够与竞争对手交谈。在这个行业中，人们经常在大雇主、医疗保健公司、咨询公司和经纪公司之间转换角色，因此彼此见面总是很有用的。在我们的客户创建这个小组之前，这些专业人士并没有互相交流的渠道。

这个小组每个季度开一次会，永远只在漂亮高雅的餐厅举行。这个价值小组运作良好的原因之一是，它只邀请地区最高领导人参加。每次会议都会有人询问能否派个代理人替自己参加，而我们的客户从不同意这一要求。在价值小组中，一旦你允许某人派出“低一级别的人”参加，那么人人都会这么做，很快这个小组就会完蛋。但并不是每个人都能参加，这完全没关系——只要确保只有合适的人参加就好。

其他此类例子：我们一位管理咨询行业的客户每年都会将航空公司的首席执行官们聚集在一起。一个商业经纪行业的客户每季度召集一亿美元以上公司的首席财务官们到他们的城市进行交流。一家糖果生产商邀请喜爱创新产品的零售前端收银台购买者们每半年聚一次。

无论是对客户还是对参与其中的公司来说，价值小组的好处都是巨大的。客户们可以不断地见面讨论相关问题。你会注意到有些故事会从一次会议延伸到下一次会议。会议通常以热烈的握手、拥抱和“嘿，山姆！上次我们谈到的情况究竟怎么回事……”开始。

当然，每次会议的内容也很重要。这是一个展示自己合作伙伴的机会。价值小组的重点是价值，而不是提高你的声望。只要做到这一点，人们自然还会再来。而且，不管是与会者还是身为组织者的你，你们的关系网络都将得到发展。你可以将目标锁定在日常联系人之上一两个级别。随着价值的增加，更高级别的客户将开始出现。当然，你要投入一定的时间才能组织出一个成功的价值小组，但所有的努力都会获得回报：作为组织者，你无疑是全场最闪亮的明星。当你成功举办一个对所有参与者都具有真正价值的价值小组时，你的信誉度会迅速上升。

在建立价值小组的过程中，你有机会设计出一个完美群体——狂热粉丝的客户、高价值的潜在客户、高度关联的影响者——你可以根据你的目标调整到合适的规模。有些价值小组只需三四个成员聚在一起吃一顿简单的晚餐，另一些价值小组则有上百甚至更多的与会者一同出现在会场中。你可以为每名与会者增加巨大价值，并根据与每个人发展关系的难易程度调节节奏。最重要的是，通过邀请参加定期会议可以为关系提供持久的推动力，无论对方是现有客户还是潜在客户。

这种方法的另一形式是建立一个顾问委员会。这结合了征求建议和价值小组的核心元素。顾问委员会是一个由客户、潜在客户和有影响力的人组成的小组，他们会不断地向你反馈你的工作情况，帮你明确下一步工作重点。你也不需要来自《财富》500强公司才能组建顾问委员会。即使是独立从业者也可以召集这么一个小组——只要能带给与会客户大量价值就可以。

顾问委员会的主要目标是获得反馈并深化重要关系，但它也可以成为重要的销售线索来源。你可以为你的公司、为单一的项目甚至是单一的产品 / 服务设立顾问委员会。

你如何确立自己在顾问委员会中的核心位置，让客户愿意从繁忙的日程中抽出时间定期参与？我认识的一家公司为其外包业务创建了一个顾问委员会。他们每季度会邀请一些客户和重要的潜在客户参加会议。所有人都会在会议前一天下午乘飞机抵达，并享用一顿丰盛的晚餐。通常，一位高价值演讲者会就某个全行业感兴趣的话题发表演讲。早上，小组将讨论该外包业务的进展、当前趋势和未来计划。这家公司总是会在演讲的不同关键点上提出具体要求，类似于你征求建议时的做法："我们需要技术领域的五名新潜在客户来测试这项新服务，只有这五名客户能得到我们最好的团队服务和最特别的价格。"会议结束时，所有人都会享用一份顶级的外卖午餐，然后乘车返回机场。

委员会的每名成员都有机会定期了解该行业趋势以及其他有价值的行业信息，与其他成员建立联系，并听取高价值演讲者的见解。毫无疑问，该委员会的席位令人垂涎，而且当公司想要推进某段客户关系时，这会成为重量级砝码。同时，回想一下罗伯特·西奥迪尼博士对稀缺的解读。在这里，你可以通过限制顾问委员会的成员数量来制造稀缺。选择一个数字，比你认为有兴趣加入的人数略低——每个人都要能从这个专属群体中受益。

还有，确保每次会议都为潜在客户保留一个席位。这是一种简单有效的关系加强方式，可以帮助他们加速进化为你的狂热粉丝。如果你有一个重要的客户群体，一个举行定期会议的好地方，以及计划和运行这些会议的资源，这可能就是你的最佳策略。

成功的价值小组和顾问委员会是相似的。以下是实施的主要步骤。

焦点。首先选定一个焦点领域。对于价值小组来说，你要考虑的是超过你日常联系者一两个等级的职位角色。如果你在某个地域有足够多这样的人（比如说，亚特兰大地区罗素 2000 指数公司的首席财务官们），那就增加一个地理限制。如果情况不是这样（比如说，大型航空公司的首席执行官们），则不需要担心地理位置。对于顾问委员会，你一开始可能会想以整个公司为基础创建它。但实际上，你最好找出一个特定的行业、项目领域、产品或服务。然后，确定你将为小组（价值小组 / 顾问委员会）成员提供的价值类型。从主题上讲，这个小组最感兴趣的是什么？

规模。根据你选择的焦点区域确定合适的规模。有时三到四个人效果最好。有时则可能要几百人。这取决于你的专业技能等级，你想认识的同行 / 客户数量，以及与会者的职位等级。如果你不确定，那就先从小规模做起。以一组顶级成员开始小组，你的成长将会更加轻松快速。一旦你知道有多少人想参加这个会议，按一定百分比确定最终成员数，用来化解不可避免的冲突和缺席。

节奏。高价值客户肯定会很忙（如果你的成员们都非常闲，这说明你很可能没挑选好目标）。通常来讲，会议从每季度到每半年举行一次效果最好。你希望你的成员们期待下一次会议。

基石客户。这一步至关重要。在最初招募团队时，每个人都会问的第一个问题是："还有谁会去？"谁的早期参与将有助于招募其他人？选择几个关键客户来确保小组组建的顺利进行。让他们参与计划。你知道的：把一切组织在一起。一旦他们参与其中，其他人也会纷纷加入。提示：我们已经有一些客户与其他人合作，实现了这两种形式的小组会议。与当地商学院或战略合作伙伴合作，关注同一领域但成员们拥有不同的专业技能，这是一个分享关系网络、快速发展小组的好方法。

执行。制订为了建立小组而需要采取的具体行动步骤，从品牌化团队到寻找合作伙伴，从选定位置到制订预算。像往常一样，你要从所有四种思维方式入手。

价值小组和顾问委员会是提升人际关系，建立持续、轻松的联系点的有力方法。一旦你建立了小组，你可以将它用于各种各样的事情，从潜在客户开发到建立关系，再到发展行业网络。因为你建造了它，你将成为在场最闪亮的明星。

*

计划的影响十分巨大。它可以帮助你突破层层险阻、达成更高的目标。它可以帮助你深化关系，让你投入的时间获得最大的回报。有了这些工具，你就可以计划出高效的客户业务发展会议，并采用最有效的客户增长策略。

现在，让我们为你小小的庆祝一下。拍拍你自己的背——你已经走了很长的路。现在，你已经将在业务开发中取得成功所需的几乎所有主题都消化掉了。无论你是一家大公司的专业服务提供商，还是一位刚刚创业的平面设计师、领导公司大客户关系的客户经理，或者是用自己辛苦获得的专业知识为客户服务的律师，雪球系统都将帮助你高效发展业务。

如果你是一名独立从业者或者负责公司所有客户关系（并且很高兴保持这种状态）的专业人员，那么现在你已经拥有了成功所需的一切。坚持雪球系统，你将会得到理想的潜在客户和充满希望的机会。

然而，并不是每个人都能完成独立运作。更大的交易需要人们进行合作、制订完美的解决方案，同时通过关系网络与潜在客户进行沟通。更大的客户关系需要专家团队协调工作。许多复杂的解决方案甚至需要跨组织的专家团队协作。

工作并领导团队需要一套新的技能。在体育运动中，最优秀的运动员很少能成为最好的管理者。体育团队的成功领导者拥有自己的专业知识，精通从团队战略到一对一激励的一切技能。团队中最好的贡献者们会以强有力的方式互相帮助，在整个团队中营造出一种胜利者心态。最好的业务发展团队是相似的，伟大的领导者设计并运行一个成长计划，伟大的团队成员们通力合作、帮助每个人变得更好。

剩下的就是：将你个人学习到的知识应用到团队中，以此为基础创建一个高绩效团队。作为一个不断成长的成功团队的一员，没有什么感觉比这更好了。接下来，我会教你怎么做。

Chapter 10

The Snowball System

推动团队合作：

打造高绩效销售团队

大的突破都是在团队中实现的。更大的交易需要团队来实现。更大的客户需要团队来为之服务。更大的项目和解决方案需要团队来实施。团队需要领导和协作。对个人来说正确的事情，可能对团队来说就是有害的。

你知道，我很喜欢圣路易红雀队。想象一下，如果他们的领导层决定不顾一切代价让他们最富天赋的球员们单独获取下个赛季、下下个赛季的比赛胜利，并在此过程中卖出他们所有的资产，情况会如何？那么他们会把现有其他正式球员都卖掉，把正在培养的年轻球员也都卖掉，然后花光每一分钱。这样做他们将会获得最最最优秀的球员，其中大部分人的合约只剩一年。他们还锁定了很多伟大球员，等待明年出手。

好消息是：下个赛季，他们可能会拥有棒球界最顶尖的团队。坏消息是：他们只有一年时间来赢得世界职业棒球大赛。而且，没有替补球员，没有钱，合同到期后球员将全部离开。

再想象一下这样的情景：他们解雇了球队经理和教练组成员，不允许这些顶级球员们相互交谈。他们告诉每个人："我们拥有最优秀、最有才华的球员，所以我们不需要领导球队的经理。我们不需要教练帮助你提高技巧并对你负责。我们不需要任何合作。你是最优秀的，你只需尽情比赛，我们就会获得胜利。"

这是我最糟糕的噩梦。他们不会赢。如果没有团队策略，每名球员都会为理想的出场和击球顺序争执不已。如果没有责任感，球员们就会不思进取、放松锻炼。如果没有一个持续的比赛准备过程，他们就会开始"做自己的事情"，不参加任何两名及以上球员的练习。最糟糕的部分呢？没有合作，球队会陷入混乱，球员们会为输掉的上场比赛以及如何进行下场比赛而争吵、互相指责。

这只是我的想象，没错吧？身为一名红雀队粉丝，光是写下这些感觉就很糟糕。但是，如果不努力，你的内部团队很可能会变成这样：优秀的个体在一个充满失败基因的团队中，毫无乐趣地进行工作。

伟大的团队需要领导者和团队成员尽最大努力共同做出贡献。每个人都争取自己的利益最大化，这是行不通的。当然，每个人都需要超越自己，但他们需要以帮助团队的方式来超越自己。

我最喜欢的事情是在团队间教授、部署雪球系统，因为我们从中看到了成功。无论你在拥有少数员工的小型企业工作，还是在专业服务公司负责项目实地运行，或是与其他专家一起为《财富》100强企业服务，你都可以在本章中学习到如何让每名团队成员进入雪球系统，共同提高工作效率、获得最佳工作结果。

这些技能也适用于客户团队。客户团队有时是最难管理的，因为按照产品、项目、服务领域或者地理位置组织起来的专家们要向不同的经理进行汇报。对客户团队来说，根本没有“正式”的汇报结构。还记得上一章中的故事吗：几次会议之后，客户团队就剩下两个人在谈论足球。你其实有更好的方法可以运用。接下来，我们将在上一章的客户计划策略基础上，向你展示如何进行团队工作，并让整个流程变得更加有趣（提示：两个人手拉手）。

本章对那些很想担任这些角色的人会有很大帮助。我们发现，获得晋升的最好方法，就是展示新职位需要的工作行为。我们让我们的客户使用本章中的方法来启动客户团队，并在以前没有领导或协调的情况下获得成功。要想让人们对你的想法产生积极的改变，最好的方法就是积极改变自己。

要在团队中获得突破性成功，你需要每名团队成员都使用这个系统。雪球系统是一种综合的、合作的客户管理方法。其重点就是团队领导。团队领导者就是赛艇队的舵手，需要大家齐心协力才能将船划向终点。你最不想看到的，就是一名团队成员精心制作的客户计划和准备被另一名团队成员错误引导。问题是：你如何让每个人都团结一致；一旦你做到了，你又要如何让一个雪球系统团队保持前进?

使用像雪球系统这样的综合系统的好处是，你不必再依靠直觉来进行工作——所有你需要的都在书中。我的客户将其称为团队和组织间的“共同语言”。让团队成员们阅读这本书，他们就知道该怎么做了。与其让10个人花40分钟争论一项战略投资是否值得去做，不如先让每个人都知道什么是“给予并获取”，然后再在10分钟内选出最完美的一项。拥有“共同语言”可以大大提高效率。或许你实施雪球系统的第一步就是批量订购此书。这将让你的团队和我的编辑——科琳，非常开心。但为了确保成功，你还有很多事情要做。

团队成员需要清楚地知道成功的样子，而且每个团队都有自己独特的目标。在本章中，我将为你的团队设置一个发展策略，确定实现该策略所需的行为，选择要度量的先行和滞后指标，并设计一个过程来保持对业务发展的关注，最后庆祝成功的每一步。这些元素会涵盖所有人的思维方式，将责任感文化和持续进步联系起来，建立起一种有趣的胜利者团队心态。如果你身处一个团队中，那这可能是这本书最重要的一章。

制订发展战略计划

高效团队可以熟练地使用所有四种思维偏好。他们密切关注数字，并将其纳入到决策中。他们会使用系统、流程和节奏来简化操作。他们融合了每位团队成员的观点，并以最适合他们的方式进行沟通。而且，作为一个团队，他们构建了自己的未来愿景，并在团队内交流。高效团队会从战略发展计划开始，最优秀的团队则会全员一起构建这个计划。

好的战略计划可以让每名团队成员的工作活动与组织的大目标保持一致。制订明确的计划也有助于避免常见的团队错误：希望其他人“只知道要干什么”就行。这是通往失望的快车道。如果没有计划，人们就会以不同的节奏朝不同的方向划船。有了计划，大家就会向一个方向使力。

我最喜欢的团队之一，是当初在翰威特所处的团队。那时我刚从专家过渡到“销售员－专家”，担任管理顾问一职，这时我获得了一个幸运的机会。一位经验丰富的管理顾问——安迪，一直在照应我。我们同意在一年间共同领导四个客户团队，一年后，我会挑出两支团队自己独立管理。和安迪在一起的那一年是我职业生涯中最重要的一年。我赢了，因为我可以向我崇拜的、比我大10岁的人学习。安迪赢了，因为他很成功并想回馈他人。

四个客户中有一个让我印象深刻。他们是全球最大的金融服务公司之一。

我和他们的首席人力官真的很合得来。她也刚刚坐上这个位置，想着如何用自己的热情点燃整个世界。当然，我们也有很多优势。虽然我们在一个大项目上做了很棒的工作，但因为跨项目的频繁团队变化，让我们的其他工作并不连贯。才华非凡，但毫无协调性。

于是，安迪和我决定专注于三件事：我们在所有主要的项目领域上（包括那些不需要我们主动工作的领域）为团队提供长期员工；通过“给予并获取”介绍这些新的团队成员；持续分享我们在不同团队中所学到的知识。那时我知道的还很少：我们没有花哨的押韵技巧，不知道“给予并获取”是什么。公司也没有类似的模式可以让我遵循。我们的计划很直观，但风险也很大。当时，翰威特还没有为规模较小的企业提供这些服务。我们认为我们可以极大地帮助这家客户发展业务，为此我们下了很大的赌注。如果我们不去做，就会有其他人去做。

结果是，我们成功了。客户喜欢我们的投资理念，也看到了我们带来的价值。几年之内，我们让这家客户的业务增长了近十倍，并提供了翰威特迄今为止最复杂的全球咨询服务。这项工作非常前沿和有影响力，这位首席人力官甚至登上了《翰威特杂志》（*Hewitt Magazine*）的封面。我们还建立了一个复杂且精致的合作伙伴关系模型，这个模型可以量化我们所增加的价值，并允许客户对我们的下一步战略计划进行投资。这是一个类似于“常客奖励计划”的项目，在这个项目中，客户可以增加信用额度，并按照自己的意愿在新领域进行消费。他们喜欢这个模型，我则喜欢和他们一起建造这个模型。

但对我来说最好的是能看到我们内部团队的蓬勃发展。这并不容易，但我们一直在前进，一直以“我们什么都能做的”的心态来帮助这家重要客户。是我们团队的战略推动我们获得了成功，让我们的潜力得到了充分发挥。这个战略非常有效，甚至成了全球其他客户团队效仿的典范。现在，我仍然和那个团队的几乎所有人保持联系。

这是我第一次领导大客户团队，而且我很享受这一过程。我从中学到了什么呢？一点点的感激可以让你走很长的路。舵手没有桨，但他们的作用无可取代。

在团队中建立这种高度一致性的最佳方法就是：制订战略计划。和以前一样，你要让全体成员共同参与战略计划的制订。你们可以一起从零开始，也可以让某个人先起草个“60% 正确”（60 percent right）的版本，然后共享、讨论，经过几次调整并最终完成。这样做可以创造认同感，让所有团队成员了解每个战略元素背后的意义。

让一个人制订并完成整个战略计划，这么做似乎可以节省时间，但实际上根本不管用。我们已经试过了。这么做，整个团队要花费更长的时间才能接受这个计划。这是因为每个人都想增加价值。如果你给某人一个完成度 100% 的东西，那他只有一种增加价值的方法——指摘错误。对于大型或复杂团队来说，从 60% 正确的计划草稿开始可以节省大量时间。此外，在团队成员投入之前，不要着急推进。我们已经讨论过如何通过与客户一起创建提案来获得他们的赞同，事实证明，“宜家效应”也是在内部获得认同的最佳方式，而且你不需要宜家的艾伦扳手就能做到这一点。

让团队成员们把计划带回家，这就是魔法开始的地方。

创建团队战略计划的流程与创建客户战略计划相同（第九章内容）。下面让我们回顾一下这个流程，其中为适配团队情况进行了一些改变。

当前状态。以四种思维方式为基础，让团队成员们对以下元素进行评估：战略、财务、流程和关系。我们的声誉、我们品牌的声誉如何？我们目前的财务状况和其他指标如何？我们的业务发展流程在外部和内部的效率有多高？我们最重要的内部和外部关系状态如何？

未来愿景。你希望一年后团队业务发展到达什么地步？根据你自己的经验，在一年的时间内，你认为自己能获得多大成就（一定要实事求是）？你的团队应该如何对品牌进行调整？你希望你的数字在一年内达到什么水平？你可以改进内部和外部业务发展流程吗？在接下来的 12 个月里，你的客户关系会发生怎样的变化？

战略主题。你已经知道你在哪里，你想和这个客户到达哪里，现在你可以为下一年制订一到三个战略主题。不能超过三个。这可以让你和你的团队集中精力。当所有事都被贴上“最重要”的标签时，就没有事情重要了。你的战略主题可以应用在业务发展工作的任何方面。

如果你的团队一直以正常的方式进行工作：从推销自己的东西开始——而不是投资潜在客户，然后通过不停唠叨来跟进，“你是否收到了关于我的跟进提议的语音信箱的电子邮件？”

那么你的团队需要通过三个重要主题进行转变：

- 通过倾听并了解开始所有的业务发展会议，进行有意义的对话——而不是无聊的演讲；
- 使用“给予并获取”创造需求；
- 更好地进行后续沟通、增加价值、促进关系发展，而不是不停唠叨。

在战略主题上达成一致后，你要将之精简、提炼（可以使用头部押韵或尾部押韵），创造一个令人难忘的口号。这支团队可能会选择：

- 学习改变心态；
- “给予并获取”；
- 带着资产跟进。

他们的战略主题就是：学习心态、“给予并获取”、资产。

每个团队的战略计划都会有所不同。一定要有创造力，专注于对团队最重要和最有意义的事情。

确定未来一年团队的战略主题后，不要只是把它们打印出来贴在墙上，然后坐等它们的实现。你要做的是问问自己，团队中的每一位成员都需要做出什么样的行为改变来实现这些主题。

在上面的例子中，团队需要学会询问 Gravitas 问题。这可能听起来很简单，但要打破多年来的固有习惯可不是件容易事。在接下来的一年里，你可以定期召集会议，共同探讨、开发有意义的问题，建立一个关于这些问题的共享数据库，并共享这些问题的使用结果。每个小的改进都可以在整个团队中共享。分享成功是一件有趣的事，同时还能创造心理动力。

这个团队还将共同创建其他两个策略的计划——设计新的“给予并获取”以及积累资产。他们可以在以下方面进行合作：确定提供这些东西的最佳时间和方式。团队成员可以根据他们的思维偏好选择其中一些元素进行工作。实用型思考者可以研究流程，关系型思考者可以汇报客户体验等。

我看过数百支团队通过这些战略工作将自己变得更高效、更加富有活力。我见过很多人自愿加班并在周末工作，只是为了推动这些工作的开展。我看到激情的力量带来的突破性成功。

为成功进行指导

成功的团队还有一些其他的共同点：每个人都在指导他人，每个人都能看到事物，每个人都有潜力帮助他人。当每个人都充分利用每次机会帮助其他人变得更好时，积极的变化就会加速产生。

我认为同伴指导比“经理对下属”式的指导更有效。作为同伴，每个人对对方角色和目标都有着充分的理解，并在此基础上提供了自己的独特视角。同伴不会受到绩效目标或前领导偏见的影响——因为他们时常在一起，对彼此都有足够的了解。还有，从数学上讲，同伴指导也更强大。与“经理对下属”的指导相比，同伴指导的机会要多出十倍不止。同伴指导不仅效率高，数量还很多。道理很简单：高绩效团队的成员们都会互相指导，而且他们相处得比原来更好。

还记得第四章的“洛萨达比率”吗？在这里也同样适用。高绩效团队的积极评价与建设性意见的数量比为5.6:1。你可能还记得，中等绩效团队的比率是2:1，而低绩效团队的建设性意见比积极评价还要多。我喜欢5.6比1的洛萨达比率，因为它给了团队一个切实可行的基准。关键是要发扬积极的精神，在正确的方向上寻找任何微小的进步，然后对这种行为给予真诚、积极的赞扬。

现在让我们把视野扩大到整个团队。对于团队确定推行的每种行为，你的团队成员会出现以下三个反应之一：很好地采用新的行为；根本不采用新的行为；不正确地采用新的行为。每种反应都是指导的好机会。如果团队成员无缝地采用了新的行为，不要认为这是理所当然的——要提供积极的反馈。人们喜欢赞美。如果团队成员的努力没有被注意到，也没有立即得到反馈，那么他就会认为团队并不真正关心这些新的行为，进而倒退到旧的、更舒适的方法。习惯是很难改变的。

如果团队成员没有采用或者不正确地采用新的行为，任何观察到这一情况的人都要立刻进行指导。学习新技能或新习惯需要时间。也许他们忘记了。也许他们在采用新行动时遇到了你不知道的障碍。应该以一种开放的、非评判性的方式询问团队成员在采用新行为上的进展并且———如既往地——倾听他们所有的话语。

对于更大的指导谈话来说，有一种非常有效的方法来了解对方的思维偏好。请观看下面图例。

工作原理如下：

全脑指导模型

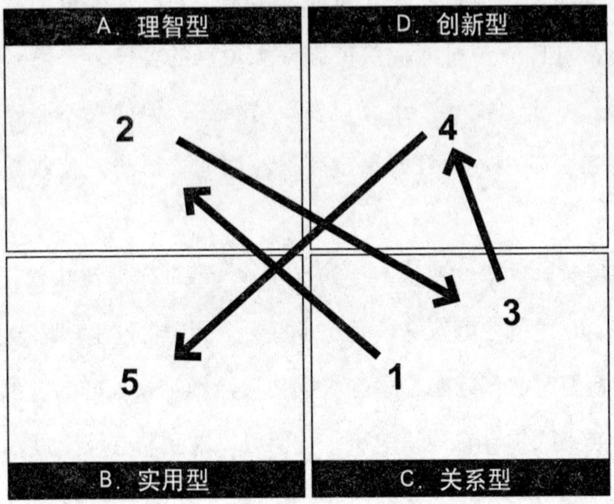

关系型思维方式。从这里开始。如果你要提供积极的反馈，就要让他们知道他们做到了 X 的意义有多么重要。如果你要提供建设性意见，让他们知道你提供反馈是因为你关心他们的进步。

就他们对这些信息（积极反馈或建设性意见）的感觉，提出一些开放式问题。这一步你可能要在“庆祝成功”与“讨论建设性反馈”之间反复进行。不管怎样，你要一直待在这里，直至你认为应该进入下一步。

理智型思维方式。你要完全客观并且具体。如果是积极反馈，对他们做出的改变给出量化标准或者金钱价值。如果是建设性意见，你要具体说明对方需要改变的地方以及程度。数字一定要具体。不要使用“很多”这样的词。

创新型思维方式。我们该怎么办？如果是积极反馈，我们能和其他人分享这个故事吗？这个人能在团队中分享他的经历吗？如果是建设性意见，你的团队成员认为需要做些什么来解决问题？

实用型思维方式。现在，制订一个实施计划：谁在何时要做什么？

让我们使用这个模型来模拟两个场景，一个是积极反馈，一个是建设性反馈。

下面是一个积极反馈的例子。蒂法尼为一位潜在客户提供了“给予并获取”，而且执行得很漂亮，因此得到了一个三万美元购买的口头承诺。立刻为她庆祝！

在回机场的路上，你可以在车里与她击掌，然后你要更加具体一些。根据你的快速计算，这样一位可能提供突破性大项目的客户，未来五年内给团队带来的收入会超过一千万美元。还有很多事情要做，但如果不完成第一个项目，后面的就永远不会发生。而且如果没有蒂法尼的“给予并获取”，第一个项目也不会发生。

询问蒂法尼对这件事的看法，比如这对她的职业生涯意味着什么，或者业务发展带来的奖金对她的家庭意味着什么（如果你认为在这里谈论金钱合适的话）。然后，一个创新型想法：问她希望这次成功会给她带来怎样的内部晋升。也许你可以跟她老板或团队领导者谈谈这事。我们可以在团队会议上展示这个案例吗？部门经理想知道这件事吗？组织中的其他人能从中学到东西吗？你要为此制订一个策略。然后将其作为下一步行动和待办事项去处理。这样的互相帮助会创造出一种胜利者团队精神以及持久的个人纽带。

现在再举一个建设性反馈的例子。吉姆在业务发展会议上说的太多，无法做到“倾听并了解”。你已经和他一起开了三次潜在客户会议，情况并没有好转。你可以在第三次会议之后，开车回办公室的路上跟他谈谈。你可以从你的失望开始：你们一起准备了一些很好的问题，但是在第三次会议上吉姆并没有使用。

现在，进入具体情况。你对这1个小时会议进行了全面观察，并估算出吉姆的讲话时间：1小时里他讲了48分钟。明确而具体。 在这一步，很多人会错误地使用“很多”或“不少”这样模糊的词语，破坏了建设性反馈的效果。这么做只会引发一场争论，因为每个人对“很多”一词有着不同的看法。所以要具体：会议60分钟，你说了48分钟。接下来，用一场开放式的对话来体会吉姆的感觉：倾听。看看问题到底是什么。一旦你发现了这种行为的根本原因，就立刻转向创新性思维方式，与吉姆合作创建一个策略。最后，以具体的后续步骤结束。

无论反馈是积极的还是建设性的，这个模型的效果都很好，而且你不需要成为某人的老板就可以使用它。你做的只是一个朋友在帮助另一个朋友。使用这个模型，你就是指导大师。

庆祝成功

庆祝成功，这是业务发展中最常被忽视的一点。大多数组织都会为巨大成功大肆庆贺，但很少有组织会庆祝那些真正推动增长的、微小的、渐进的成功。

大脑喜欢奖励。大脑对奖励的形式并不挑剔——食物、金钱、象征性的奖杯奖牌，或者简单的社会奖励，比如对你的赞美或者让你谈论自己的机会（我们喜欢谈论自己，还记得吗？）这些都可以。

庆祝也是一种奖励。表扬团队成员取得的成就，这有助于形成健康的行为模式。实际上，仅仅通过几个赞美的词句，你就可以让他们更轻松地实现正确的业务发展行为。好话有大用。我们的一些客户最初对“庆祝”这个词敬而远之。一说到庆贺他们就会想到挥舞着绒球的啦啦队少女，感觉宣告胜利是件很不专业的事。但我们在这里说的可不是这些。我们说的对他人的真挚赞美。它是免费的。它可以强化行为，也可以强化关系。

不要退缩。如果你想看到更多的正确行为，那就奖励它。好的庆祝机会包括：

- 完成本周的MIT（最重要的事）；
- 开创重要的新客户关系；
- 通过狂热粉丝的推荐获得销售线索；

- 确定新的潜在客户并与之见面；
- 成功完成“给予并获取”。

这些小事情很重要。想象一下，如果我的红雀队只庆祝最终胜利，其他的什么都不做——没有击掌，本垒打回来也没有几杯满满的水泼在脸上，会是什么情景。这会让比赛非常糟糕。谢天谢地，他们会庆祝所有导致大胜利的小成功——执行完美的短打，扭转战局的双杀，在捕手巧妙引导下获得的三振。我看了很多场比赛，我看到他们会在休息区里击掌庆贺这些小小的成功。整场比赛他们都在庆祝，甚至还为它起了一个名字：红雀方式（the Cardinal Way）。为了做好这些小事他们甚至创造了一个品牌。

小小地庆祝整个团队获得的小小胜利。如果所有团队成员都完成了当月MIT，或者整个团队的业务发展时间累计到达一定程度，你可以为会议室里的所有人订购一大盒甜甜圈。无论你的团队选择追踪哪些指标，都要评估并庆祝任何细小的进步。作为人类，我们更容易发现自己的失误、失败。所以我们每天都要注意那些小小的胜利，并抓住每一个机会来庆祝。

这样做会产生一种胜利者团队心态。它创造了心理动力。说真的，庆祝胜利是你怎么做都做不够的。一个胜利庆祝意味着你存入了 5.6 个建设性意见的指标，可以在后面随时提取。

将雪球系统应用到项目中

每个团队成员都有不同级别的责任来评估、监视和指导团队，以实现更大更好的工作成果，并为客户创造更好的购买体验。团队可以定义成功的度量标准，确定你的团队将如何报告进度、定期参加团队会议，并相互指导以获得成功。人们重视自己参与创造的东西，这一原理在这里也十分适用。让我来介绍一些可以帮助团队启动的好方法，与以往一样，你需要对它们进行一定调整以适应你的团队。把这当成一个 60% 正确的版本，准备好和你的团队成员们一起改进完善它。通过添加自己的元素，每个人都会觉得自己是这个计划的一部分。

我们已经讨论了大多数公司是如何跟踪滞后指标的，如收入产生、产品或项目的销售、新客户数量等。尽管这些都很重要，而且肯定不能被忽略，但是它们并不完全在你的团队控制之下。更重要的是，你可能需要时间来了解你的努力是否正确地转化为成功——你并不知道自己是否处于正轨，等知道时为时已晚，甚至无法在当季度或当年度恢复过来。这些是需要跟踪的重要内容，但还需要更多。

流行的活动指标只跟踪员工的活动水平，并没有显示它们的实际影响。例如，仅评估打出电话或发出电子邮件的数量并不能告诉你现有客户关系的质量、潜在客户开发状态或购买过程中的下一步要做什么。这些都是很容易追踪和奖励的事情。凯莉打了十个电话，托德打了九个电话——是否意味着凯莉的业务发展效率更高吗?

所以，你要关注与成功的业务发展真正相关的先行指标。以下是一组已经过验证的跟踪指标。根据我的经验，当这些数字上升时，滞后指标也会随着时间的推移而上升。你可以随时修改这个指标列表以适应你团队的发展需要，但这些指标是一个很好的开始。

- 选择并完成的 MIT 数量；
- 业务发展的具体小时数量；
- “给予并获取”的提供和被接受数量；
- 符合你目标客户标准的销售线索产生数量；
- 目前狂热粉丝的数量，更广泛地说，团队的 Protemoi 名单人员数量。

所有这些并不是由一个人 100% 控制的，所以你需要将它们分割成更小的部分，以适应团队的下一步行动。这些指标不仅展示了团队成员的活动水平，同时也展示了整个团队在推进关键关系和机遇方面取得的进展。此外，我喜欢团队在质量（如团队共同决定的 MIT）和数量（如总的业务发展小时数）之间取得一个很好的平衡。注意你的先行指标组合——适合团队整体的不一定适合每个人。所以你要很好地在二者之间进行平衡。

这一评测、报告的过程不需要精确或完美，你随时可以开始。随着业务的不断发展，你可以对它们进行调整。最关键的是：现在就开始。此外，还有一件很重要的事要说：宁可主观地评测正确的度量标准，也不要完美地评测错误的度量标准。

我喜欢对正确标准的主观评测。选择它们可以促进良好的对话。我们的一位客户追踪并记录了他们进行的有意义的业务发展对话数量。他们想深化现有客户关系，将客户从稳固的工作关系（其中大部分关系都已停滞）转变为忠诚的客户及狂热的粉丝。他们对有意义的内部业务发展对话的数量记录很有用。通过这一行动，他们获得了成功。团队讨论并定义了度量标准，然后实施记录，这让他们对话效率得到有效提升。这个标准是不是有些主观？没错。但这比跟踪团队成员的外联数量更有效。

随着时间的推移，你随时可以对度量指标进行调整。当所有团队成员达成指标时，当所有成员都提交了自己的数据时，你可以和团队一起庆祝。报告可能是一项吃力不讨好的任务——你要让它成为一场游戏，让它变得有趣，让你的团队期待每周或每月的工作回顾。你可以公开所有人的数据。以友好竞争的精神来审视这些结果，可以创造很大的团队动力。

最重要的是，对团队要有耐心。他们都在学习如何实施雪球系统，同时也在学习如何相互沟通和协调。

对于任何一个商界奇才来说，这都是一个全新的业务发展等级。如果是你在领导这个团队，你也要建立新的行为。你想采用哪些新的行为？哪些先行指标可以显示你的发展进度？你如何庆祝自己的渐进式成功？把这套流程用在你自己身上，你会同时完成很多事情，包括增加你对团队的同理心。

现在让我们回到团队。在围绕业务发展建立更好的团队沟通机制时，这里有一些关键问题需要你询问每个人：

- 你的团队将使用哪些工具来报告进度（电子邮件、即时通讯软件、客户关系管理软件、手机应用程序、共享文档等）？
- 你要以怎样的节奏报告哪些团队数据？
- 谁负责收集数据并创建团队报告？
- 你要求团队成员什么时候提交他们的数据？

从团队角度考虑这些选择。你可以随时对这些元素进行调整，并且永远记住这些神奇的词句：大处着眼，小处做起，升级规模。

整合流程

现在，你的团队已经阅读了整本书，确定了一个战略计划，并选择了一些先行指标进行跟踪和测量。你的团队的下一步行动就是让所有成员都达成共识。

最好的方法是召开一个雪球启动会议。这是一个团队活动，目标是让所有人都保持一致。

你会为这次会议带来：

- 战略计划；
- 经团队同意的新行为；
- 跟踪和报告指标的方法；
- 团队成员对使用系统程序的任何期望；
- 团队一致同意的成功庆祝方式。

进行到此时，大多数团队已经进行了其中的许多内容（特别是在你与团队成员一起创建战略的情况下），但不是所有内容。正式启动会议的最佳时间各不相同。有时你可以通过一个会议完成所有这些事，有时你则需要一系列会议。

如果你已经确定了其中的大部分内容，那么 2 个小时的启动会议就可以把所有的事情打包在一起，开始推动你前进。你也可以不用 2 个小时——你可以对议程进行你认为合适的调整。会议的关键是：人们会有问题，会议就要回顾每件事并且给出这些问题的答案。你要让每个人都清晰地了解这一切，这至关重要。一旦团队明确了雪球系统的实施方法，然后就要决定必要的后续步骤，并将业务发展的月度回顾会议提上日程。

下面是一个典型的启动会议模式，同样，请根据你的需求随意更改：

20 分钟：回顾团队的战略目标，重点关注当前状态、未来愿景和战略主题。一定要详细说明为什么团队要做不同的事情。

20 分钟：讨论你想在整个团队看到的新行为。介绍每个行为的定义，并举例说明。

20分钟：讨论跟踪新行为的方法。一定要包括以下内容：没有一种度量方法是完美的，但是团队已经同意将这些度量标准投入使用；重要但有些主观的度量方法要比不那么重要但精确的度量方法更好。准备好迎接人们对获取和提交数据的抱怨——每次都会发生这种情况，即使事先已经获得他们的同意。他们会说："我太忙了！"你要和他们分享快速跟踪和提交数据的方法，并直面隐藏在团队成员评论下的根本问题：他们很害怕。他们害怕展示自己的活动水平，害怕被评判，害怕改变。你要提醒他们高水平的运动团队的运作方式，以及评测将如何影响他们未来的成功。你们将一起获得进步，而收集数据则是其中的关键。

30分钟：让每名团队成员说出他们下一步的工作重点，以及他们想要帮忙的地方。这些内容应该比MIT更概念化一些，因为MIT更偏向于实际操作。不管怎样，确保每个人都在谈论未来、展望未来。那些花费大量时间谈论过去、总结他们过去工作的团队，很快就会消亡，一般等不到第三个或第四个会议周期。

20分钟：后续日程安排，包括下一次会议、数据报告截止日期和方法，以及如何通过庆祝渐进式成功彼此帮助。每个人都可以寻找和分享亮点，不断进步。让人们决定哪些方法最好。庆祝庆祝。

10分钟：最后，每个人都要告诉团队他们在接下来的时间里进行的最重要的事情，以及他们最需要帮助的地方。这应该很快——快速、积极地达成承诺。团队领导一定要将这些内容记下来。

如果是一系列会议，其框架也是类似的，只是时间有所缩短。需要注意的是，你要在会议召开前将团队数据发给每个人。所有团队成员都应该提前阅读数据报告并带着问题参加会议。会议的关键是，你要把大部分的会议时间都花在向前看上，而不是向后看。

典型的团队会议议程如下：

5分钟：回顾战略目标。

10分钟：回顾过去一段时间内的指标情况及经验教训。突出成功的地方和团队需要改进的地方。记住要平衡地突出先行指标（吉姆在最近的会议上提出了6个Gravitas问题，以及我们了解到了……）和滞后指标（蒂法尼获得了一个

30000美元的小型项目，可能会产生1000万美元的工作流！）。这两者都很重要。

15分钟：回顾一个雪球系统工具或技巧。深入讨论某一概念，你还可以让团队成员们展示通过此概念获得的成功。这一步骤包括了学习、强化技能以及庆祝三大要素。

25分钟：团队成员分享未来一段时间的MIT和所需的帮助。

5分钟：快速回顾下一步行动、下一次会议和下个月的数据收集截止日期。以积极的态度结束会议。

每月一次的团队会议非常宝贵，它不仅能让团队与你的战略目标保持一致，还能帮助每名成员从其他人的成功或失败中学习，逐渐加强自己的业务发展技能。还要注意它是如何关注未来的——几乎每一分钟都在展望未来。即使是指标回顾也有很大程度的前瞻性：快速回顾所发生的事情，然后专注于我们所学到的内容以及我们应该做的下一步行动。

如果你是团队的领导者，你可以每月与每名团队成员进行30分钟的一对一指导，并将你在指导中获得的内容增加到团队会议中。这可以帮助你关注并了解每名成员面对的机遇和挑战。你可以这样使用时间：

- 讨论并庆祝成功；
- 确定哪些工作做得好，哪些做得不好，以及在下个月可以做哪些不同的工作；
- 找出你或其他团队成员可以帮助他的地方；
- 深入回顾MIT。

在一对一的会议中，你可以和每个人深入讨论，激励他们完成更多的事情。

*

我们帮助过一个团队，我永远不会忘记这段经历。

这是一家业务流程外包商，其业务增长已经停滞。该公司采取了大规模的重复流程，例如，为一家拥有数千家门店的零售商搞定所有的房地产合同。他们的交易规模很大，而且还在进行中。令我震惊的是他们的客户名单。他们很大一部分比例的客户来自《财富》50强公司——全美最大的公司们。当我们深入了解他们的情况，一路倾听并了解时，我们发现，尽管他们有着顶级客户，但他们的“钱包份额”——他们是这么叫的——几乎都很小。怎么回事？这似乎是一个充斥着整个团队的业务发展悖论。他们最初的快速增长创造了这种局面，即为客户提供的服务阻碍了他们获得更多。他们拥有庞大的客户群，巨大的增长空间，但势头甚微。

在培训中，我们介绍了所有雪球系统的原理。我们可以看到他们的双眸闪闪发亮。这些新技能只是开始，我们需要更多。我们与整个团队合作，帮助他们专注于三个先行指标和技能。

第一，明确数量：每月用于业务发展的小时数。团队成员必须在为客户提供服务的同时获得进一步发展。他们曾表示，这些服务花费了他们好几个月的时间，让他们无暇顾及业务发展活动。最初花费在业务发展上的时间看起来有些奇怪，因为它不是某个人可以采取的“行动”，比如提供“给予并获取”或要求下一步。但是衡量业务发展的小时数，可以显示一个人对发展活动的投入和努力。一般来说，业务发展时间越长越好。对于那些同时要进行客户服务和业务发展的人来说，业务发展时间尤其重要，因为他们很容易以牺牲发展为代价换取服务项目。

第二，创造心理动力：团队开始主动要求下一步，而不是像以前一样使用电子邮件进行安排。他们开始尽可能与客户当面确定下次会议的日期、时间和地点（还记得面对面提问获得的肯定答复是电子邮件的34倍吗？）。这是一个很好的质量标准。

第三，创造需求：团队开始专注于提供“给予并获取”。我们按可扩展领域对客户划分优先级。然后确定具体的“给予并获取”。我们甚至通过四种思维方式的角色扮演来练习向客户提供“给予并获取”。这是另一个很好的质量标准。

我们与客户团队一起制订了这些标准，并获得了他们的赞同。我们进行了类似“什么样的情况可以算作业务发展时间”这样的讨论——我们会深入探讨各种情况，比如与客户共进午餐可以同时兼顾服务与业务发展。（在这种情况下，如果他们与客户在午餐时间谈了 1 个小时的现有工作情况，又谈了 15 分钟可能会合作的新项目，那就算作 15 分钟的业务发展时间。）我们甚至讨论了那种特定的“给予并获取”可以算作他们的业务发展时间。他们的团队也有专业技能，但我们决定作为一个团队，个人完成的“给予并获取”不能计入业务发展时间。他们的逻辑是，他们需要为其他专家创造需求，而不是为他们自己。因此，尽管他们决定参加所有的“给予并获取”工作，但重点应该是推广其他专家。我们对每一项衡量标准都进行了激烈的辩论，每一句话都让我们取得了更多进展。讨论和确定这些衡量标准也是成功的关键部分。

关于数据收集的辩论也很典型。“我们太忙了。我们没有足够的时间进行业务发展。我们的时间要从哪儿来？”我们一起讨论了这些问题并决定先从最简单的做起。每天晚上下班前在便签纸上写下当天的数据就可以了。当我们克服了这个障碍后，我们创建了一个简单的方法来提交每周数据。

结果如何？数字令人震惊。

整个团队的业务发展总小时数大幅提升，令人惊讶的是，每个月都在持续增长：109、281、484、505、683、835 和 883 小时！身为精算师，我对这种趋势感觉很兴奋。8 个月来提高了 710%。以下是这 8 个月的经历：高级领导层发现他们的团队第一个月的业务发展时间很短，于是他们着手解决了一些棘手的服务交付问题。你可以看到，这在第二个月起到了效果，团队整体业务发展时间从 109 小时增加到 281 小时，涨幅超过了一倍。这些小的交付问题在第三个月完全解决了，整体时间进一步上升到了 484 小时，自此整个团队进入了竞赛模式。在那之后，团队将更多的精力放在业务发展活动上，不仅工作变得更有效率，而且他们还在不停地对以往最佳成绩进行冲击。

会议请求的数量上升幅度较小，从前两个月的 114 次和 159 次上升到第三、第四个月的 258 次和 203 次。但重点是，会议请求的被接受率从 54% 上升到 96%。太棒了！要求更多会很有帮助，但是更高效率的要求帮助更大。此外还有，第一个月召开的业务发展会议数量为 68 次；上个月，188 次。

“给予并获取”是我最喜欢的衡量标准，但结果并不像我预期的那样。在我们开始跟踪这些标准之前，我希望所有这些指标都能稳步改进，但提供的“给予并获取”数量却没有明显变化。每个月提供的数量实际上下降了：38、24、13、18、20、15、10和18。如果我没有亲眼看到原因，我可能会觉得这很奇怪。团队成员们不是在努力尝试吗？客户们是不是不接受这种方法？答案不在这里。这个指标大约有3个月的滞后期，最开始的“给予并获取”如此有效，以至于他们卖掉了太多的新服务，占据了他们大部分的时间与精力。前4个月的月新合同平均数为33份，后4个月为67份。仅仅8个月，他们的业务量就翻了一番。

这个团队很快就取得了巨大的成功，他们不得不暂停我们的这个项目。他们所有的时间和精力都被巨大的业务量占据，所以我们在第8个月后暂停了这个原定一年的项目。这是我们希望见到的“甜蜜的苦恼”。

然而，我最喜欢的部分不是这个结果。而是我们获得这个结果的过程：对于尝试新的东西，并将工作扩展到舒适区外，每个人都有些害怕。但所有人都投入到其中，建立起一个高效技巧的列表。每个人都在分享他们学到的东西。我们有一种神奇的感觉——我们是在让一支成功的团队变得更加成功。

相信我，这一路上有很多波折坎坷，特别是在开始的时候。毫无疑问，人们很难接受更多的工作（跟踪指标）、尝试新事物（提供“给予并获取”），以及更加坦诚地对待他人（在团队中共享数据）。但你知道什么是真正困难的吗？陷在一个可悲的团队中无法自拔。高水平运动队会努力训练，并拥有战胜一切的冲劲。如果你想要获得突破性的成功，你的团队也应该这样。

*

伟大的运动队有很多共同点：共同的愿景；固定的运行模式；对愿景的共同承诺；团队成员相互信任，信任目标，信任实现目标的战略计划。伟大的团队会衡量一切，从锻炼和饮食数据等先行指标，到运动场上的具体活动。当然，他们也会衡量滞后指标，比如比赛的胜负。他们有一个评估进展、设定目标的过程。

团队中的每个人都希望在事情发生时立即给出反馈，为小小的胜利击掌庆祝，并及时指出可以改进的地方。

建立可以传承下去的团队文化需要很长时间，但每个标志性的团队都是从某个地方开始的。最好的团队从少开始，以多结束，因为他们进步了。一开始，你很难建立起团队动力和一致性，但最好的团队会日复一日坚持不懈。他们对自己的未来感到兴奋。他们对自己的进步感到兴奋。

遵循这些指导方针，你的团队能够做到的事比你们想象的要多得多。你们将建立起团队动力。你们将互相激励。你们将互相挑战。有时候会很困难，但每个人都会觉得自己是更伟大事物的一部分。他们会成长并实现新的目标。每个人都想成为一支胜利队伍的一部分。这个系统就是为了这一点而创建的。

结 语

让雪球滚起来

对你来说成功是什么样子?

就个人而言，我看到了我在人际关系方面的成功。我喜欢为需要和欣赏我专业知识的客户服务。我喜欢把这个系统传授给那些遇到困难的聪明专家们，看着它帮助他们的企业释放所有潜力。我喜欢与大型组织的领导者们合作，在数百名专家、他们关心的人和他们想投资的人身上部署这个系统。我也喜欢与我的团队以及我们多年来所有的优秀朋友和战略合作伙伴合作。我们的朋友成了我们的客户，我们的客户成了我们的朋友。我们与他们互动，互相介绍，帮助他们成功，这就是我的动力。

最重要的是，我喜欢和我的妻子和女儿待在一起，因为我知道我的业务还不错。我可以这样做，是因为我使用了这些方法建立了动力。我还会很担心，因为我是一个天生取悦他人的人，但我现在可以在一天结束后离开我的工作了。我不会带太多的工作回家，因为当我在家的时候，工作自己会运行。我们的狂热粉丝们正在为我们做最好的营销。当我脱下运动外套，穿上极限飞盘运动的装备时，一切（工作）都不会停止。

我喜欢通过我们的潜在客户开发工作获得新的潜在客户，倾听并了解新客户的问题，并找出帮助他们的方法。这是一件令人兴奋的事情，即使邦内尔创意集团没能提供最终的解决方案，我们也会开心。同时，我们现有的客户不断地再次与我们合作，因为我们会经常与他们保持联系，希望带给他们更多的价值，并总是以最适合他们思维偏好的方式进行沟通。大体上，我们的公式很简单：

我们倾听客户的意见，了解他们需要什么，然后尽一切努力来实现（可能还有更好的长期成功之路，但我还没有找到）。

十多年前，我离开了人力资源咨询领域，建立了邦内尔创意集团。在建立公司的头几年里，我特意让自己十分忙碌。事实上，诚实地说，我知道我的业务就是我自己。此外，我还和一位朋友一起经营着另一家公司。不出所料，无论是邦内尔集团还是第二家公司，都没有像它们应该有的那样蓬勃发展。我感觉自己进入了瓶颈。于是，我把另一家公司的股份卖给了朋友，然后全力经营邦内尔创意集团。我为我想要建立的公司，以及在建立公司的同时想要获得的生活创造了一个清晰的愿景。为了实现这个愿景，我设计了一套自己的系统，我称之为人生蓝图（Life Blueprint）。我仍然在翻看那个现在已破烂不堪的 Moleskine（意大利手工笔记本品牌）笔记本。

第一页有几段引语和一张图片。

所有的成就，无论其性质或目的是什么，都必须以强烈的、对某些明确事物的渴望开始。

——拿破仑·希尔（Napoleon Hill）

坏运气不喜欢坚持。一旦有人坚持，它就会消失，然后找到其他人。

——无名氏

我甚至有一种迷信在心里不断生长，就像有双看不见的手一直在我身上——也就是说，如果你确实追随你的幸福，你就会把自己置身于一种一直存在的、一直在等待你的轨道上，而你应该过的生活就是你现在所过的生活。当你看到这一点时，你就会开始遇到那些幸福中的人，他们会为你打开幸福的大门。我要说，随遇而安，不要害怕，门会在你不知道的地方打开。

——约瑟夫·坎贝尔（Joseph Campbell）

我经常阅读这些引语。那张图片更有意义。实际上那是鲍勃·吉布森在1968年的照片，他是我年少时崇拜的圣路易斯红雀队的投手。那一年是“吉布森年”。2016年，平均每支球队所有投手的完封数只比1多一点点。1968年，吉布森完成了28场比赛，投出13个完封，这是前无古人后无来者的记录。他的防御率（自责分率）为1.12。难以置信。他获得了那年的赛扬奖最佳投手奖（Cy Young Award for best pitcher）。他还赢得了常规赛的MVP（最有价值球员）。这张照片是吉布森投球时的动作，球刚刚从他手中脱出，笔直飞向前方。

这张照片对我来说意味着一件事：渴望成为最优秀的人。

在所有这些内容的启发下，我草草写下了对十年后生活的愿景，包括希望邦内尔创意集团取得的成就，以及家庭的幸福状态。我还写了和贝基及女儿们的关系到时会如何。我甚至写下了现金流和净资产的具体目标，描述了我们将在哪里生活，以及我想继续或新创的家庭惯例，比如我们每年与每个女儿一起进行“机器人爸爸日”之旅，每年我都会制作《邦内尔家庭大电影》并在元旦放映。

完成了我的人生蓝图后，我有点不好意思地邀请贝基阅读。我觉得自己是个刚刚从励志大会上回来的怪胎。但我鼓起勇气，陪她看完了我写的东西。她喜欢我的蓝图。她在我身后支持我，她相信我，我发现这正是我需要的。

记住，从第一章开始，拥有“为什么”有多么重要！我的“为什么”，驱使我前行的，是希望为我的家庭创造最好的未来。短期内，这意味着要为每个人设计一个完美的发展环境。从长远来看，这意味着要让我的女儿加比和乔西知道：你可以克服恐惧，走上更艰难的道路，建造伟大的东西。她们还很年轻，但她们会加倍注意、观察、学习、吸收。我必须为她们获得成功。那是成为最好自己的渴望。真的，这一切不是为了我，而是为了我深爱的两个年轻女人。

人生蓝图改变了一切。后来我经历的巨大变化并不是因为幸运——虽然我的确很幸运；也不是因为加倍的努力——虽然我投入了大量的高质量工作。我之所以取得进展，是因为我总是以渐进的方式朝着自己的愿景前进。这个愿景勾勒出了我前进的方向——那些雄心勃勃的目标。我不知道是否有可能达到自己写下的十年计划中的数字。但每星期我都知道我在朝着那个方向慢慢移动，一步一步毫不停歇。爱德温·洛克教导我们说，目标很重要。特蕾莎·阿马比尔告诉我们，最快乐和最成功的人会庆祝渐进式进步。这些都是纯粹的行为心理学。

庆祝渐进式进步对我来说曾是最困难的部分。我脑子里的想法比我写在列表上的要多得多。这有时会让我很失望。一天或一周结束时，我的脑子里只有那些还没有完成的事情。我不得不改变自己的习惯来应对这个问题。我开始强迫自己每周五下午在笔记本上写下我所做的一切，我所取得的一切进步。

随着时间的推移，这一程序发生了改变。现在，我使用一个手机日记软件完成所有这些工作。我会用这个软件来统计指标，总结进度，还会记录一周中发生的有趣事情及其照片。这一流程将我拉出了泥潭，它将我锚定在本周的成功上，而不是我希望做的事情上。花几分钟写下一周的进展是我所需要的全部庆祝活动，每次它都会以高分来结束我一周的工作。这个我曾经抵制过的习惯现在已经十分强大，这几年来我一个星期都没有落下。刚开始的时候，我感觉这是我的“日常琐事”，它妨碍了我“真正的工作”。现在它是我最牢固的习惯，是我一直的期盼。我喜欢这种感觉。

然后是增长。沃尔特·迪斯尼曾经说过一些让我深感共鸣的话：“我们制作电影不是为了赚钱，而是为了制作更多的电影。”我也是这么看待邦内尔创意集团的。出于许多文化原因，我们不会公开谈论金钱，但我希望我们能这样做。这里面有太多的错误信息。那些关于人类和金钱的所谓“真相”，大多是错的。一名住着豪宅、开着一辆崭新豪车的人可能能够证明这一点，因为只要一点小事出了错他们就要去申请破产。与此同时，街那头的另一个人可能住在类似的房子里，开着同样的车，银行里的现金可能比他们需要的多得多，这种财务保证让他们内心平静，让他们可以去做任何他们想做的事情。

这就是我崇拜的人：有余裕的人。我记得我在人生蓝图上记下的财务目标十分夸张。它们不可能实现——不管怎么样，我把它们写下来了。我清楚地记得，在最终决定坚持这些目标之前，我不停地转动我的铅笔，试图更改这些数字。最后我心一横：不改，我决定了。这就是我想要实现的，十年是很长的一段时间。我会想到办法的。

结果我错了——实际上，错的还不少。我并没有在十年时间里达到这些目标。八年我就做到了。不仅如此，第八年时我已经超过那些目标 60%。

我还记得，当时我拿起人生蓝图笔记本，惊讶地发现一切发展得如此之快、如此之远。在某种程度上，实现这些目标创造了一个新问题：我又进入了瓶颈。我做了所有我希望做的事情，但新的想法仍然层出不穷。例如，我一直想写一本书。我还想以其他方式影响更多的人。我们已经成功地将我们的项目带到了更大的组织中，但是仍然有更多的人可以从这个系统中受益。一开始，从可以影响到几百名员工的大型组织入手，这很有道理。但是企业家呢？自由职业者？刚开始创业，没有钱参加我们培训课程的人呢？

我需要新的目标和新的愿景。随后，我发现了一个叫作焦点课程（The Focus Course）的在线课程，于是我报名了。这很神奇。它为我带来了一个新的愿景，一个新的十年计划。我发现我做了很多其他人可以代替我做的工作，所以我们实施了一个计划，目标是腾出更多时间进行那些具有最高价值的深层次工作：创建像这本书这样的内容。以前似乎不可能的事情都有了计划。

创造愿景。选择短期先行指标，也就是你可以控制的那些事情。设置周期来回顾战术和执行情况。庆祝渐进式进步。

让我们回到你身上。让我们回顾并确保你的愿景和计划都已步入正轨。回到你在第 1 章中开始的个人战略计划。另外，拉出你创建的惯例工作表。既然你已经读完了整本书，我们可以再次加强这项计划。我想让你完成这本书的计划，并以充满乐趣的方式达成你的目标。

精心策划的战略只不过是战斗的一半。了解自己，养成正确的习惯——同时消除错误的习惯——这会将战略带入到你的生活中。战壕决定战争的胜利。你每天所做的战术决策将会影响你的业务发展时间（节省或浪费）。“午饭后我会发这封邮件。因为我手头还有一件其他的、不那么重要的事情。”过了中午，你的大脑正处于餐后的混沌状态。“我现在没法写邮件。我保证明天一大早将它发出，嗯，在我清醒的时候。伙计，那比萨饼真不错。”这种情况一再重复。接下来，你发现自己错过了一个重要的机会。你要养成铁一样的执行习惯，然后就能看到自己业务的增长。

从学习这个系统的一开始就不断回顾你的计划。你看完这本书后有什么变化？你的未来愿景还和之前一样吗？如果你因为对业务发展有了更深刻的了解，进而改变了愿景和计划，拿笔记下来。目标设定十分有用——通常比我们预期的还要管用。在你开始攀爬之前，一定要把梯子靠在正确的建筑物上。

与你目标保持一致的最佳方法，就是追踪你的进程，决定要观察的先行和滞后指标。如果你是一家组织中的一员，你可能已经测量并报告过一些滞后指标：收入、手续费、成交量和生产量。不同行业的滞后指标有所不同，但通常为收入、利润和交易量。它们是你工作的结果，它们滞后于你为实现它们而进行的工作。你不能完全控制它们，但它们反映了你的努力程度，所以也没有人会忽视它们。选择一些你可以定期在你的业务发展“仪表盘”上查看的重要滞后指标。

先行指标衡量的是你可以控制的事情：你为推动新业务、发展客户关系和达成交易所采取的行动。你的先行指标可以是每周完成的 MIT 数量，以及本月与 Protemoi 名单上人士联系的数量。放开你的思维，思考那些你喜欢的、能够激励你去做的事情。在业务发展时间里，你可以推动交易的进展，提供“给予并获取”，等等。可以做的事情太多了。你要选择两个或三个，然后开始。问问你自己：如果我做这些事，一周又一周毫不间断，我的业务会繁盛起来吗？如果答案是肯定的，那就给它们一个机会。我发现我每个季度都在调整自己的计划，它们不是刻在石头上的。重要的是：现在就开始。

在先行和滞后指标之间，你将能够把握你的业务发展进程的脉搏。通过观察它们之间的相互作用，你会更好地了解到哪些行动更有效率，可以为你带来成功。最好的地方在哪里呢？先行指标是激励性的。专注于你能控制的事情——而不是担心你不能控制的事情，你会不断进步。专注于提供“给予并获取”（有趣，很快可以做完，相对容易）和对达成年度指标的担心（压力大、时间长、很难确定下一步该做什么）有着很大区别。我很少考虑年度指标的达成，但我每天都会很多次地思考如何通过“问问题” 来保持项目的推进。这是因为我专注于追踪先行指标，我想把这些数字保持在一个可接受的范围内，如果这些数字接近我的最佳纪录，我会感到激动不已。

回忆一下我们在第 10 章中讨论的内容：主观地跟踪一个重要的领先指标比准确地跟踪一个不重要的领先指标要好得多。现在选择或创建你的指标。这是决定雪球是否能滚起来的重要决定。

将雪球系统应用到行动中

现在让我们从理智型思维方式转向实用型思维方式。没有哪个固定的业务发展流程能够适用于每个人。这些工具广泛应用于不同的专业领域：从那些总是需要大量新销售线索的人，到那些只需要加强一些关键客户关系就能带来更多价值的人。也就是说，我可以提供一些关于节奏的指导，帮助你将雪球系统融入你的工作生活。你可以对这些技巧进行调整，以适应你的需求和战略目标。下载**雪球系统工作表**（Snowball System Worksheet），查看所有这些部件是如何组合在一起的。这张表是整个流程的汇总。我们的培训客户经常把这张表做成海报贴在墙上，提醒自己应该做什么。罗布是我最喜欢的客户之一，每次我去他的办公室，他都会骄傲地展示那张褪色破烂的海报。这让我们都很高兴。你猜怎么着？罗布是个商界奇才。

业务发展活动可以在这里推迟一天，在那里推迟一周。别让这种事发生。你要把一些可以提醒自己的东西放在显眼的地方——这张海报就很完美。

记住要奖励。你列表上的每一个惯例都需要相应的奖励。即使感觉很傻，你也要这样对待自己。你的大脑会注意到这些奖励的存在，随着时间的推移，你会发现对新习惯的坚持会越来越轻松。与你的大脑保持友好关系是件好事。

年度和季度回顾

进行年度和季度回顾的目的是确定方向。生命和业务的速度都很快——如果你想要为你的目标创造动力，你就不能间隔 364 天再进行战略回顾。你希望有足够的时间间隔，这样你可以看到长期变化的发生，但间隔不要太长，否则你每次都需要进行大规模修正。

每三个月安排几个小时进行回顾，这样你就可以不受干扰地坐在那里，从第1章开始回顾和修改你的个人策略。你新的当前状态是什么？你的未来愿景改变了吗？是否有一些做法和行为不再管用，并且进入了你的“不要做”列表？随着业务的发展，人们很容易因为树木而错过森林。你在三万英尺（约9144米）高空度过的几个小时将是你所能做得最有价值的时间投资。

这也是帮助你的长期、高价值客户审查增长战略计划的好时候。

每次，我会花大约两个小时为邦内尔创意集团进行评估，这是我每年最美好的时光。我会在我的日记程序中输入我的评论，并将其标记为年度摘要或季度摘要，这样我就可以快速找到旧的摘要。

你可以根据自己的需要调整这一流程。以下是我的回顾工作的所有内容。

统计先行指标和滞后指标。我会选择自己花时间去做，而不是委托他人。亲手输入这些数字，会带给我更多的想法和灵感。

分析数据趋势。我总是能从中获得重要信息与见解。或许数字比我想象的要高或低。或许我意识到我需要一个新的跟踪指标，或者淘汰一个不再相关的指标。即使事情进展顺利，总有一些新的东西需要改进。

总结我的成果。我会无情地将上个季度的计划与我实际完成的工作进行比较。我借用了肖恩•布兰克（Shawn Blanc）焦点课程中的几大个人领域为自己打分（从A到F）：精神、身体、人际关系、休息和娱乐、职业（即邦内尔创意集团）和经济。

展望未来。回顾评估之后，我会为下一个季度设定目标，包括每个领域、业务和个人的具体目标。多年来，我明白了少就是多。这虽然有违人类知觉，但我发现我的目标越少，我越有可能实现每一个目标。

选择先行指标。我一直在寻找最少、最具代表性的先行指标。现在，我测量的先行指标有四个：花在业务发展上的时间、完成的MIT数量、我对工作的享受程度（从1到5的主观评分），以及要求下一步的次数。对我来说，这四个指标很有效，而且很容易计算。它们分别测量了工作数量（业务发展小时）、工作质量（MIT完成数）、工作享受度（1~5分）以及我的主动性（要求下一步）。

永远记住这句咒语：大处着眼，小处做起，升级规模。你可以从一个指标开始，这样要比精心设计一组指标却无法坚持要好得多。从小开始，坚持下去。你以后可以添加更多内容。

信不信由你，一开始我真的很挣扎。读过这本书之后，你可能会觉得我是个实用型思维方式的人，但实际上这是四种思维中离我最远的一个。我曾经十分讨厌每个季度都要自行设定一个会议。我觉得这妨碍了我真正的工作——我太忙了！

一开始，我从小处做起，试着用创新型思维方式看待它：一个小时的头脑风暴和战略规划。抱着这种态度使我开始了这项工作，随着时间的推移，我爱上了它实用性的一面。当你成功地做到这一点时，你会越来越期待它。

月度回顾

大多数企业都以月为周期进行工作，这意味着每个月你都有机会专注以下两件事：你的滞后指标和你的关系。

你是否处于实现组织目标的正轨上？如果不是，是因为有什么事情阻止你实施上个月制订的计划吗？还是说，你进行了计划中的行动，却没有达到预期中的效果？下个月需要改变什么？

将来自季度回顾评估中的长期战略目标与你的代办事项交叉比对。你是否对每一个目标都进行了战术层面上的执行？例如，如果你的目标之一是在本季度建立战略伙伴关系，你是否有针对该目标的具体行动步骤？经常会发生这种情况，我们完成了某个步骤，但在匆忙中忽略了该步骤的后续任务。现在是时候检查一下你的进度，确保每一个目标都有一系列连续的渐进式步骤。

查看你的 Protemoi 名单。这个月，你为名单上的每个人都增加价值了吗？如果没有，你完成了多少（百分比）？如果你经常无法完成 Protemoi 的外联工作，是不是因为名单太长难以处理？

记住：你的 Protemoi 名单上的人是平等的。尽管每名客户和潜在客户都值得关注，但你的每位 Protemoi 人士都处于更高的优先级，因为他们对你的业务有着重大或潜在影响。这些不仅仅是你认识和喜欢的人。事实上，他们中的一些人应该是你不了解或不太了解的人，但他们的商誉可以帮助你的业务大幅增长。现在是决定的时候了：是否需要添加或删除某人？

每个月，这项工作要花费我一个小时时间。我试着为那些当月还没有联系过的 Protemoi 人士增加价值，但有时我无法立即做到，只能先记下他们的名字，并在接下来的一周里主动为他们提供帮助。

我并没有在日记中记录每月的回顾：对于我来说，月度回顾内容会直接转化为代办事项列表。

每周回顾

每周回顾是最神奇的地方。我从来没有错过任何一个每周回顾，如果我不能在星期五完成它，就会感觉极度的不舒服，而且会在周末补上这一工作。

我的每周回顾重点是重新审视我的季度目标，记录上一周的所有进展，总结我不满意的事情，并记录下一周的目标。

我把它记录在日记软件上，并贴上“每周摘要”的标签，然后用当周的几张照片把它写完。我的工作照片可能是在新客户大楼前的自拍，也可能是面对一会议室客户的有趣演讲。我的家庭照片可能是我的妻子贝基在下棋中赢了我，或者是我们的迷你驴——路易·汉密尔顿在地上打滚洗泥土浴。我需要这个每周惯例将我的注意力从没完成的工作上转移开。这是我对这个星期的庆祝，而这些照片则是让我恢复积极情绪的一部分。它将我与我的“为什么”联系起来，这可能是我每周最重要的时间了。看着我提出的问题，输入我花费的时间，附上那些工作和家庭的照片，以及渐进式改进的快照——所有这些都会帮助我专注于积极的进步。特蕾莎·阿马比尔会为我感到骄傲的。

有时候我在回顾中也会对自己感到失望。也许我没有做我需要做的事情，或者我太过投入于其他团队成员可以处理的事情中。任何这些都可能是我偏离轨道的迹象。回顾的美妙之处在于，我漫无目的的飘荡状态最多也就持续一周。在我养成这个习惯之前，我整整四分之一的时间都是偏离正轨的！世界总是把我们拉到错误的事情上——它并没有看到我们分享的工作优先级。更好的方法是，在一周内就发现自己偏离了正轨并进行修正。所以，当我过了糟糕的一周后，我反而奇怪地有些高兴。我会在日记里好好发泄一下，这样下个星期我会有动力做得更好。

不管前一周的情况如何，每周回顾最重要的一点就是要积极主动。一定要检查一下你的机会列表。你是否清楚每一次机会的下一步是什么，以及你将如何到达那里？

为下一周设置 MIT——三个就足够了。每周仅仅成功完成三项任务，你的效率就会比大部分人都高：他们会写下 10 个、20 个，甚至更多的“全部重要”的任务，然后挑出五六个不那么难的去完成；或者更糟，他们会让电邮收件箱成为自己的待办事项，花一整天的时间为那些步履蹒跚的客户加油打气，并让你最重要的机会和关系枯萎在关系网上——因为它们没给你发邮件。

我们培训的一些专业人士说，每周都进行回顾太频繁了。或许对一些人来说的确是这样。如果是这样的话，你可以试试两周一次。对于我来说，业务发展活动变化很快。一份来自客户的简短邮件就会改变我最重要事情的优先级。此外，管理日程的能力取决于工作日和周末的节奏。你可以问问自己这些最简单的问题：我下周有多少小时可以投入到业务发展中？进而，这一数量的时间可以完成的 MIT 有哪些？展望一周后的情况则要难得多。

商界奇才们会将时间集中在他们的目标上。他们不会说：“我下周没有时间进行业务发展工作。”他们会说：“我下周只有一个小时的业务发展时间，那么我能进行的最重要事情是什么？”

每日工作

每日工作的目标是推动雪球向你的业务发展目标前进，永远先做最难的事。

如果你不能每天都取得一点点进步，那你就不可在每周级别上将你的渐进式步骤划分得足够小。每个工作日，你最先、最重要的工作就是 MIT。你要将它们向前推进。你最先做的就是业务发展工作，绝不是“午餐后”或是“三点半左右有空时”。没有什么比完成一个 MIT 更重要，完成后，你这一天就犹如雪球滚下山，自然轻松。如果某天你的 MIT 无法进行，你也要充分利用时间发展业务，比如给 Protemoi 人士发送资产，或者推进某个购买流程的前进。

每天早上进行 15 到 20 分钟的业务发展工作，听起来可能不算多，但要乘以一周 5 天，一年 50 周，你会惊讶于你能完成的工作。商界奇才们不会花巨量时间在业务发展上；但他们会持续地充分地利用这一时间，并高度专注于业务发展任务。

我最喜欢的客户之一创建了一个非常棒的惯例。她把每天最重要的业务发展任务写在一张便利贴上，然后贴在电脑上。然后她用咖啡来奖励自己。在那项任务完成之前，她不会让自己离开办公室。对她来说，这个任务的最终回报就是“把纸条撕下来，揉成一团，扔到垃圾桶里”的满足感。今天，她成了一个每年能为公司带来数百万美元的商界奇才。这些便利贴可能是地球上最有价值的便利贴了。还有，她告诉我她从没在办公室睡过觉。

*

我们“销售员－专家”是独一无二的。没有人能在这些方面比我们更熟练：深化知识、管理客户团队、发展关系、满足客户需求、经营业务等。难怪我们的业务发展技能和战术都被搁置。天变成星期，星期变成月。在你意识到之前，成长已经停滞。

我在培训课程中听到的最常见的恐惧是，如果他们真的把雪球系统投入工作，他们将有太多的销售线索需要处理，太多的业务机会需要管理，太多的客户关系需要维护。在我的培训课程中，很少有高水平的专业人士没有感到（某种程度上的）恐惧与不知所措。当然，我们都想达成交易，赚取收入，获得晋升机会，但在工作日的焦灼中，更多的工作听起来不是个好主意。

以下是一些好消息：专注于业务发展是一种习惯，它可以对所有其他习惯产生积极影响。在《习惯的力量》（*The Power of Habit*）一书中，查尔斯·杜希格（Charles Duhigg）称之为关键习惯（keystone habits）。这些习惯会对其他许多习惯产生积极影响，并全面改善结果。把这些做好，许多好的事情自然会发生。

业务发展习惯是取得更大成功的基石。一个不断发展的企业比一个停滞不前、没有错误余地的企业更容易管理。一个充满销售线索的渠道比一个空空如也的销售渠道更容易管理。培养成百上千名狂热粉丝要比培养一小撮粉丝容易得多。当你有很高的需求时，一点点的关注会让你走得更远。人们给予的会比你要求的还要多，因为他们知道你有多忙。

生长（增长）是治愈几乎所有疾病的良药。它深化了你的知识，因为你在和更多的客户交谈。它帮助你管理了内部团队，因为它为所有人提供了新的机会。它帮助你发展了人际关系，因为你认识更多的人并成了理想关系网络的中心。它帮助你经营了企业，因为你有丰厚的利润来投资于令人艳羡的新产品、服务和人才。增长创造更多的增长，它比收缩更有趣。

还有一个好消息：与可预期的回报相比，你在纯业务发展工作上投入的时间可谓少之又少。每天 20 到 30 分钟，每周 1 小时，每月几个小时，每季度半天左右（当然还有有效达成业务发展带来的交易的时间）。这可能比你花在与老朋友聚餐、使用社交媒体或沉迷于梦幻球队阵容上的时间要少得多。这个系统会使你的业务开发效率更高，实际上是在帮助你节省时间，少些忙碌，多些业务。

最好的消息呢？你将过上你想过的生活；擅长将业务与成功联系在一起，你可以获得晋升；扩大你的团队；获得你想要的丰厚工作；提高你的价格；得到巨额奖金；成为必不可少的存在；领导一支胜利者团队。这些感觉很棒。

回想一下第 1 章中你的“为什么”，你想要在成长中变得伟大的根本原因。它对你很重要，非常重要。你可以设计和建造你想要的生活。这不容易，这就是它如此有意义的原因。你可以在你的衣橱里开一家公司，并把它发展到你可以在世界各地进行培训的地步。当你遇到挫折时，你可以克服它们。当你犯错时，你可以找到其他成功的途径。当你到达瓶颈时，你可以突破它们。你可以努力工作并喜欢这种感觉。你可以建立一个很棒的团队，把他们作为值得信赖的朋友融入你的生活。你可以庆祝进步并持续找寻改进的方法。你可以打造专业技能和资产，并利用它们来帮助他人。你可以和世界上最聪明的人一起工作，改善他们的生活。

我喜欢看到我的女儿们知道如何创建自己梦想的生活。她们可以用自己的方式改变世界。我已经知道她们会这么做。我迫不及待地想看到她们这么做。

这就是我的为什么。你的是什么？

致谢

我很感激我现在拥有的一切。我感恩的心是永恒的。

——亨利·大卫·梭罗（Henry David Thoreau）

我对这本书有些担心，而且这本书很奇怪。

我不担心它是否能卖出去。我的目标是写一些让我自己自豪的东西。我已经实现了这个目标，这对我来说已经足够了。

我不担心它是否会受到好评。我知道这个系统很管用，这对我来说已经足够了。

我不担心以一本书的价格出卖了我们宝贵的技术。我知道这本书会帮助到别人，这对我来说已经足够了。

我担心的是，我没有充分感谢那些让这一切成为可能的人。

当我把雪球系统的每一个元素都认真地融入草稿中时，我发现自己非常想感谢那些赋予、激励我产生这些技巧灵感的人，感谢那些在最开始教会我这些技巧的人。在整个写作过程中，我十分渴望向那些好人表示感谢，他们的鼓励、支持和智慧使我走到了这一步。不幸的是，本书的形式让这一想法无法实现。

所以我要在书的最后表达我的感谢。我只能说，如果由我决定的话，我会把我的致谢词放在第一章的开头，然后在整本书中反复提及。（你可能很高兴这不由我说了算。）

我需要从我父母开始。从很多方面来讲，是他们教会了我“销售员－专家”模式。我爸爸是一个极其正直的人。不管对他来说是否正确，他永远可以引导你去做你认为正确的事情。他几乎和每个人都能交上朋友，并能很快地发现共同点，从他每天都戴着的那顶鲜红的红雀队棒球帽开始。我爸爸是销售者。

我妈妈在同一所学校教了将近 35 年的儿童发展课程，她不断深化自己的专业知识，可以说她是整个韦恩堡社区（Fort Wayne Community）学校系统的榜样。我有一张她在 20 世纪 70 年代领导班级的照片，她在后面的布告栏上写着："进步从我开始"。掉落的苹果离树不会太远。当我妈妈爱上一门学科的时候，她会潜心深入研究，不管是在指导学生、园艺还是家谱方面。我妈妈是个专家。

我从我父母那里学到了很多东西。最重要的是，我学会了坚毅。对我们这个家庭来说很多事都并不容易，但我们总是能克服困难，总是能找到解决问题的方法。我很感激他们在印第安纳州的乡村抚养我长大，教我如何正确待人，如何投资自己，如何遵守中西部的职业道德规范。我的父母为我提供了一个完美的开始，经历了这一切，我今天仍然能从他们身上学到很多东西。

下一位出场的是：贝基，我已经过了 25 岁的妻子。我有时是一个很特别的人，常常对一个新的话题或技巧着迷至深——老实说，我可以走到最深处。是贝基让我保持理智、脚踏实地。她知道什么时候要把我那疯狂的好奇心推回去，并给予了让我保持平静的完美语言。她是我幕后的智者，我的秘密武器。

接下来，我的两个女儿。我以前并没有意识到，我会从孩子那里学到这么多东西。我一直认为我会是像沃利・克里弗（ Wally Cleaver）和安迪・格里菲斯（Andy Griffith）这样的电视老爸的一个稍微古怪的现代版本，准时在睡前五分钟传授一些至理名言。但事情根本不是这样。我是一个一直在学习的人。加比和乔西教会了我决心、勤奋、同情、包容，甚至还有训练迷你驴的技巧。最重要的是，这两个神奇的女儿教会了我什么是爱。我对她们感激不尽。

我还有一个团队，他们帮我把这本书做到了最好。我出色的经纪人丽莎・迪莫纳在每一个环节都增加了独特见解。有人告诉我"经纪人一点也不重要"。他们错了。丽莎很重要，非常重要。戴夫・摩尔多瓦是一个写作天才，他帮助我构思和编辑了这本书的提案和手稿。罗伯・惠特菲尔德，现在是 Ferrazzi Greenlight 的首席执行官，也是我最喜欢的培训参与者之一，他在 Protemoi 部分给了我很大的帮助。科琳·劳里是一位出色的编辑及出版专家，她不仅给了我正确的建议，而且她还知道如何恰当地给出。感谢我在阿歇特出版集团（Hachette Book Group）的团队，他们帮助我把这本书润色并印刷，特别是我的项目编辑桑德拉·贝里斯、文字编辑约瑟芬·摩尔，以及营销总监林赛·弗雷德科夫。

我当然不能忘记邦内尔创意集团的伟大团队，达拉·沃德是最大的贡献者。她太棒了，她是发生在邦内尔创意集团上的最好的事。黛布拉·帕特里奇、布拉德利·安布勒、马特·克雷斯、小马歇尔·西斯、格拉哈姆·里夫斯、奥斯汀·沃德、谢恩·沃德、梅西·史密斯和瑞恩·葛瑞雷克依都对邦内尔创意集团，以及许多其他公司产生了巨大影响。卡特里娜·约翰逊博士多年来为我提供了宝贵的研究建议。很多时候，我们也向客户学习。很久以前，约翰·海托尔教会了我“大处着眼，小处做起，升级规模”，这句话我几乎每天都在使用。虽然赫曼国际并不是邦内尔创意集团的一部分，但那里的人让我觉得他们就是我们的一分子，因为他们是非常好的合作伙伴。安·赫曼·内赫迪和她的整个团队都很棒。谢谢大家。

最后剩下了压力最大的部分：感谢在我一生中所有帮助过我的人。至少能感谢越多越好。我一直在为如何感谢这些人而苦恼不已，我要让感谢既有趣又简短。有一天，我忽然想到一个感谢他们的好方法：我试着用三个词来形容我从他们那里获得的东西。这个感恩游戏非常有趣，我决定在这里使用它，并加上一些我们私底下的言语或笑话——只是为了有趣。

为了防止这一部分膨胀成一个独立的回忆录，我把名单局限在为我的事业做出贡献的 50 个最重要的人。

这真的很难。（不好意思，有个很棒的人本可以在第 51 名出现的。你知道我说的是你。）

以下名单大致按时间顺序排列：

1. 古德里奇爷爷——遵守了我的诺言。
2. 贝基·根特——总是帮助我。
3. 特纳姨妈——长期的榜样。

4. 本叔叔——打开了大门。

5. 鲍勃 • 吉布森——渴望伟大。

6. 戴夫 • 门德斯——永远的 80 重金属!

7. 克里斯 • 韦德勒——对不起：音痴。

8. 辛迪 • 德斯琼——影响了我的数学。

9. 道格 • 克兰德尔——我的写作灵感。

10. 鲍尔州立大学——很好的学习体验。

11. 盖伊 • 德里格斯和迈克 • 恩格利多——看到了我的未来。

12. 凯里 • 哈丁—— 我得问问柯克舰长怎么做?

13. 三角洲兄弟会（Delta Tau Delta Fraternity）—— 教会我太多东西。.

14. 比尔 • 泰勒——总是在移动，成长。

15. 约翰 • 罗迪斯——给了我一生一次的机会。

16. 比尔 • 博切特——兄弟，另一个母亲。

17. 安妮 • 哈里斯——去翰威特的路。

18. 克雷格 • 多莱扎尔——信任我。

19. 大卫 • 巴顿——DMD！研究！一生的朋友。

20. 安迪 • 海尔斯——杰出的业务发展导师。

21. 迈克尔 • 墨菲——首次获得业务发展灵感。

22. 布莱恩 • 卡菲利——完美的摔跤团队!

23. 杰森 • 杰斐——臭臭的幼崽，永远都是。

24. 鲍勃 • 布鲁贝克——今晚下盘棋?

25. 吉姆 • 巴克利——太令人敬畏了。

26. 道内特和保罗 • 休伊特——好朋友，永远。

27. 迈克 •R. 李——教会我对人的管理。

28. 罗布 • 斯坦利——很棒的律师和朋友。

29. 杰伊 • 施密特——邦内尔创意集团第一个客户!

30. 罗斯 • 奥斯蒙——学到了很多。

31. 拉尼·希金斯——设计师、开发商、实干家。

32. 咖啡——我最好的朋友。

33. 奈德·莫尔斯——最好的创意。

34. 斯科特·哈里斯——明智的外部律师。

35. 沃伦·希弗——让我们继续分享。

36. 波诺·安斯利——你激励了我！！

37. 克里斯·格雷厄姆——爱你的想法。

38. 肖恩·布兰克—— 我们有亲戚关系吗?

39. 克里斯·道森——一直在推动我。

40. 梅里克·奥利弗——很钦佩你的优先级。

41. 敏硕·帕克——超赞创意，永远!

42. 桑迪·卢顿——非常有帮助性，快乐。

43. 大卫·尼格伦——非常，非常好。

44. 斯宾塞·博切特——从哪里开始?

45. 迈克·达菲——互惠互利，定义明确。

46. 亚当·格兰特——你的研究太棒了。

47. 丹尼·桑迪森·威尔和弗兰克·威尔——多么奇妙的联系!

48. 戴安和麦克·戴姆勒——鼓舞人心的生活设计师。

49. 艾米·希特——完善了我们的道路。

50. 路易·汉密尔顿——没有驴，生命毫无意义。

想要启动？

邦内尔创意集团培训课程可以让人们走得更远、更快。

我们的课程比任何一本书都更深入，我们的专家导师将指导你：加深你的知识技能，一路给你反馈，完善你的方法。

我们的培训课程被称为 GrowBIG®，这种体验富有洞察力、互动性和趣味性——你将有一个完整的计划，可以将你的技能提升一个层次，并涵盖业务发展的每一个方面。

- 独自工作？你可以参加我们的公共研讨会。
- 在组织中工作？我们可以根据你的需要量身定制课程，并随时为你服务。
- 在一个非常大的组织中工作？我们可以教授你的员工如何培训你的“销售员－专家”，让你能够迅速扩大规模，并将发展心态融为制度。

所有这些方法都会推动最后的成功。

我们也进行咨询。我们的咨询可以帮助你设计特定的程序，以实现你独特的目标。

或许你想从你的 HBDI® 评估开始。这是回报最快的、最简单的步骤。

请访问 www.bunnellideagroup.com 查看邦内尔创意集团的服务，或立刻致电 404-260-0780。

你大概可以猜到我们的方法是什么：专注于帮助他人。

关于作者

莫·邦内尔是邦内尔创意集团（BIG）的发言人、顾问及创始人兼首席执行官。他通过教授客户企业最优秀的员工如何带来更多的客户和收入，进而帮助客户企业成长。在其职业生涯中，他在业务发展的各个领域工作过，并利用这些知识和经验构建 GrowBig® 业务开发系统，这是经过多年测试和同行评审的研究成果，它研究了人们为什么购买，以及什么可以使购买过程更快、购买数量更多，以及购买过程更有乐趣。邦内尔创意集团已经在全球范围内培训了超过一万名的“销售员－专家”，他们的职位角色各有不同：有的独立工作；有的在高端专业服务公司工作；有的在大型全球《财富》500 强公司工作，包括安泰保险、波士顿咨询集团和苏富比公司。现在，他正和妻子、两个女儿及一头迷你驴住在亚特兰大。

你可以在 www.mobunnell.com 了解更多。